U0616435

运动教学指南

给体育教师、运动教练的培训课

[美] 道格·莱莫夫
(Doug Lemov) 著

THE COACH'S GUIDE TO TEACHING

中国青年出版社
CHINA YOUTH PRESS

图书在版编目（CIP）数据

运动教学指南：给体育教师、运动教练的培训课 /（美）道格·莱莫夫著；何嘉琦译.
—北京：中国青年出版社，2023.3
书名原文：The Coach's Guide to Teaching
ISBN 978-7-5153-6879-5
Ⅰ.①运… Ⅱ.①道… ②何… Ⅲ.①体育教学－教学研究 Ⅳ.①G807.01
中国版本图书馆 CIP 数据核字（2022）第252681号

The Coach's Guide to Teaching
Copyright © 2020 by Doug Lemov
Simplified Chinese translation copyright © 2023 by China Youth Press.
All rights reserved.

运动教学指南：给体育教师、运动教练的培训课

作　　者：［美］道格·莱莫夫
译　　者：何嘉琦
责任编辑：肖妩嫔
文字编辑：吴亦煊
美术编辑：张　艳
出　　版：中国青年出版社
发　　行：北京中青文文化传媒有限公司
电　　话：010-65511272 / 65516873
公司网址：www.cyb.com.cn
购书网址：zqwts.tmall.com
印　　刷：大厂回族自治县益利印刷有限公司
版　　次：2023年3月第1版
印　　次：2023年3月第1次印刷
开　　本：797 × 1092　1 / 16
字　　数：332千字
印　　张：21.5
京权图字：01-2022-3832
书　　号：ISBN 978-7-5153-6879-5
定　　价：69.90元

中青版图书，版权所有，盗版必究

版权声明

未经出版人事先书面许可，对本出版物的任何部分不得以任何方式或途径复制或传播，包括但不限于复印、录制、录音，或通过任何数据库、在线信息、数字化产品或可检索的系统。

目录

序一　如何更好地进行运动教学

优秀教练需要具备什么能力？区分世界上最棒的教练和其他教练的标准又是什么呢？

在过去的大概一个世纪里，大家对于上述问题的答案是这样的：优秀的执教能力是少数人拥有的神秘天赋。我们公认的那些优秀教练，例如约翰·伍登、文斯·隆巴迪、约翰·克鲁伊夫以及帕特·萨米特与普通教练的区别，正如贝比·鲁斯这样伟大的棒球运动员与其他普通棒球运动员的区别一样，或者是享誉世界的甲壳虫乐队与其他普通摇滚乐队的区别一样。出色的教练拥有与生俱来的执教基因来推动他们的成功，这种天赋既不可被他人轻易复制，更不可能被盗取。想要成为和上述诸位一样优秀的教练无异于想要中彩票头奖：每个人都跃跃欲试而幸运之神只会眷顾零星的几个人。

在过去的几十年里，多亏了无数科学家和学者们的辛勤钻研，我们才得以发现这个传统说法百分之百是错误的。通过研究教练工作时的大脑，评估并追踪大脑内的有效互动，我们发现优秀的教练仅仅是看上去高深莫测。事实上，教练才能是多种技能构建而成的复杂综合体，它也是一种社会行为学的运动，这项运动的基本是知识、沟通能力和领导力。我们已经知道的是这三种能力并不神奇，只要使用正确的手段，这些技能是每个人都能够拥有的。

因此，我们了解到优秀教练的水平并不在于个人天赋，而在于如何去做从而成为一个伟大的教练。

接下来，我们就要介绍这本书的作者，道格 · 莱莫夫。

我是在读过道格的第一本书《像冠军一样教学》(*Teach Like a Champion*)后才知道的他。书中的观点令人无法抗拒：他系统化地观察了成功教师们的课程，并从观察中精炼提取出62条教学策略来激励学生。书中简单却不失力量的教学技巧，例如“检查学生对知识的理解”“预判错误”和“坚持100%正确”，已经被数十万的优秀教育工作者们吸收、应用并分享。不仅如此，那本书更像是打破神秘滤镜的X光一样穿透教学的表层，揭示了教育的基本机制。此外，《像冠军一样教学》还直接指出了一个问题：如果这些教学策略可以应用于教室环境的话，还可以应用于其他环境吗?

道格的书出版不久后，我邀请他和我所咨询的克利夫兰印第安人队教练谈一下。不像其他资金充足的联队，克利夫兰队没有足够的资金购入优秀球员，因此球队内部意在打造属于自己的出色球员，这样一来球队完全依赖于通过教练来培养球员。我联系道格的时机十分具有戏剧性，后来我才知道，道格当时已经在着手准备改善美国足协教练审批和培训项目的工作了。换言之，他那时就在研究如何把自己的教学理念转化为运动场上行之有效的执教方法，尽管这个地方一向以半信半疑、风险规避和故步自封闻名。问题的关键在于，这些执教理念是否管用呢?

答案毫无疑问是管用。大概过了两分钟，其中有一位教练提出那句老话“实战才是最好的教练”。这句话是很多教练不断重复的一句真理，因为它听起来无可指摘地正确。同时，这句话也给教练们留了一个退路，既然有了实战教学，教练们就不必大费周章。道格听后说道：“大家都说‘实战是最好的教练’，但真是这样吗?”他顿了顿，这在我看来是个莱莫夫式的经典暂停，十分温暖且伴有一定的期许，给每个人思考的时间，然后他继续说道：“我刚刚在一个足球培训班和学员们讨论了人球分离，即给自己拉开空间以便于接传球，在培训班我了解到了球员不同类型的跑以及为何要选择某一种跑。(又一个莱莫夫式的暂停。)我自己踢球、教球几十年了，从来没有人给这些不同的跑动取名字，没有人说过撕开两个中卫队员中间的口子是一种很关键的跑动，也没有人告诉过我从防守的角度说不被撕开这个口子是至关重要的。”

大家纷纷点头表示理解。于是道格问在棒球中是否也有相似的问题，人们开始讨论。结果就是太多的问题隐匿在表面之下了：接球手有六种接球方式，跑垒手有五种跑一垒的方式。大家议论声迭起，你可以感受到各种观点逐渐浮出水面，教练员们都以一种新的方式看待自己的角色。

“所以也许实战并不是最好的教练，”道格总结道，“实战其实是一个不公平的教练，如果你只是让队员们比赛，其中一些球员可能理解，而另一些不理解，但如果你提供一个理论框架给运动员理解，他们能够内化成自己理解的内容并应用起来，那他们就可以成为更棒的‘问题解决者’。”不久之后，一位职业棒球联盟的击球教练和一位球员发展训练部门的主管报名了那年冬天“像冠军一样教学”的研习班，标志着历史性地首次有职业棒球训练人员坐在灯光明亮的教室，与公立学校的英语、数学还有社会学教师们肩并肩坐在一起，全神贯注地听道格演讲。

这就是道格的魅力：他能提供新鲜的视角解读师生关系以及比赛，并且提供教学工具以便在学生的学习过程中施加影响。他的每个见解，对我们来说都是包罗万象的课程：好的教学就是好的教学，无论是在代数课堂还是足球场上。

道格的影响力还在于他一直持续学习。也就是说，他有着罕见的不懈探索新科学、新内容和新想法的能力，并志在发现其中实用的联系。我们可以从明显的成果中感受到道格的影响力，比如，他重新思考并改编了自己的原作，从而创作出《像冠军一样教学2.0》；也能从一些无法量化的成果中感受其影响力，例如，他和他的团队在疫情中开发出远程教练模型，使教师和学生可以不受地理距离的限制而更加紧密地工作学习。道格的工作提醒大家：教练并不是一个站在山巅、无所不知的通才，而是一个不断探索的追寻者。

所以，现在我们来回答一开始的问题，好教练是什么样的？

（再来一个莱莫夫式的暂停。）

我认为，一个答案可能是：优秀的教练是不断学习的人，也是痴迷于提供各种工具和支持来使你每天都变得更好一点的人。这也就是我们为什么如此幸运能拥有像道格·莱莫夫这样的教练和你现在手上捧着的这本教练工具手册。

＊＊＊

丹尼尔·科伊尔 ①

① 丹尼尔·科伊尔：《一万小时天才理论》的作者。

序二　打造优质运动教学的秘诀

几年前，我和一群教育人士在一个会议室中开会。当正要展示一名高中数学老师的视频时，我忽然感到一阵恐慌，这反应似乎有点奇怪。

因为在过去十年里，我一直在研究教师，尤其是那些“正向的异类”。这些老师在贫困地区工作，他们的学生里仅有一小部分能够高中毕业，更别提有多少学生能上大学，在那些贫困地区，一年里一般仅有10%或者20%的学生能够通过国家统一考试（虽然不完善但仍是重要的学业阶段测试）中阅读和数学部分的测验。但是在同一区域，我研究的那些老师帮助学生显著地提高了成绩，结果超乎所有人的预料：在他们的辅导下有双倍，甚至是四倍的学生通过了国家考试。有时他们的每个学生都能通过测验，有时他们学生得“优”的数量超出附近学校学生得“良”的数量。成绩显示出寒门学生与特权学生之间的差距在缩小，那些特权学生们往往拥有私人教师和海外旅行，他们上学的路上绿树成荫，干净而安全，而现在寒门学子的分数与这些学生打平甚至超过他们。

我想弄清楚这些教师是如何带领一群被质疑“不能发挥出最佳水平”“不关心学习”“没有能力”的学生们实现了变革性的蜕变的。对于“可能性”的定义有很多预测，换句话讲，有一些人就像德纳里斯·弗雷泽一样，他打破了所有教学模型。在德纳里斯的课堂上，似乎任何事情都是可能的。我曾经花无数个小时一遍又一遍地观看他的教学视频来总结他是如何管理课堂时长，给予学生反馈，建立师生关系和检测学生学习进度的。不仅仅是德纳里斯一人，我还观察了数十个像他一样的优秀教师的课程，为他们录制视频并剪辑成2~3分钟的小片段。

那么我们的标题是什么？优质教学的秘诀到底是什么？答案不止一个。区分不同课堂的不是一件大的事物，而是很多小的事物。我的一个同事布莱特·佩舍说："没有100%的解决方案，只有100个1%的解决方案。"教学的力量在于一个个小改善、小提高的聚合体，一些人称之为边际增益。这既是好消息也是坏消息。

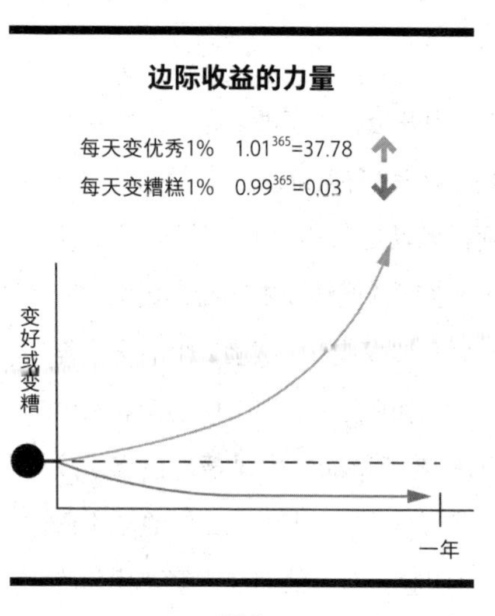

图1

说它是好消息是因为，正如詹姆斯·克利尔在《掌控习惯》(*Atomic Habits*)一书中提到的边际收益组合随时间变化的曲线（图1）：

令人惊讶的是，"如果你可以一年里每天变优秀1%，到一年后你的优秀程度可以提高37倍。"克利尔写道。这就是蜕变性课堂的秘诀。

而坏消息则是，掌握小事物需要极度勤奋和专注。世界上没有灵丹妙药这个事实，意味着一些人不愿意勤奋，不愿意专注，他们并不愿意将他们的注意力保持在微小且没什么吸引力的事物上，尤其是当有人告诉你有更简单轻松且令你感觉良好的解决方法时：做舞台上的明星不如做台下的导演。

我见识过很多所谓"台下的导演"的课程，他们的课程质量简直令人震惊。我也看过很多"舞台上的明星"的课程，他们的课程内容深刻实用，令人愉悦。我的同事——运营着备受推崇的全美联赛精英俱乐部的克里斯蒂安·莱弗斯说："答案其实是：视情况而定。"正确的教学策略取决于教学的时长、教学对象和你教授的内容。但是说到底，不管你从哪个方向进行教学活动，教学结果取决于细心执行教学活动的每一环节。

以下是我那天演讲的主要内容：

- 通过优质教学，人们可以超预期表现，不管是在个人学习还是在团队学习中。
- 优质教学是有技巧的，它要求教师在完成单调的事情上保持专注力。
- 正是由于上一条，很多人不会那样做。
- 也正是由于上一条，对于那些愿意在单调事情中保持专注力的人来说，这是极大的竞争优势。

我忘记提及我之前说的研习班培训对象不是教师而是教练，毕竟并不是只有在教室里才会发生学习活动，在教室之外的地方也有必要追求更高效的学习。在我第一本关于教师的书面世后不久，美国足球联盟联系我，问我是否有兴趣为教练们分享一些心得。我一直都是体育迷，大学时也曾踢球。我当时想："如果教练们能更加关注德纳里斯·弗雷泽关注的那些事情，如：如何进行时间管理，如何给予运动员们反馈，如何建立教练和球员间的关系，如何检测球员们的学习进度，这是否能让运动员们在每个赛季结束后都有1%的提升？这有可操作性吗？"我飞到了科罗拉多州做了一场心得分享，然而，那场分享糟糕透顶。

我可以告诉教练们如何让分心的球员专注，但是如何教给他们正确决策呢？数学课上的学生必须作为单独的个体进行解题。足球场上的球员们则需要作为一个团队进行决策，并且球员们需要快速决策。教练确实是教学的一种形式，但是教练也同样需要更进一步的研究来解决其与教学不同的事情和挑战。因此，无论是理论还是实际操作上都有很大的研究空间。

所以，我开始着手这项研究：研究教练执教方法并运用我教学的知识去解释如何在球场和赛场上创造出"正向的异类"。同一时间，我也开始更好地理解学习背后的科学。当我开始更多地和教练们一起工作时，我发现一些我所熟知的来自学校的挑战也适用于教练的工作。有时，教练（以及他们的领导组织）做的调查研究的水平令人难以忘怀。但有时教练组织将他们的教学建立在"传奇"和陈词滥调之上，而不是科学。有一次，在访问一个我有过合作的国家教练联合会时，我问他们培训课程中指导方针的研究依据是什么。答案居然是没有依据。

在过去20年里，科学家和研究学者们发现了比过去300年更多的关于大脑和大脑如何学习的内容。我十分确信，教练们向我提出的很多问题，如：如何教球员们更快速地在团队中解决问题，是可以由科学家和研究学者们的研究去解答的。但是研究内容并不总是直接走向与教练们的谈话的。因此我开始阅读关于认知科学的文章和书籍。尽管我一直读，还是发现教学中很多问题的答案依旧是"视情况而定"，但这也不意味着所有的答案都是一样的。仍然有科学的理论引导你找到更好的答案，远离不那么科学的或者你更熟悉的答案，甚至在那之后，"视情况而定"这个答案仍然有足够的空间。这两件事并不矛盾。在本书中你会读到关于记忆、感知和注意力的讨论，甚至是关于各个级别的自然选择（人类进化学术语），自然选择的规则是既要看个体的力量，又要看组成团体的能力。如果对于读者们来说这些内容太多太繁杂，我深表歉意，但我发现这些繁杂的内容非常引人入胜——最重要的是，它们与我们的教学主题高度相关。

所以几年后，当我站在芝加哥的一个会议室里，准备为包括美国职业足球大联盟中一些备受推崇的教练在内的人做培训时——他们是我曾在电视上看到的人物，做过无数次教练，还有很多次比赛经历，此外还有几名世界杯名册里的老将，我想：这大概是我共事过的最高级别的人了。这么想着，突然地，一阵紧张的情绪包围了我。

我那时计划着先用德纳里斯的课堂视频导入，之后要求大家将视频中看到的内容和他们在俱乐部的教练方式联系起来。但是当我走到会议室的前面，才忽然清楚地意识到这个计划有多荒谬。我打算让那些每天训练世界级球员的教练（他们帮助球员管理自我意识和内心欲望）使用最新技术（实时视频；虚拟现实；GPS追踪）在纽瓦克市和布鲁克林区的初高中教室里开展讨论，更别提还有不同语言间转化的翻译服务。

那么教练们，从德纳里斯老师与九年级学生们的对话中你们能学到什么？如何在你和你的球队（球员们来自8支不同的国家队）沟通时运用这种方法呢？当你想让球员换一种方式拼抢球施压时？或者当

你希望球员在职业生涯的最后阶段朝前再进一步、挑战一下前辈时？

我怎么能这么愚蠢呢？

尽管在那时，我反应过来的时候已经有点晚了。教练们的目光齐刷刷扫向我，我除了硬着头皮开始别无他法。我点开了德纳里斯老师的视频按了开始键。（在第四章我会对视频进行更详细的分析。）

我把视频播放了一分钟后按了暂停键。

"大家观察到了什么？"我问，"和你们的训练内容有什么样的联系吗？"

在那一刻我感觉我的声音都在颤抖并且做好了承受一切的准备——可能会有很长时间的尴尬的沉默，但是有一位联盟中资深的教练立刻回答了。

"他在教每个人，"他说道，"每个人。"

我当时点了点头，但回想起来我仍然不明白他试图说什么。我得坦言我当时觉得那位教练只是很有礼貌地把我从那尴尬的沉默中拯救出来。但他的声音暗示我它不仅仅是一个得体的行为，于是我请他多说一点。

"他和每一位学生都谈话了，"他说，"这就表示他在关注学生们的进步，观察他们的学习过程，德纳里斯老师在教每一位学生，而我们没有做到这一点，球队里的一些球员甚至从我们教练这里没得到什么建议，有时几天只有一次谈话，所以我刚才坐在这儿就在思考'老天爷，从球员的角度来看这得是什么样啊'。"

我还没来得及回答这位教练，另一位教练插话说："在这个阶段你不可能只通过拍拍他们的背表示友好然后就建立起球员与教练之间的关系了，他们想要的是成功，他们想要踢球，你只能通过表现出你想要带领他们变得更好来建立关系。不，不是想要，而是你能使他们成为更优秀的球员。视频里的老师也在做着同样的事情——通过教书来和学生们取得联系。如果你没法使他们变得更优秀，你就算和他们击无数次掌，那也没有多少用。"

我们的讨论一直在继续。

事实上，当时我的大脑快要爆炸了。我一直对自己在体育领域的工作有些敏感。公共教育正处于国家危机之中，而我仍然沉迷于研究自己感兴趣的内容，这些内容对于缓解国家教育危机毫无帮助。当我回到办公室时，通常不会告诉别人我去研究什么了，至少一开始是这样的。但是很明显学习是一个双向的过程。优秀教师们所做的与教练们所做的事情有着深刻的联系。几乎没有资源帮助教练思考如何使他们的培训内容变得更有趣——包括时间管理、训练反馈、人际关系的建立以及评估各个队员的学习成效。但是体育教练们的知识和实操储备对于教师来说也很有借鉴意义。每天早上都有100位老师在苦苦思索，因为他们还不能领悟刚刚那些教练所说的话的含义。老师们认为师生关系必须是第一位的，除非建立了良好的师生关系，否则作为老师无法教授学生。老师们为了达成良好的师生关系做了很多鼓励性行为，如击掌。但是，正如教练们所观察到的，作为一名老师，如果要建立长期的、良性的且真实的师生关系，就必须帮助学生们变得更好。因此必须先从教学开始。你必须教得好，并将优质的教学质量作为与学生建立联结的纽带。

在那一刻我还想到了：教练们是如此谦逊、善于自我反思且渴望学习。他们已经是自己领域的领头羊了，但仍然在这里参与我的教学讨论，他们其实可以找一个不相关或者无关紧要的理由不参加这些讨论，他们本可以在下午的比赛战术会议开始前离开这个研习会并处理一些电子邮件，但是他们却投入了全部精力来积极参与这次讨论。

从那天开始，我逐渐明白了，一个伟大教练的标志是他们对于学习和成长的渴望，在激烈竞争环境中成长起来的这些教练们对于他们谋生的手艺是非常严肃的，他们当然也知道什么是危机。他们不会自鸣得意，而是时刻充满危机感。他们通常信心十足但也保持谦卑。举个例子，在新西兰（在这里500万公民为其国家队能持续保持世界橄榄球金字塔塔尖位置而骄傲），我曾展示过一个示例，介绍如何让教练提供普遍指导但同时可以保持个人风格和决策权。这个示例可能有些奇怪，因为视频中是芭蕾舞教练和学员：教练正在给学员的手臂动作做评价反馈。可能有点奇怪，但事实并非如此。许多橄榄球教练自己本身曾经为“全黑队”效力，“全黑队”在新西兰是被大家捧上天的橄榄球国家队，这些教练们在分析比赛录像时既谦逊又有洞察力。

这个话题我会在本书第六章继续展开讲述。不管过去还是现在，有幸和这些教练们一起认真研究教学对我来说大受鼓舞，同时也让我能保持谦卑之心。

在和他们一起共度的时光里，他们从我的培训课上收获了多少，也就带给了我至少同样多的启发。我写这本书的很大一部分动力就是传播这些伟大教练们分享的执教智慧。

* * *

所以这本书是写给被称为教练的体育类教师的书，尽管他们中的一些人从来没有用“老师”这个词来称呼自己。根据阿斯彭研究所的调查，这类教师，包括家长志愿者、专业教练和私人教练，其中共有650万在美国。这一群体人数众多且人员混杂——因此为他们写一本书并不是一件容易的事情。读者的背景很广泛，这就意味着，对于一些人来说，一些例子乍一看似乎与其他教练更相关；可能我说的是基础知识，而你是专业人士；可能我讲了一些看起来高深莫测的术语，但你只是想知道如何让队员按照你说的去做。如果我目前讨论的知识不适合你，我所能保证的就是我试着尽可能包括多样的例子，过一段时间后这些知识应该就会适合你们了。但愿如此吧，因为给一群有着如此广泛背景的读者写一本书是极其重要的。

在大家的共识里，运动扮演着至关重要的角色。不同的群体也越来越多地通过运动来竞技——国家、城市、地区之间，或者是人们自己定义的分类，例如，波士顿红袜队。现在还有多少孩子（可能还有成年人）站在自己家门前的车道上想象自己是勒布朗·詹姆斯，像他一样一路带球杀到篮筐，赢得整个人群的欢呼？还有多少人穿着梅西的球衣想要试图感受一下他的风采？

专业运动背后的经济也展示了其强大的影响力：勒布朗·詹姆斯以四年1亿5400万美元的薪酬签约洛杉矶湖人队；内马尔转会到巴黎圣日耳曼的转会费高达2亿2200万欧元。一位经济学家说，不管你喜不喜欢，这就是我们文化对体育竞技能力的估值。

然而，不仅仅是这些。教练们教给年青一代更多的内容，包括追求卓越、追求进步、作为团队通力合作达成共同的目标以及陶冶性情的意义。社会生物学家爱德华·威尔逊指出在众多物种中人类成就的关键在于我们群体的适应能力而非个人的进化适应能力。他写道：人类基因适应性既是个体选择的结果，也是群体选择的结果。我们得以生存并兴旺发达的原因是我们为了共同的目标而奋斗，且个体会为了达成群体目标而牺牲自己的目标。我们人类是哺乳动物中极少数选择这样做的物种。集体运动项目就是我们了解这种物种演变之路所需的最常见方式之一：寻求胜利，但又准备牺牲；想要为自己取得成功，但也要留在集体中寻求成功。体育使我们更加人性化，因为体育运动呼应了我们进化的过程。

但是教授运动的工作是艰辛且复杂的。体育训练包括一系列相当复杂的挑战，这些挑战对所有教练来说都是再常见不过的。例如，这些挑战涉及以下这些问题：

- 如何给队员们训练反馈来帮助他们更好、更快地学习？
- 如何才能得知队员们学会了我所教授的内容？
- 当非常确定队员们没有理解学习内容时，我应该怎么做？
- 我该如何设计并排序训练活动使队员们能够将训练中的收获应用于实战比赛？
- 如何教授决策？
- 如何帮助队员转化为自我驱动型运动员？作为教练，我应该如何给队员灌输这种成长型思维？
- 怎样营造比赛中团体友爱的氛围的同时培养队员们坚韧的性格？
- 如何说服运动员们努力奋斗并愿意接受短期的失败，因为这样他们才能收获长期的学习？

这些问题，以及很多类似如上的问题令人望而生畏。教练对如上问题的处理，再加上队员们成百上千次的练习，可以成就或破坏一个人或一个团队的成功。虽然教练可以查阅数以千计的优秀书籍和网站以更好地了解比赛的技战术，但对于竞赛场地上的实际教学问题，教练们却没有什么资源可以查验咨询。

本书的内容包含：

1. 决策能力
2. 训练规划和设计
3. 给予训练反馈
4. 确认队员理解程度
5. 建立队内文化
6. 队员成长发展相关事项

这本书里有什么？

本书由六个章节组成，第一章是“决策能力”，主要内容是关于运动决策的，我认为这是所有专业能力中最重要的。第一章的讨论重点是在当队员们的感知能力没有达到要求时该怎么做。从本质上讲，作为一个队员，除非你的眼睛在看正确的地方，知道你在比赛或训练中的目标，否则你就无法进行正确的决策。专业知识其实就在眼前。那么，作为教练该如何培养运动员的场内观察能力呢？如何开发出更先进的认知过程来帮助他们呢？

第二章是关于训练规划和设计，既包括单节训练课程设计，又包括训练队伍内部的规划。对单独课程的设计比对系统化学习单元的规划（比如以四周或者六周的长度来说）更普遍，但是重要性是一样的，因为长期记忆只能随着时间的推移而建立起来。我想要说明的是，大多数教育专家包括体育教练们都大大低估了长期记忆的重要性。思考一下这个问题：我们都会把学过的东西统统忘记，运动员们也不例外，那么你如何得知运动员们会在他们需要的时候想起你教过的东西呢？

第三章是关于如何给予队员反馈。对老师和教练来说，给予反馈可能是我们做得最多的单一指导行为。我们对于给予反馈这一行为的熟悉程度会造成倾向于依赖使用传统或者未被证实有效的教学习惯。我们以自己的方式给予反馈，为什么要以这样的方式给予反馈呢？因为，谁知道呢。也许是因为25年前卡尔顿教练就是这样给我们示范的。那当年他为什么要这么做？第三章给大家提供了一个思考如何给予球员反馈的机会。事实上，有关人们工作记忆和注意力的一些科学理论在这一章节中将会发挥关键作用。

第四章围绕约翰·伍登的格言“教学就是要了解‘我传授了’和‘他们学会了’之间的区别”展开，这是教学中最困难的事情之一了，认知科学在这一章将再次帮助我们解决这一难题。

第五章的主要内容是建立队内文化。文化往往是在我们那个运动时代记忆最深刻的东西，文化信息是我们一直传帮带继承下来的，这也许是因为我们的个人行为已经发展到对群体文化反应极其迅捷了。最后，如果正确理解了一个队伍的核心文化，你可能会少犯很多错误。

如果说前五章的内容是日常训练的决策，这些执教决策可以带来詹姆斯·克利尔和其他人写过的所谓边际收益，那么第六章则是关于长期的成长和发展——包括你的球员和你自己。除此之外，我还将讨论如何平衡长期学习目标和赢取短期胜利的任务，比赛日和训练日的执教有什么不同，如何在选择人才时做出正确的决定，以及如何确保你在自己的教练之旅中尽可能地成长和发展。

本书是一本适用于各个运动项目的教练培训手册，还是一本针对足球教练的培训手册？

这本书旨在为各个体育项目的教练们提供课程设计和执教指导。但我对不同领域教练的专业性心怀敬重，同时出于严谨性的考虑，我选择了自己最熟悉的一项运动：足球。我希望其他项目的教练能够在我没有提供相对应运动例子的情况下也能举一反三，将书中的课程应用于他们的训练。我这样做的原因是我了解足球，使用其他我并不那么了解的运动来进行举例说明是我不愿意做的。也就是说，虽然书中的例子都集中于足球这一项运动，但你也可以看到我在书里邀请了一些其他运动项目的顶级教练提供执教思路和执教场景。希望这一点可以帮到那些想要将书里的教学概念应用于其他运动或者其他教学场景的老师或者教练们，给他们提供一些思路见解。

以下是一些注意事项：

- 我一直认为老师就像工匠，他们使用不同的工具在不断变化的环境下应对各种各样的教学挑战。没有永远正确的方式，是否正确取决于工匠们是谁，他们有着什么样的风格，他们追求的是什么以及有何种装备。回答这一系列问题并没有什么特定的公式，没有什么东西是永远正确的，因为所处的场合不一样，每个人也不一样。但正如我之前说到的，没有一个正确的方法并不意味着所有的方法都是平等的。有些方法就是会比其他方法更有效——这取决于你应用这些方法的方式和时间，当然还有些方法是无效的。最重要的是，仍然还有科学和研究能够供我们参考来进行教学决策，这对我们来说至关重要，即使我们能参考的知识可能是不同的。
- 在这本书中我试图在我们已知和未知的事物中牵一条线，使用一个经过科学验证的工具箱而不是一个系统来牵线。我想和大家达成的共识是：所有的东西不可能永远正确。我会永远捍卫这一点。写如此厚的一本书不可能不出错。我给大家的建议是：对于你在书里看到的任何执教方法，先尝试再决定是否采纳。人类行为是复杂且出乎意料的。如果你尝试了，方法并不见效，那至少你获得了一些知识。如果方法有效，你同样获得了知识。所以先尝试去做而后进行评估。我们常常在没必要着急的时候做出匆忙的决定。

新《点球成金》

迈克尔·刘易斯这本书带来的影响是，现在每个球队都在用《点球成金》（*Moneyball*）或者各种版本的《点球成金》里的理论，至少在职业水平上是这样。也就是说，他们寻找并利用微小的竞争优势——捕获能够导向成功的信息。我认为，教学正是一种《点球成金》的实践。如果你能够改变给予球员反馈的方式，让每个球员在每次训练后都提高了1%，那么随着时间的推移，你就会拥有詹姆斯·克利尔边际收益曲线——直线上升般的球队表现。这也将改变你的球队组织的竞争力：让一个小团队具有竞争力；让有竞争力的团队进化成世界级强队。这就是现在精英级别比赛的核心：谁能第一个解锁隐藏在球队建设中某些关键但被忽视的优点。然而具有讽刺意味的是，这与我们在青少年和低水平运动员身上一直强调的内容是一样的：从长远来看，如何让运动员在比赛中表现得更好？

曾经赢得美国超级碗冠军的西雅图海鹰队教练皮特·卡罗尔这样评价自己和他的教练组："作为教练，我们很自律，因为我们总是谈论想要看到的训练和想要的结果，而不是讨论哪里出了问题或错误是什么。我们必须遵守纪律，即总是用自己的语言来谈论接下来球队能完成的事情。我们工作的核心总是关于我们想要什么样的训练、什么样的成果，而不是其他事情。"对卡罗尔来说，通往超级碗冠军的道路之一就是在员工中将一件简单而平凡的事情进行优化和系统化——反馈时强调做什么，而不是不做什么。这是一个许多教练可能会忽略的方法，或者是个可能不值得全美橄榄球联盟主教练关心的方法。但事实上，这个小方法会带来质的改变。

教学中有上百个这样的方面需要优化和系统化，每一个方面的改善都有可能产生显著的回报。教学并不只是一种竞争优势，教学内涵盖了数以百计的机会，每个机会可以带来"一天变强1%"的效果，假以时日，就会产生质的改变。这就像是从万花筒里看《点球成金》——突然间，你放眼望去，到处都是机会。这才是真正的竞争优势。虽然这种系统化和优化的方法与任何其他高级指标一样更加适用于精英型的特许经营权球队，但它也适用于必须保持谦逊的本地俱乐部。用意向和工具改进你的教学是每个人的《点球成金》。这也是培养人才的秘诀所在。有些教练在这方面做得非常好，有些人则做得没那么好。这两类教练都可以从改进中获益匪浅，因为大家都想变得更好，这一愿景是没有边界的。

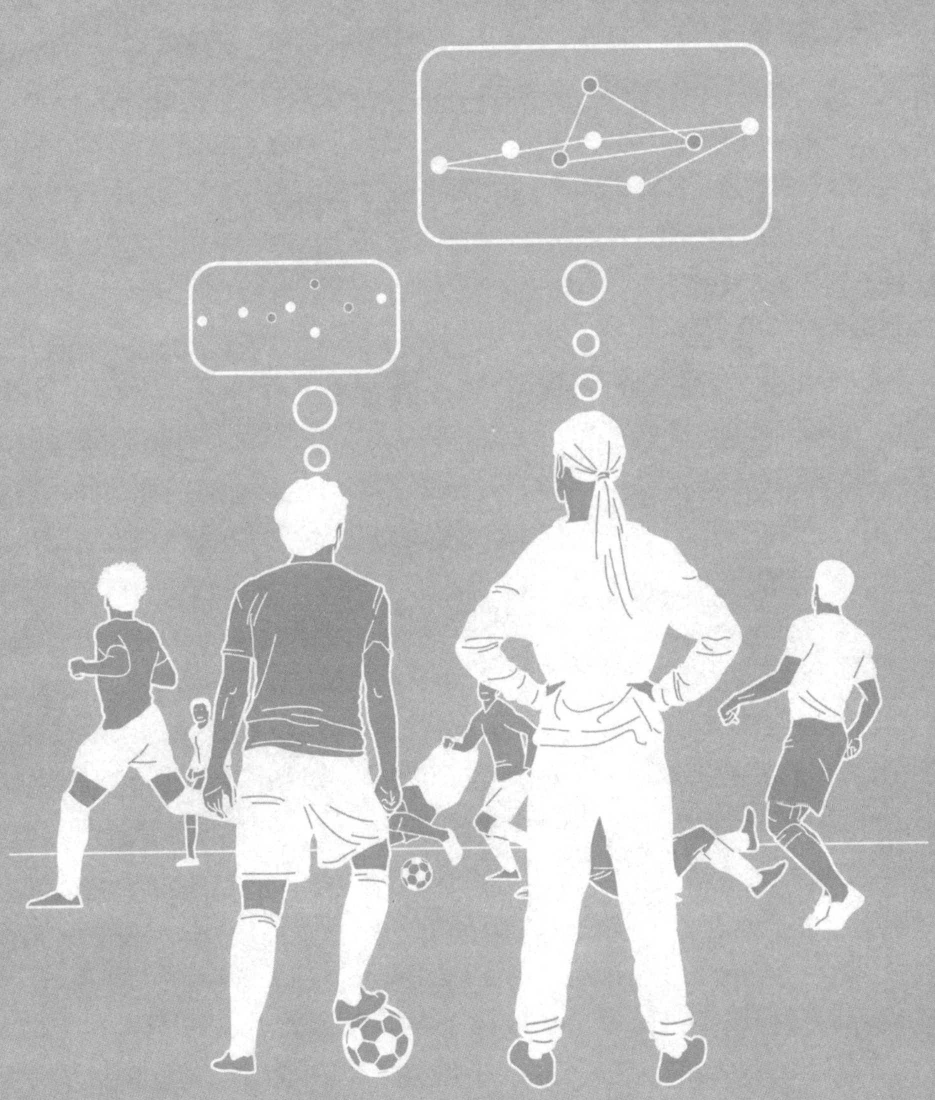

第一章

如何教授运动决策能力

第一部分 大脑与入侵型比赛

像篮球、橄榄球、曲棍球以及其他类似的运动一样，足球是一种团体进攻类型的比赛。足球比赛的目标是控制并带球（或者类似的物体）进入对手的区域。想要做到这一点，需要良好的协调能力、精准的控球力、压力下顺畅执行的能力以及在环境变化下比意识思维转换还要迅速的适应能力。在此类竞技比赛中，仅有技巧是远远不够的。运动员们需要速度、力量、技巧甚至是狡黠。但归根结底，不管是个体还是团体，决策能力是所有技能中最为重要的一个。

“在最高水平的竞技比赛中，”一位前英超球员告诉我，“球员并不是依靠闪电般的跑动的速度，他们大脑飞速运转的速度更快。”也许他们思考和奔跑速度都很快，但是要区分该思考还是该奔跑也不简单。荷兰传奇足球运动员约翰·克鲁伊夫曾经说过：“当我比别人先出发时，我的速度就会显得更快。”“快”的一部分是做出更好的决定（比如在哪里站位，以什么角度奔跑），并且比站在几英尺外的运动员稍快一点。①

①当对做决策充满自信并认识清晰时，速度也会更快。试想谁会在队员们都在全速跑动、缩小防守和进攻间空当的关键时刻思索“我现在应该跑吗”？

然而，决策是最难教授的东西，而且决策的重要性会随着球员们的职业发展而不断增加，这使决策难度变得愈加复杂。在大多数运动项目中，年轻球员可以凭借出色的技术或运动能力主导比赛，但对手们会迅速学会如何遏制一个明星球员。明星球员只有一个，而对手们有5个、11个或15个。随着时间的推移，一颗初露锋芒的新星只有在她的决策能力——以及她的队友的决策能力——发展到能让她在正确的时间到达正确的地点时才会熠熠生辉。

但是，决策能力不是一个小而简单的装置，教练不是只需要简单交代队员们某天把这个装置打开就好。

这是因为仅仅想要做出正确的决定是不够的。球员必须感知机会出现的信号，认识到如何调整自己的状态，并根据这一信息采取行动，比对手更快地看到和做出反应。这意味着运动员必须在这些线索出现之前就能够寻找正确的线索来进行决策，而且通常是在执行其他一些复杂任务的时候。如果目标是队友之间的协调，那么队员们必须在彼此的行动中寻找相似的线索并能够可靠地解读线索。

为了表达得更清楚一些，你必须先快速有效地观察到场内情况，以便快速有效地做出决定。你必须识别出一个信号——也许是一个中后卫落后太多，你必须在机会之窗关闭前从100个恼人的细节中过滤出关键细节并采取行动。我们看到的很多东西实际上是后天习得的行为——而且通常是在我们没有意识到这个学习过程的情况下习得的。

这就引出了一些问题：某些球员的视力是否比其他人更好——甚至“更快”？能教会队员们看得更清楚吗？

答案似乎是肯定的，其中一个关键因素似乎是经验。

任何教过孩子开车的父母都知道这一点。汽车从路边缓缓驶出，你坐在副驾驶位置上，你的脚会本能地踩到刹车（尽管你这边没有踏板），但你寄予厚望的孩子呢，他们的那只脚却不会放在刹车上。他还不知道该往哪里看，该关注什么。他在整理上百个对驾驶来说无关紧要的细节，而作为老司机的你却专注于少数几个最重要的细节。你看到的是关键信号，他却认为是噪声。在他做出反应前那一刹那你可能感受到了一丝焦虑，这也提醒着你，在实际操练时，感知效率上的微小差异可能会带来很大不同。

要让大脑获得感知效率需要时间的加持，特别是当大脑试图阅读“类规则系统”时，这一概念由书籍阅读行为的研究人员马克·赛登贝格提出，这种系统具有“统计倾向但不是不可违背的规则”[②]。例如，书面英语，或者在你选择的运动中进行开放式比赛。有一定倾向但不是不可违背的规则，比如说有一个直传球的机会，但是你能让球员向偏左的方向传球，这样就会出现意料之外的传球。托尼·罗莫在美国橄榄球联盟冠军赛转播时瞥了一眼爱国者队的阵形，他评论道：“这意味着行动和向右大面积跑动。”我们所有人都在目不转睛地盯着屏幕，不到一秒钟后，球员真的开始移动并向右跑开。学习阅读文本或“阅读”运动中的移动和间隔就是学习以最快的速度感知和处理一些视觉方面的信息。这首先需要“大量的经验”——大量的小型试错实验，使得

②出自《阅读扫视速度语言》(*Language at the Speed of Sight*)。

队员们的大脑从中推断出统计趋势。一万次解码字母组合的互动才教会我们看文本和以视觉的速度阅读它。经过一万次与运动员的身体形状和相对位置的互动才能教会我们瞥一眼场地、球场或溜冰场，并以视觉的速度流畅地解读比赛场地。感知能力与环境息息相关，是随着时间而建立的。当你意识到你的运动员需要开始学习快速解读复杂的场内反应模式时，时间已经晚了。

因此，在最关键的发展阶段，教练们可能会忽视决策能力，因为这对成功似乎还不是至关重要的。更糟糕的是，当球员后来表现出糟糕的决策能力时，他们不太可能将问题归因到几年前的决策教学上。他们可能忽视了影响运动员长期成功的最重要因素，甚至从不了解决策的重要性。

部分问题在于球员们会不断做出决定，不管我们是否引导他们。这似乎是一件好事，但这些偶然的、不明晰的决定和好习惯一样容易形成，改掉坏习惯比一开始就养成好习惯要困难得多。这就解释了为什么我们教得最差的球员是那些在很小的时候就在球场上占据统治地位的人。他们通过完成其他球员身体素质做不到的事情来赢得比赛，而不一定能在五年后取得成功，也不一定能在人人都有运动天赋的环境中取得成功，因此教练经常允许或鼓励他们养成一种习惯，即做出长期来看不可持续或适得其反的决定。我们都认识其中一些人。记得他们以前是怎么优秀过人的吗？他们后来怎么了？是他们失去兴趣了吗？是他们缺乏勇气和动力吗？还是说，有可能，是我们一开始的培训出了问题？

让我们想象一个年轻的球员。就叫他泽维尔吧。泽维尔就在你所在地区的球员行列中。他个子不高，脚步略慢，泽维尔虽然也有技术，但似乎总是从后面被身材更高大、跑动速度更快的球员抢断。当他持球的时候，他看上去似乎想要把球传到一个没有队友接应的位置。他经常转过身体带球向后跑动，这让观看比赛的父母（可能也包括他的教练）感到无奈，甚至直接大叫：我的天啊，泽维尔，别往后跑啊！

那么，比起跑得更快的队友，俱乐部会在泽维尔身上投入相同的时间和精力吗？他的队友能够快速跑动接触球甚至能够打入制胜球。两相对比，谁更值得投入更多时间和精力呢？

再想象一下：如果泽维尔队友知道如何以及为什么要在泽维尔目光所在的地方踢球，他可能就不会总是向后踢了。但他长期以来一直被排挤在俱乐部的外围，徒劳地等待着其他球员传给他的球，这种类型的球员个人没有统治力，所以也没有人把他们当回事儿。

也许泽维尔今天就在那里，希望能够接到队友的传球，转身，踢出一个突破两道防线的传球。但是球队中“最好”的球员已经连续第12次接到球了。他突破了他的一个对方防守球员，但当他又抬头时，对方防守又就绪了，那么泽维尔灵活的跑位也没有任何意义了。我们的“明星”球员只会想，为什么泽维尔要站在那里呢？

很快，就连泽维尔也会问自己这个问题——也许他会停下来。思考自己为什么要继续呢？在战术性比赛中，球员的技能很难展现出来或者收获回报，除非其他人也在同一频率上[③]。是否有必要问，有多少球员的团队配合能力被忽视了，因为他们周围的队员毫无团队概念？有多少球员未能在早期开发自己的踢球直觉，是因为他们在一支有跑动意图却很少能给他们赢得球权的队伍中？

但让我们想象一下，有了水和阳光——也就是，关注、教学、机会、信仰、高期望——泽维尔可能在几年后出现在大众眼前，他的速度和体形也更平均了一些，就像哈维尔[④]，他在球上很聪明，但很少一次触球超过两或三次，而是用完美的角度传球把对手击败。

③约翰·克鲁伊夫描述了一个版本。“人们认为最好的球员应该是在有四名防守球员的情况下还能在空中控球，抓住时机带球往回跑动。”他还指出，技术就是能通过一次触球，就能以恰当的速度把球送到队友合适的脚上。

④哈维尔·埃尔南德斯被认为是史上最佳中场球员，以其阅读比赛的能力和组织进攻的能力而闻名，他擅长把握比赛的速度。哈维尔“tiki-taka”的踢球风格为巴塞罗那队赢得6个联赛冠军和3个欧冠奖杯并在同时期为西班牙赢得了一个世界杯和两个欧洲锦标赛的冠军，这些荣誉都离不开哈维尔对比赛的掌控。

有多少个俱乐部能给得到他这些水和阳光呢?

不必大声回答。我们都已经知道答案了。

这里请不要误解我，我认为运动能力仍然很重要。否则，职业俱乐部就不会管控球员的饮食。然而，尽管每个球员和他的潜在替代者之间的差距很小，但在这项运动中，最具统治力的球员总是包括各种各样特质的人，有肌肉是优势，但有些人就是清瘦结实；身材高大是优势，但有些人就是小个头；在速度为王的比赛中，有一些人就是比较慢。像哈维尔、安德烈亚·皮尔洛和恩戈洛·坎特的例子告诉我们，大脑才是比赛中竞争优势的终极来源。

简而言之，决策能力是伟大球员最重要的品质，也是对教练最重要的考验，不仅因为决策能力需要对未来专注能力进行训练，还因为决策技巧是很难传授的，即使是对那些相信自己擅长决策的人而言。

“思考型球员”的类型

教授思考困难的其中一个原因是，当思考这个行为发生时很难识别。这似乎是一个荒谬的声明，但正如大卫·伊格曼在《隐藏的自我：大脑的秘密生活》(*Incognito: the Secret Lives of the Brain*)中提到的，我们有意识的意识只占到我们认知的一小部分，绝大多数意识都在我们没有觉察到的情况下缓慢前进。我在这一章的目标之一是描述发生在训练和比赛中的认知过程，包括两种：我们一般意识到的和那些我们察觉不到的。我希望能为大家提供一些想法，就像教练为了能够更好地培养运动员的各种思维所做的努力一样。我的描述集中在像足球这样的集体入侵型比赛中的认知功能，而不是不同的运动中包括的更广泛的运动学习（如棒球或高尔夫）或更可能被你称为耐力心理学（跑步或骑自行车）中的认知功能。当然可能认知功能在其他运动中会有重叠的地方，我希望这一章各个方面的内容对其他运动的教练也是有用的。我还想说的一点是我并不是训练方面的科学家，而是透过教与学的视角来给出一些应用性的方法。

首先，我要区分一下两种经常被认为是可以互换的认知过程：决策和解决问题。后者（解决问题）一般是慢的，而前者（决策）往往是快的。决策是一种认知过程，球员们在比赛中更频繁地使用到它，而解决问题也很重要，因为它能够帮助球员在大脑中建立联结，使他们能够在比赛中更快速地思考。决策和解决问题的速度似乎是个不太值得关注的点，但对运动员来说并非如此。当谈到运动员的“本能”和“比赛感”时，我们通常谈论的是做出决定的速度比我们有意识的思考要快，这是一种需要不断打磨的技能。

我还会研究感知机制。正如我提到的，感知机制比大多数人意识到的更加复杂、更加主观。据欧文·比德曼的观察，“我们有一半的大脑几乎专门用于视觉。我们可能会被误导而认为这是一个非常简单的过程，因为它发生得很快且自动化”。但在很多方面，专业知识方法就是知道要找什么，去哪里找。

专业钢琴家丹尼尔·贝利弗斯基和他的学生夏洛特·班尼特的研究展示了这一联系。视读一段新的乐谱——进行识谱然后决定如何演奏，再将自己的决定与身体动作协调起来——贝利弗斯基的视线始终精确地移动到他正在演奏的乐句前面的一句，他的视线首先移动到高音谱号和低音谱号——他演奏时戴着一副视线追踪的眼镜。他所能看到的视野范围是狭窄稳定且一致的，比班尼特的稳定多了，而班尼特在看谱了时视线扫过了更大的视野面积，她的视线方向和视线扫过的区域也不一致。这令人意想不到。钢琴家贝利弗斯基比起他的学生使用相对较少的视觉信息来指导他的演奏判断。这是因为他知道他的眼睛应该去哪里寻找正确的乐谱线索，他会更早地利用视线锁定目标。他的知觉可以捕捉到更多的信号和更少的噪声。更重要的是，他这样的做法完全是无意识的。“我甚至都没意识到我这么做了。”他看自己在屏幕上的眼球运动回忆着。

我们可以总结，至少有两点可以区分一个专家和一个非常优秀但仍在发展中的学徒。首先，专家的专业知识来自他潜意识里对该关注哪里的认知。其次，他可以高效地处理他所看到的东西，因为他所有手上的动作都是自动并且流畅的，所以他的工作记忆几乎可以完全自由地集中在他所感知到的东西上。

研究表明，在教师中也发现了类似的趋势。与新教师相比，老教师看到的信息总量更少但看到的有效信息多。他们的眼球运动，就像钢琴家贝利弗斯基一样，视野范围更加稳定和狭窄。有了一定的教学经验，他们已经知道从哪里看才能看到一些重要的变量。

对于运动员来说，拥有专业技能的标志通常是习惯性地、无意识地寻找正确的地方：找到有效信号并屏蔽噪声。最近对克里斯蒂亚诺·罗纳尔多（如果不是球迷的话，C罗被公认为是足球界的前两名或前三名球员之一）的视觉追踪研究显示，他在面对防守球员时基本是这样做的——关注后卫防守队员的臀部和膝盖的动作信号，以一种有条理的方式锁定关键数据，并以一种类似深度编码的技能做出相应的反应。最关键的是，他没有意识到自己在这么做。专家和新手的看法不一样。专家们就是在看不同的东西，看不同的比赛。

另一种形式的决策涉及在一个群体中协调个人决策。这取决于一个有点奇怪的想法：个体队员在现场比赛中很少参与问题的解决（这个过程太慢了），而团队在比赛中不断解决问题。通过比对手更有效地理解和预测队伍内部的决策，优秀的团队能够以最佳方式预测和应对彼此，实现类似于解决问题或人工智能的目标。

最后，让我们看一下促使团队解决问题行为发生的一个关键因素。知识构成了所有高级认知功能的基础，包括批判性思维、解决问题和决策。“过去30年的数据得出的结论表明这在科学上是不可挑战的，”弗吉尼亚大学心理学

⑤出自丹尼尔·威林厄姆，《为什么学生不喜欢上学？》（*Why Don't Students Like School?*）（2010年出版）

家丹尼尔·威林厄姆[5]写道，“好的思考方式需要了解事实，这不仅仅因为事实为你提供了思考的内容。老师们最关心的思考过程是批判性思维过程，比如推理和解决问题的过程——它们与长期记忆中的事实性知识紧密相关（不仅仅存在于环境之中）。”（也是我想强调的重点）

这里有必要提到，事实性知识是理解、批判性思维甚至创造力的基础，这一观点几乎是认知科学家的共识，但流行的观点——通常是教育工作者们的观点——倾向于持反对意见。对教育工作者们来说，学习事实是一种“低级”的活动，在一个你什么都能搜索到的世界里，这是在浪费时间。有一个假设，问题解决和批判性思维是抽象的技能，这种技能一旦学会，就可以应用于不同的领域。借用认知科学家的话说就是，这些技能是“可迁移的”。

我明白为什么这个想法如此引人注目。因为一旦学会了，批判性思维就可以灵活地从一个环境应用到另一个环境，这是一个多么美好的设想啊。但不幸的是，这一想法与大脑功能的现实情况并不一致。批判性思维和解决问题的能力与环境密切相关，你只能批判性地思考那些你拥有知识的领域。如果想对拿破仑在滑铁卢战役的决定进行批判性思考，那么你就需要了解拿破仑的性格特征和作战动机，他与他麾下将军们的关系，英国和普鲁士军队指挥官的本质，以及他们两方在1815年6月18日战场上的位置。没有以上这些知识，你可以试着去批判性地思考他为什么进攻，行动是否鲁莽，但最终你只是在猜测，而猜测并不是批判性思维。

知识要对思维起作用，就必须将其以编码的形式储存在长期记忆中。工作记忆——也就是你有意识思考的事情——是非常有限的[6]，试图思考或记住一件事会降低我们思考其他事情的能力。换句话说，如果你必须有意识地思考某件事，它本身就会阻止你思考其他事情——并且也会阻止你准确地感知你周围的世界。我们越希望球员们的思维得以发展，就越需要让他们在长期记忆中储存更多的知识，并努力帮助他们腾空工作记忆，以实现高效的感知能力。

⑥相反，长期记忆则是无限的。

事实上，储存事实知识可以释放工作记忆，从而更准确地感知。同样地，感知也是扎根于知识的。在一项关于物理学家如何研究复杂问题的研究中，季清华、罗伯特 · 格拉泽和保罗 · J. 费尔托维奇三位学者发现，物理学家们在观察和决定用什么方法来解决复杂问题时看到了深层次的原则，而新手注意到的则是无助于他们解决问题的一些表面特征。

策略决定VS问题解决

丹尼尔 · 卡尼曼获得诺贝尔奖的研究一开始是为了理解人们为什么会犯可预测到的思维错误。在《思考，快与慢》（*Thinking Fast and Slow*）一书中，他试图阐明大脑中两种不同思维"系统"的作用，他简单地称之为"系统1"和"系统2"。当然，它们是相互关联的，但它们的作用程度却独立得令人咂舌。

系统1思考得很快。系统1的部分进化是为了让我们得以在危机中存活下来——当看到有东西朝我们飞来，我们可以比有意识的思考更快地做出相应的反应，而不是在思考"朝我飞来的是什么东西？"或者用语言表达"小心！"因为我们的大脑为了保护自己需要一种"先躲后问"的系统。

"系统1比你的经验所能告诉你的更有影响力，"卡尼曼写道，"系统1是你许多选择和判断背后的作者。"在速度至关重要的情况下，系统1对决策的支持是无限的。它不断地以我们未意识到的方式评估并处理我们周围的环境，我们出于本能所做的许多事情都是由大脑的这个系统所控制的。在《隐藏的自我》一书中，大卫 · 伊格曼描述了一个例子：在一项研究中，研究人员向一群男性们展示了一些女性的照片，并要求男性给她们的吸引力打分。一半的照片是瞳孔放大的女性——这是一种"兴奋"的迹象——男性们确实更多地选择了有此类特征的女性，但并没有意识到她们的瞳孔放大了，他们只专注于挑选那些看起来有吸引力的人。所以说，我们没有意识到的感知对我们的决策产生了持续而深远的影响。

系统1的另一个重要特征是它总是处于开启状态。在大多数情况下，即使我们想抑制它，也束手无策。例如，如果你看到的是用你的母语写的一行文字，你不能仅仅看这行字而不进行阅读。

● 禁止停止思考

只有在特殊的情况下，你才会瞥一眼那句话而不去读它。这告诉我们，我们的感知能力会自动开启其他更高形式的思维方式。虽然学习阅读需要数年时间，但一旦你学会了将眼睛所看到的的东西转化为有意义的内容，你就无法切断这种学习和创造性之间的联系。因为它通常比有意识的思维运行得更快，因此缺乏有意识行为的监督，系统1容易犯错。你因为前方有障碍避开了，但过后才发现那只是一个随风摇曳的树枝。你看到了路上的障碍因而猛踩刹车，但驶近才发现它只是一个影子。

因此我们需要通过卡尼曼所说的“系统2”来弥补这一点。这个系统能够思考得更仔细。它可以深思熟虑，权衡各种选择，检验一个假设，从而改变自己的想法。它认为：那可能是一只鸟，也可能是一个影子。这就是“批判性思维”和解决问题思维产生的地方。

但是系统2也不是完美的。其中一个问题是它使用起来很累，所以我们“懒”得使用系统2。我们只有在必要的时候才会这么做。让一群学生或运动员在训练过程中启动并保持系统2思维的运行是需要努力的。如果想要解决问题，教练和教师必须建立一种文化，使球员们将专注和做好思维准备变成一种习惯。（我将在第三章中继续讨论这个问题。）

关于系统2的另一件事：其速度是慢的——“慢”是一个相对的术语。大脑需要大约0.6秒的时间来进行有意识的思考。据大多数标准来看，这样的思考速度已经相当快了。但作为一名运动员通常需要更快的速度。例如，在棒球比赛中，一个投球手到达本垒板的时间比击球手有意识做出反应的时间要快0.4秒。

多年以来，人们一直认为反应时间是击球的关键，更快的反应带来更快的击球。但正如大卫·爱普斯坦在《运动基因》（*The Sports Gene*）一书中所描述的，人们发现，伟大的击球手阿尔伯特·普霍尔斯最厉害的时候，他的反应时间其实是低于成年男性的平均水平的[7]，那么一定是有别的什么东西让他能把球打得这么快。事实证明，这是一种感知：像普霍尔斯这样的击球手会在投球时和投球前从投球手的动作中感知视觉线索，比如肩膀的角度、手

⑦这里的平均水平指的是大学适龄人群的水平，而不是棒球运动员的平均水平。

腕的位置和臀部旋转的速度。击球手的大脑快速处理这些视觉线索，并预测投球位置，而普霍尔斯从来没有刻意寻找这些视觉线索，甚至他也没有带着意识注意到这些线索。而许多击球手，甚至是成功的击球手，仍然认为这是反应时间的问题，这令人印象深刻。这位典型的击球手永远不知道自己成功的真正驱动力是什么，甚至没有意识到它们发生了。他无意中学会了成就自己的方法。

球员们能否从经验或者教练的指导中学到要用不同的或者更好的方式寻找视觉线索呢？教练们是否意识到这一关键功能？

这些问题很重要，因为大多数团体入侵型比赛都有这样的特点，即队员需要比有意识地思考更快地做出决定。对方中场身后的空当即将打开，在你意识到那一点之前，你用脚外侧带球突入空当。你没有考虑过传球，也没有考虑过传球面。你可能只是模糊地意识到你的队友正在进入空当。你在觉察到暗示之前就行动了。这就是系统1在工作。在识别的时刻——“我不敢相信我刚刚把球传过去了”——实际上是系统2在观察系统1的活动。

利昂内尔 · 梅西

“最好的决定不是用你的头脑做出的，而是用你的本能做出的。”可以称得上是足球界最伟大的球员利昂内尔 · 梅西是这么说的，“你对一个环境越熟悉，你就会越快越好做出决策。”我要补充的一点是，它们并不是生理意义上的本能，不是先天的固定反应，而是在长期记忆中经过编码而成的习惯，利用它们我们可以比依靠感知更快做出决策。因此，教练的部分任务就是训练球员在有意识思维做出不实际或无效判断时做出有效决策。这通常被称为感知—行动联系。

然而，仅仅因为一些决定必须比有意识的想法更快做出，并不意味着所有的决定都必须如此。例如，前锋挤压对方的外后卫，她正在快速跑动靠近。尽管她必须迅速做出决定，但她仍然能够有意识地思考自己的方法和角度，并将其适应比赛模式。大多数的思考可能包含这两个思维系统的一些重叠，它既依赖于由系统1管理的无意识或潜意识感知的基础，当行动略有放缓时，它又进一步受到系统2的有意识思想的塑造，因此决策过程需要两个系统的相互协调。

认识到上述这一点很重要，因为这两个系统的协调可以揭示我们在认知中的另一个缺陷。在努力工作时，系统2会降低系统1的功能，尤其是它的知觉。试着做一些需要有意识思考的事情，当你在车流中左转时——如果你调整车里的温控器或者打电话——突然之间，你发生事故的可能性就会增加好几倍。当系统2运行时，系统1感知时间和空间的能力会下降。

因此，当我们的前锋紧逼外后卫时，我们不完全清楚希望她启动多少主动思考。也许我们希望她的思考是自动的。或者，我们希望她的决定是自动的，除非是她通过观察发现当下的情况在某种程度上不常见，需要她做出主动行动。也许她在等一个教练曾经指出的提示——一个糟糕的第一次触球，一个无力的传球，一个空中球——来告诉她击球。她看到了，然后立刻做出决策。这就是柏林纳所描述的专业教师在观察课堂时所做的事情。他们冷静地，几乎是被动地观察着一切——比一个新手更甚——直到有东西提示他们，某种情况不太符合常规，然后他们有意识地、仔细地去做。

“意识的发展是因为它是有利的，”伊格曼在《隐藏的自我》中写道，“但有利的程度有限。”（我强调的是）他是从进化的角度说的，但这在运动中也说得通。

所以队员们大脑中的两个系统既协调一致，又相互排斥。一个系统反应敏捷，可以下意识地操作，但容易出错；另一个深思熟虑，洞察敏锐，但行动缓慢，可能破坏更紧迫的认知功能。

“比赛中的问题解决”的讽刺之处

在问题解决的过程中，大脑会为复杂的挑战寻找新的解决方法。这些解决方法通常包括试错或有意识的逐步分析。也就是说，这种解决办法是一个系统2的任务，所以速度上必然不快。当然，在解决问题的过程中会有顿悟的瞬间，但整体来说问题解决的进程是缓慢的。因此，比赛中的大多数思考都不是为了解决问题。考虑到足球是一种“解决问题的比赛”，这乍一看似乎有些讽刺，但问题解决在许多方面仍然至关重要。

首先，问题解决是教练用来训练队员们做出决策和建立长期记忆的主要工具之一。球员们在比赛中的思考可能并不总是使用系统2的全部思考能力，但球员们通常依赖速度较慢的系统2思维来编辑和理解他们将在比赛中运用的决策。威林厄姆解释说，记忆是认知努力的结果，而毫不费力的执行能力往往是大量的思维和身体训练的结果。认知科学家称之为“必要难度”（desirable difficulty）。反常的是，帮助球员在比赛中进行快速思考的最好方法之一可能就是在训练中使用更深思熟虑的思维——也就是说在正确的时间以正确的方式进行思考。

其次，个人决策的聚合最终会产生一些看起来很像团队层面的问题解决。如果一个团队中的队员们能够“读懂”彼此的决定——如果他们知道为什么队友会做出某些决定，并且能够预测他们接下来会尝试什么行动，那么他们就可以参与到一种集体问题的解决当中，特别是在比赛中休息时可以进行更慎重的思考。因此，我们所寻求的不仅仅是来自队员们的强大决策能力，更有对于队友来说尤为“清晰”的决策，这样队员们便能够读懂并理解彼此的行动。

我的讨论会很快回到问题解决上，但首先，考虑到决策在队员思维表现过程中占据的比重之高，让我们先来更细致地探究一下这一点。

决定以及决定是如何产生的

用西班牙巴塞罗那TOVO足球学院托德·比恩的话来说就是，“一切都始于感知”。这里的“一切”就是决策。甚至当我们在感知的同时也在做决策，因为从一开始我们就在塑造和选择我们要看到什么。

感知其实就是优先排序。我们认为我们只是客观地看到了眼前的视野，但实际上这是一种错觉——“用户错觉”[⑧]。“你以为有意识就是感知你周围的一切，但实际上它意味着感知现实中的小片段……并且能够切换自如。”这是认知科学家史蒂文·约翰逊的描述。当你“看”的时候，你的大脑会填补大量的空白，从而使你看到的东西有意义。这涉及我们的大脑对可能存在的东西会做出假设。例如，我们的周边视觉非常模糊，几乎毫无用处，在视野中心外15度处有一个

⑧ 这一词首先由丹麦作家陶·诺瑞钱德提出。

点，视觉神经附着在那里，在那里没有感觉细胞，这是你的盲点。一个变戏法的艺术家可以把一个物体放在我们眼前，并设法让我们根本看不见它，但我们从来没有注意到这一点，因为我们的大脑在看不见时自行填补了空白。大脑也会决定在视野中我们应该注意什么，这通常是在我们没有意识控制的情况下发生的。

例如，在一项实验中，心理学家阿尔弗雷德·亚布斯让实验志愿者观看一幅画，同时他跟踪了志愿者们的眼球运动。亚布斯开始向志愿者们提问关于这幅画的不同问题，这也就改变了他们的视线。当被要求说出画中人物的年龄时，受试者会不自觉地仔细观察他们的脸。在被要求估计画中人物的财富时，他们把视线重点放在了画中人的服装上。受试者的眼睛会根据他们需要了解的内容以不同的方式移动，但关键的是（目前是可以预测的），他们并没有意识到自己在这样做。伊格曼指出："当你的眼睛审视这个世界时，它们就像在执行任务的特工。""即使它们是'你的'眼睛，你也几乎不知道他们的职责。"但是，如果志愿者们的大脑无意识地将他们的眼睛转移到画中最重要的地方，他们的大脑是如何知道并且如何做到这一点的呢？答案是经验。是人们利用隐性知识在观察。从人们的面庞识别年龄或者从他们的衣着判断财富，当这一行为重复了一万次以后，隐性知识就可以帮助我们把视线聚焦在正确的地方。

你的知识和经验也会告诉你在竞技场上该往哪里看。例如，当你作为防守方想要预测传球路线时你的眼睛应该看向哪里？看持球球员的眼睛吗？脚吗？臀部吗？你观察的频率又该是什么样的？例如，你的视线是否经常扫过周围的空间去观察其他队员？那么你观察的是哪些空间？你很可能没有想过视线应该看向哪里。事实上，即使你是一个出色的防守者，甚至你也可能不知道你应该看向哪里。一位认知科学家曾说："人们经常认为他们的视线集中于某个地方，但他们错了。"你在看的时候自己也不知道为什么视线停在了那里。如果经验还没有教给你如何去寻找的话，你可能永远看不到想看的东西。

与柏林纳一样，卡尔加里大学的一位认知科学家琼·维克斯认为，专家的目光与新手的目光截然不同。她称专家们的目光为"安静的双眼"，因为与新手相比，专家们的眼睛会更早地锁定在他们凝视的突出细节上，他们的眼神互动更稳定，目光停留的时间也更长。这一点很关键：有时队员们在信息充分的情况下也会做出糟糕的决定。他们选择错了。但也可能是，他们从来不知道还有什么其他选择。他们从来没有看到过他们应该传出的球，因为他们不知道眼睛应该去哪里寻找重要的信息。他们还没有学会看。所以如果我们想让队员做出更好的决策，就从队员们的眼睛开始，引导他们去看——并养成习惯去看——训练和比赛情况中最突出的细节。

学习观察

如果说很多感知是知识和经验共同作用的无意识产物，那么感知意味着以下几件事。

第一，运动员必须对比赛的框架有广泛的了解，通过指导他们如何看，他们可以更快地体会到这样做的好处。也就是说，知道哪些细节——哪些线索——是与比赛最相关的。第二，我们的教学应该经常侧重于引导队员们的目光在嘈杂中找到信号。正如我将在第三章讨论的，问队员们“你们看到了什么”，比起问“你应该在这里做出什么样的决定”可能会产生一个更好的决策。第三，可以改善队员们的观察机制。这是一位来自南非的视觉意识教练雪莉·考尔德工作背后的原理。她训练职业运动员以帮助他们提高视觉能力。例如，在与英格兰国家橄榄球队合作期间，考尔德注意到一名球员不擅长接球。“如果你接不住高球，人们就倾向于认为你就是这样的水平。”考尔德在接受CNN采访时表示，她能够通过日常训练帮助球员扩大垂直周边视野。周边视野训练的技术性要求高，对于大多数青年俱乐部不易实施，但是考尔德确实提供了一些通用的建议。她认为，智能手机的使用缩小了我们的周边视野，使我们的视觉系统退化。这带来的长期影响是十分显著的，短期的影响也是如此。因此她建议运动员在比赛的日子里远离手机。

最后，知识和经验在观察中的重要作用解释了为什么你不能快速进行决策。寻找正确的事物需要多年的经验积累才能够让队员们“看到”或“读懂”比赛。回到与阅读的类比上，如果你想流利阅读，你必须从小开始培养这种能力。在足球里，你不能指望在球员们12岁或14岁的时候就抛出一个开关，仿佛一打开开关，队员们就能将目光准确地落在球场上正确的位置上。而在此之前六七年的时间里他们的训练方法一直是站成一排，或者低头盯着控制的球，甚至是让他们和那些动作随意、行动不具备任何提示性的队友们一起踢球。到那时就太晚了。他们当然能够进行“看”这一动作，但是却看不见比赛中任何关键信息。

几何块和分块

大脑视觉皮层的一个神奇属性是，即使是我们从未见过的事物，大脑也能帮助我们预测事物的样子。拿一个特定的椅子为例，也许是现在你房间对面的那把椅子。即使你只看了一点点，就算十分之一秒吧，你的大脑也可以从一个完全不同的角度得到椅子的图像，即使你从未从那个角度看它，也能认出它就是那把椅子。你可以推断出：哦，那是我的椅子，尽管是从下方和更远的地方看到的。这就是欧文·比德曼所说的“模式识别的神奇之处”，而模式识别对运动员来说就是金子般珍贵的能力。

比德曼说，大脑可以创造这个奇迹，因为大脑可以把复杂的形状分解成更简单的形状，他称之为“几何块”。“事实证明你能用非常小的词汇量，大约30个或40个，来描述大多数物品，”欧文·比德曼说，“如果我们用几何块来表示一个正在观察的物体，那么我们几乎可以从任何角度识别这个物体。”一旦你的大脑知道了它的核心几何图形，那么大脑就可以把它所知道的几何图形非常迅速地应用到新的甚至是假设的情况中去。

关于知觉的另一个重要发现涉及一个叫作“分块”的概念，专家处理的信息比新手多，是因为他们善于按照分块处理信息。要记住这个序列中的字母——t ob EOR n oTOB E，当你把它看作6个字或者一个短语——“生存或毁灭（to be or not to be）”，而不是12个单一的数据点时要简单得多。同样地，在赫伯特·西蒙的一项著名研究中发现，向一群专家展示棋盘的图像，专家比新手能够记住更多的棋盘信息。安德斯·艾利克森在《刻意练习》（*Peak*）中记录道，当他向专家展示棋盘上的棋子排列，这些棋子的排列是典型的棋局中期或结束时的情况，仅仅五秒钟内，专家们就能记住大约三分之二的棋子位置，而新手“只能记住大约四个棋子的位置”。这一开始似乎表明专家们有惊人的记忆力，可能是由于他们会下棋，但也可能是一种天赋——正是这种天赋使他们表现得很好。但有趣的是，西蒙证明了分块的能力是局限于特定领域的。然后他又评估专家和新手对棋盘上随机排列棋子的记忆能力，这里棋子的排列顺序是在真正的棋局中不会出现的形状。在这一轮评估中，艾利克森表示，专家的表现突然并不如新手好。缺乏游戏的情境，专家们对专业知识的感知优势消失了。当感知优势消失时，专家们必须理解他们所看到的东西，而不仅仅是熟悉它。因此在战况上升阶段仅仅依靠站在中场来发挥自己的感知能力是远远不够的。你必须了解你现在看到的情况：这位中场球员正试图把她的对手引开，这样她的队友就能从后面空当溜进去了。这就是“比赛是最好的老师”的观点没有得到科学支持的原因之一。比赛教会的是那些首先被引导着去理解比赛的人。

西蒙认为，专家们是按照“分块”的概念去处理棋盘上棋子的位置的。他们看到了很多信息：一个威胁帅的车正由两个小兵保护着。对他们来说，单一的“东西”就是一块块的信息。用足球术语来表达，足球专家是看不到一个右后卫在中场线上方10码处接近边线，或者一个在中场线后面距离边线25码处的右中卫的等，而新手就会看到这些。专家们能够准确地看到四后卫式的阵形，也许是通过压缩阵形来吸收对方的进攻压力。或者他们看到四后卫通过压缩阵型以减缓对方进攻压力但是中后卫们又离得太远了。有多远？比他们应该在的位置远了一点。专家用“心理表征”——也就是基于知识和经验的概念——来快速感知大量信息。艾利克森认为，这些“心理表征”是加速感知能力的关键。

当有不恰当的事情发生时，这些心理表征也会引起专家的高度关注。我在观看前苏格兰国脚后卫伊恩·芒罗的比赛时亲身体验了这一点。他描述了他期望看到的四后卫的阵型“像一个碟子一样”。对他来说，看着四后卫就像看到了一个单一的图像，一条穿过场地的弧线——这就是一种心理表征——所以他一眼就看到了一切。“左后卫位置有点出来了，”有一次我们在观看比赛时，他说，“他的身体太宽了，只能跑向内侧来调整自己的位置。他看不见他的队友们。”就在他说话的时候，一个斜线长球被传给了对手，瞬间就成了他的盲区。片刻之后，对方以1：0领先。说这番话的时候，芒罗边吃三明治边和我聊天，用眼角的余光望着球场，他立刻发现有些事情“不太对劲”——有一个球员出现在他不应该在的地方。这才让芒罗仔细观察了起来。

换个角度说，分块可以帮助球员更准确地观察和预测。艾利克森给足球运动员们播放比赛视频时也发现了这一点。当一名球员刚刚接到球时，他便按了暂停键，更优秀的球员能很好地回忆起球员的位置、移动方向和球的位置。他们更擅长预测接下来会发生什么。

“越好的球员，”艾利克森说，“对足球场上运动模式的理解能力就越强。这种能力使他们能够感知到哪些球员的动作和互动最重要，从而使他们能够针对在球场上的跑位，什么时候传球给谁等问题做出准确的决策。”

但不止如此。正如艾利克森所解释的那样，随着时间的推移，看得更好的优势会越来越大，因为大脑是可塑的，大脑会不断调整神经回路，帮助它对所面临的需求做出相应的反应。因为这个原因，关注年轻球员的视觉环境是至关重要的。他们必须对足球或其他运动的核心架构有足够的了解，以便能够通过只瞥一眼就能看到比赛的关键信息并理解[⑨]。一旦大脑知道了运动的核心架构并能形成有效的心理表征，大脑就能开始预测事件的发展状况并迅速适应它。

⑨几名NBA顶级球员（如科比·布莱恩特，史蒂夫·纳什）将他们特殊的意识归功于在篮球场上踢小型足球，改变游戏项目的发起人约翰·奥沙利文说道。

最近，挪威体育科学学院的尤尔德教授进行的一项研究表明，优秀球员“扫视”的频率——目光从球上移开，以判断球员的位置和他们周围的空间的频率——比不熟练的球员更高。山姆·迪恩最近在《每日电讯报》（*Telegraph*）上写道，“那些（目光扫描）频率最高的人就是接球时对周围环境有着最清晰印象的人。”尤尔德教授发现，最好的中场球员会在这十秒钟内扫描五六次。当我把这篇文章分享给几所职业学院的足球教练时，他们立

山姆·迪恩

即给我回信。他们意识到了这项研究的重要性并把鼓励目光扫描纳入日常训练中去。看到教练们如此积极地接受感知的力量，我备受鼓舞。需要注意的是，虽然目光扫描似乎非常重要，但它是必要但不充分的。因为有可能你确实利用视觉进行了扫描，但却没有得到有效信息，因为当你以最快的速度进行视觉扫描时，也限制了每次视觉扫描的有效性。这也就意味着，仅仅依靠简单频繁的视觉扫描可能并不能帮助球员更好地察觉信息。

反应能力

想象一下，我们发现泽维尔终于进入了首发。事实上，在比赛中他的位置正好在对手的半场内，面向着自己的球门，他正准备接一名拖后型中场传给他的球。越过他的肩膀，他注意到一名对手用力逼抢而另外两名防守队员也稍微向他转过身来，他们都准备在需要的时候抢断，但忽略了他们身后的空间。当其中一个防守逼近了一两步，很快，泽维尔的大脑必须做出一系列反应：也许他需要利用自己的身体做出“挡球”的反应；或者是要决定传球的方向。泽维尔能否成功部分取决于他感知能力的质量，还有一部分是基于所需的接球和护球技能的自动性。如果他能用最少的工作记忆力执行这两个技能，他的视野范围会更广。

除此之外还会用到一系列共同的战术认知能力。如果说三个球员接近并盯防泽维尔，那就意味着球场上其他方位有机会了。如果泽维尔和他的队友能把球传到那个空当，他们就有了数量上的优势。泽维尔面临的盯防压力应该会让他和他的队友感知到后面一系列战术决策线索，对此他们应该已经演练过无数次，次数不亚于泽维尔演练护球的次数。泽维尔触球引诱对手进场，然后向后传球给附近的队友贝托。这是一个速度稍慢的传球，当贝托看到这个球时他知道他必须扫视整个球场，找到自己队伍人数优势所在的地方。泽维尔的传球速度在告诉他：你看到那三个人盯住我了，对吧？我给你争取了几分之一秒。贝托知道他在拿到球前必须扫视场地，因为他的教练强调过，只有在第一次触球时的传球才是绝对优势。而在边路，另一个队友克劳迪奥，也在读取球场上的信号。他知道如果他能找到一个有利的位置，贝托就会传球给自己。于是他突然切进了线与线之间的空当。克劳迪奥的防守球员反应慢了一步，因为他没有把泽维尔的回传看成一个信号，也没有理解回传所暗示的动作顺序。这样一来，泽维尔和他的队伍就已经领先了好几步。

协调决策

泽维尔与他的中场队友的互动表明了使协调决策得以实现的一个关键因素（你可以称之为团队解决问题）。一支对比赛方式和在特定情况下的选择有共同理解的球队，将能够比防守方更快更好地“解读”队员之间的动作。如果他们对自己在特定情况下的目标和优先事项有明确的共同理解，他们就会读懂彼此的信号，并通过球场上的动作进行沟通。他们会以类似的方式读懂比赛，使用类似的视觉词汇。他们似乎有第二视觉。这是优质足球运动员们的杀手级策略了。

“比赛模型”[10]指的是我们在特定场景中对比赛方式的共同理解。这就像是解决集体问题的罗塞塔石碑。用艾利克森的术语来说，这样的模型是一系列相互联系的心理表征——用普遍适用的原则来描述它看起来像什么。它是“比赛原则”一词的细化版本，但超出了教练通常所说的原则。正如全美精英俱乐部联盟主席克里斯蒂安·莱弗斯向我解释的那样，无论单个球员的球风如何，比赛的原则都是一样的，但比赛模型是特定于一个团队的，有时是特定于一个环境的（也就是说，一个团队可能有不同的比赛模型，选用哪个取决于他们什么时候压迫对手抢回球权，什么时候组织后场进攻）。从某种意义上说，这是一套团队协议。当进行逼抢时，我们将设法阻止球从左到右或从右到左穿过中线。当通过中场进攻时，我们将寻求吸引压力，并快速将球踢回。

⑩这个术语要感谢克里斯蒂安·莱弗斯。

因此，教练的工作就是建立这种“知识”：对比赛中出现的情况和可使用的解决方案的共同理解。这种知识在一定程度上是有效的：

- 以编码的形式储存在长期记忆中。
- 有清晰准确的名称，以便教练和球员能够准确快速地回忆和引用。
- 与特定的比赛目标相关联，所以球员们可以协调他们对特定情况的反应。球员们只有了解自己的目的，才能做出协调一致的决定。

有些人可能会认为这种知识在流畅的比赛中显得控制欲太强，但事实可能恰恰相反。在训练过程中积累知识和词汇可以让球员在没有教练干预的情况下做出协调一致的决策。认知科学告诉我们，我们不能抽象地教授批判性思维、如何解决问题或决策。我们只能在特定情况和相关知识背景下教授球员们这些事情。

西班牙巴塞罗那TOVO足球学院的托德·比恩分享了他岳父约翰·克鲁伊夫最喜欢的一句话："快速地完成简单的事情会让这些事看起来很复杂。"换句话说，复杂性有时其实是一种错觉，通常是对另一队而言的（当然是对泽维尔、贝托和克劳迪奥的对手），但即使是我们自己，也可能有这种错觉。也许泽维尔的教练会让队员们做很多不同版本的训练——进入给对手施加压力的比赛状态，返回原本状态，然后在这种训练之中，克劳迪奥自己都不知道当时自己跑动的主意是从哪儿来的。通常那些看起来像新的和意想不到的想法的诞生实际上是对已知想法的独特改动再加上一些高度的配合。在球场上，创造力的定义是：在一个复杂的训练或者比赛中，队员们在互相理解彼此动作的基础上做出的场上贡献。但考虑到我们自己的生物基因组成，这听起来像是一个有限制性的创造力定义。因为创造力在很大程度上是由我们DNA中四种基本化学物质的序列变化而产生的：腺嘌呤、鸟嘌呤、胞嘧啶和胸腺嘧啶。只需将这四个变量重新排序，你就能够创造出数十亿独特的个体。

最后，我想谈一下创造力在体育运动中的应用。我们在赛场上期望的创造力往往与我们在其他场合寻求的创造力有极大的不同。我们通常所说的体育运动中的创造力并不是指一个全新的发现，而是对一个普通想法在赛场上的独特应用或轻微调整。这两点是完全不同的东西。橄榄球得以发明就是因为一个球员在足球比赛中用手拿起了球。在一般意义上说，这是一种创造性的做法，但如果你的目标只是更

韦恩·史密斯

很多人都夸奖新西兰全黑队是多么有创造力，或者说有多么大的天赋，但创造力只是被掩盖的实践的伪装。创造力来自于孜孜不倦的反复实践。

好地踢足球，那这种改变就不能说多有创意了。我们正在寻找的创造力往往不是“盒子外”的东西。它更像是一个出乎意料的或创造性的盒子内的解决方案——有可能是由单个球员执行的方法或者是需要多个球员协调而完成的。“很多人都夸奖新西兰全黑队是多么有创造力，或者说有多么大的天赋，”著名的新西兰橄榄球教练韦恩·史密斯最近接受采访时说，“但创造力只是被掩盖的实践的伪装。创造力来自于孜孜不倦的反复实践。”

有关怀疑论：万事皆困难并不可取

“必要难度”是认知心理学家们用来描述能够促成深层次学习的认知挑战的术语。学习需要努力，但这并不意味着努力了就能达成学习的效果。并不是所有的脑力劳动都能叫作学习。只有在面对的问题极具挑战性且可解决，并且困难集中在学习者的主要学习任务上时，这一行为才是学习。这一看法在最近的针对名为“无遗忘”的新字体的研究中得到了证实，这一字体如下图所示：

Sans Forgetica

这个想法是，如果人们在认知上更努力就能够学到更多的东西，为什么不让人更努力地阅读文本呢？Sans Forgetica字体的设计者希望，由于这种字体读起来更费劲，人们才会更好地记住他们所读的内容。不幸的是，他们只对了一半。华威大学的研究人员发现，Sans Forgetica字体的阅读难度是很大，但这种字体并没有提高读者们的记忆力。该字体设计者只是让读者在一项与他们要学习的内容无关的任务上更加努力。

这一点与教练训练设计也有关联，为了加快学习速度，教练有时会设计一些增加难度的练习，通常集中在感知能力的训练上，但这并不意味着球员会更好地学习教练们预定的主题。

兔子和枪是一个有点夸张的例子。它被称为“运动员认知技能训练”的方法，该训练要求运动员完成复杂的多任务活动来发展他们的思维能力。例如，在速度梯上执行步骤，同时用他们的手做出信号，手势信号在兔子（手势：两个手指向上）和枪（手势：一个手指向外）之间交替进行。这一训练不仅考验运动员们的多任务处理能力，同时也考验他们的脑力。如果让一个“技能教练”对“我们大脑左、右半球之间的协同作用”进行评价，这一训练似乎是有效的。但是，“兔子和枪”的训练并没有让运动员们思考他们正在努力学习的任务。相反，这一训练增加了认知科学家所说的外在的认知负荷（即与你想要掌握的东西无关），而没有增加内在的认知负荷（专注于你想要掌握的技能）。“兔子和枪”的训练消耗运动员的工作记忆去感知并执行那些毫不相关的任务。在足球场上，更好的思考包括以下三点内容：1）更好地感知。2）将感知到的踢球策略与训练中的一系列动作联系起来。3）针对具体情况调整和应用这些行动。而那些进行“兔子和枪”练习的运动员只会更擅长这一训练，他们能在做“兔子和枪”训练时腾出部分脑力进行更深入的思考。但是效果也就止步于此了。

尽管“兔子和枪”的训练听起来很荒唐，但我们很容易在无意中增加外在的认知负荷，特别是当我们试图建立起训练中的感知线索时。例如，我观察过很多训练课程，在这些训练中，运动员被要求在执行一项技能时对一种颜色或一个数字做出反应或做出决定。他们接过一个球，而教练则喊着“蓝色！”或“红色！”或“一！”或“二！”然后球员必须击打蓝色或红色的球门，或向后踢（一）或转身往前打（二）。这种不相干的认知负荷的一个弊端是，运动员不得不使用他们的工作记忆能力来应对在球场上永远不会出现的状况。当运动员们紧张地把“蓝色”这个词和某个动作联系起来，然后再把它和某个方向联系起来，这可能会使运动员无法使用工作记忆来对技能进行编码处理或进行观察，而这些编码和观察可能在感知上是有用的。也许更好的办法就是尝试模拟一个比赛场景（比如一个防守后卫在你背后）或简单地让运动员选择一个目标进攻。

同样地，许多训练方法都试图建立运动员们的感知技能，并认定这些技能是可以转移的。在一个播放量很高的视频中，选手们穿着四种不同颜色的背心，教练在训练过程中喊出指令，指示球员根据新的颜色搭配组成新的队伍。首先，绿色和蓝色两队组成队友。然后，在教练的命令下，绿色和黄色两队组成队友。同样地，蓝色和红色再组成一队。球员们必须接受指令并对指令做出相应的反应。

然而，感知能力也可能并不是一项能够转移的技能。学习感知与比赛条件无关的刺激物不可能帮助你在比赛中更好地感知。大卫·爱普斯坦在《运动基因》一书中讲述的大联盟击球手故事的后半部分就是一个证据。爱普斯坦认为，职业棒球大联盟击球手之所以在击球方面表现出色，是因为他们能读懂投手投球动作中呈现出来的视觉线索，而不是因为他们反应速度快。换句话说，这是一种特定环境下的技能（运用在观察投球手投球时无意识的感知），这并不是一种可转移的技能（反应时间）。爱普斯坦讲过这样一个例子来对此进行佐证。某次女子垒球王牌投球手珍妮·芬奇在大联盟的棒球春训营中四处游走，她要挑战比赛中最好的击球手，让他们抵御她的快球。当时有很多人接受了挑战——包括巴里·邦兹，当时比赛中最优秀的击球手。他们接受了珍妮的挑战——而且是带着点炫耀的态度，这并不令人惊讶。抛开潜在的性别偏见不说，当你每天都能以90多英里/小时的速度将快球投到看台上时，不把“对方投来的60英里/小时的垒球”

放在眼里似乎是可以理解的。让巴里·邦兹没有想到的是，他职业生涯中对击球时肩部位置和臂部速度等知识的掌握在面对一个他完全不熟悉的大师的投球时居然毫无用武之地。珍妮·芬奇的三个投球将他三振出局。由此可见，感知能力也是要在特定背景下才起作用的。

第二部分　教练应该如何做

那么，作为教练员，应该怎样做才能将信息转化为更好的训练方式呢?

本章的剩余部分是由训练建议和一些训练手段组成。通过差异化地应用这些训练手段，可以适应不同教练和俱乐部以及不同年龄、技能水平和理解力的球员们。这些建议不是一个公式，因为比赛和训练中根本没有适用任何情况的公式。至少，这些建议和手段也需要人为地进行应用和调整。更重要的是，我敏锐地发觉，很多读者们比我更了解他们自己的运动。

你可能会读到一些之前听过但不完全一样的说法。这是一件好事。这里没有翻天覆地的训练理论革命。从长远来看，进化是充满力量的。我的目标是描述在一个类似于许多教练已经使用的情景中，如何做到细微的调整和增添更多的目的性，然后利用这一点点变化来改变训练规范。

平衡法则

让我们从这个价值千金的问题开始吧。“什么是最好的教学方法?”答案是：没有一个最好的方法，至少不应该仅有一个最好的方法。教练们必须教的东西包括各种知识和技能——从如何击球赶超对手到如何面对高位逼抢，但他们面对的既有专业人士，也有10岁的孩子，不可能有适用于所有教学内容和教学环境的不变的方法。理想的训练环境里不应该只有单一不变的训练方法，无论某种方法对某些训练目的多么有效。锤子是一个很好的工具。它可以是你安装底板的首选工具。但是当你需切割底板时，你就需要一个锯子。如果非要问哪种工具更好，那你就是忽略了工具箱的意义。此外，教练在经济学家罗宾·霍加斯所描述的“恶劣的学习环境”中运作——在这种环境中，决策和我们之后得到的反馈往往不匹配。在这样的环境中，你可以做正确的事情，但结果是不成功的（因此看起来你是错的）；你可以做错误的事情，但看起来却很正确。整体看来，清晰度会显现。随着时间的推移，你能够开始分辨出趋势。玛丽亚·康尼科娃在《人生赛局》（*The Biggest Bluff*）一书中描述了类似的情况。该书记录了她为掌握职业扑克所做的努力，就像教练这个职业一样，这是一个持久战，每个决策导致的当前结果不是一个可靠的指标，它不能从长远角度印证这个决策是否明智，想要获胜，你必须让自己不断适应在繁杂的信息点里隐含着的变化不停的信号。她请来了埃里克·塞德尔做她的教练，当她想要学会最直接快速的方法时——这把纸牌最佳的玩法是什么，埃里克建议道：“少一点确定性，多一点探究。”一个人必须在没有条件反射的情况下学习，才能在复杂的环境中取得成功。

在决定用什么方法时，首先要确定目标。因此，根据目的对培训活动进行分类可能是有用的。将培训活动根据其目的进行分类，我发现思考以下三类活动是很有帮助的：一是技能习得活动，二是基于比赛的活动，三是战术活动。这些分类虽然并不完美，但仍然有用。世界顶级的教练员培训课程之一——法国足球协会培训课程——一开始就要求教练员们对活动做一个类似的区分。这使教练们不单单只考虑一项训练活动是否“好”，更要考虑它是否有助于实现一个特定的结果。事实上，我遇到的许多参加过法国课程的教练都特别重视这一点，因为它强调了方法。正如亚特兰大联队学院的马特·劳瑞所说，其理念是“你必须以孩子们学习的方式来执教，而不是以你想执教的方式来执教”。不同的方法——即使是看起来截然相反的方法——通常都能起协同作用。执教方法是否优秀，取决于你想要完成什么样的任务。克里斯蒂安·莱弗斯说：“关于教学方法的大多数问题的答案是视情况而定。”

● 技能习得活动

技能习得活动的目的是提高运动员对功能性任务的掌握程度，即一种具体的行动或一系列行动，并使运动员能够高水平地执行这些任务。我们希望球员能够可靠地、自动地击球或将球击落；自动地用大腿、胸部或脚背击球。有些人把这种任务称为“运动学习”。但我认为技能习得的范畴更广，不仅包括个人的运动学习活动，还包括自动学习协调的集体行动。传球模式（多个球员之间协调的球类动作序列，有时称为比赛模式）可能是最好的例子。这些类型的团体动作与运动学习相似，因为它们要求一群球员做出快速、通常是反射性的反应，整个团队必须像一个人一样执行。一个传球模式练习可能需要尝试编码一个动作序列，就像上一节中泽维尔和他的队友所使用的那样：将球传给一个正在回防的目标球员，一个简单的回传打出，一个穿插球给一个处在空位的队友，再来一个回传给已经突破到空当的目标球员。通常情况下，这样的练习可能包括多种变形。

技能习得活动往往不能完全解决比赛背景下的一系列决策问题——包括何时执行这项技能，为什么，以及在比赛过程中或特定情况下如何执行。你可能认为这使得这种活动与该章节的主题无关，但事实并非如此。掌握技能对决策仍然是至关重要的，因为它减少了工作记忆的负担，并且可以提高感知能力。当行动可以自动进行时，决策就得以改善。如果球员在比赛中的某个特定时刻为决策而挣扎，一个对策是需要进一步将该时刻需要的技能进行自动化的演练，从而在记忆中释放出更多能力用于感知或分析。

技能的自动化或至少是流畅性是决策的一个要求，当然决策仅靠这个是不够的，但这仍然是必要的。能够在思考其他事情的同时流畅地执行技能，就是冠军的标志。最近有一项关于棒球击球手认知能力的研究也表明了类似的情况。专家级击球手往往比非专家级击球手更少使用他们的前额皮层——也就是大脑中通常负责慎重决策的部分。也就是说，击球手的专长是尽可能少地使用工作记忆。

通常，我们可以通过将技能习得活动置于有助于发展感知的环境中来改善结果。在球员发展的早期阶段，让球员在更简单的环境中练习传球可能是有用的。这样可能更容易看到执行的正确性和质量，但一旦球员能够正确传球，此时让他们脱离练习队形、进入更像比赛的环境中就非常重要了——比如，作

> ⑪抢圈训练是最常见的足球训练，做训练时需要一组球员（通常是四人或五人，但有时更多），由中间两人抢球，外圈人进行传球。我向其他运动教练询问了这一训练在其他运动中的例子——类似的训练球员动作的小范围活动，这些活动在体育训练中普遍使用。

为四后卫或其他位置的球员在场上进行传球，或者在30×30的场地内在同时有多对球员传球的情况下练习传球和跑动，或者做抢圈训练[11]。这些都有助于球员抬头看，看到空当，确定传球的适当力度。“传球本身是非常困难的。”托德·比恩告诉我，“如果脱离了场景，传球本身是很难评估的。在我的研讨会上，我让球员A传给B，然后问教练这是不是一个好的传球。最终，教练们都说：‘这得看情况了。’这样就对了。判断一个传球是否成功只能通过其意图的有效性来决定。它的效果与意图密切相关。”

虽然我认为抢圈训练是基于比赛的活动，因此更适用于下一节的内容。但它们也是一种出色的技能发展活动。事实上，它们是理想的，因为它们将传球技能与其他比赛技能（包括接球、体形、角度、时机等）结合起来，这些技能同样重要，但可能重要性稍微不那么明显。

如果我们期望球员们能展现出技能，那么技能习得练习应该是渐进的和适应性的。正如我将在第二章的规划和设计中讨论的那样，练习中的表现并不是比赛中表现的可靠指标。为了确保练习中的表现能够转化为另一个比赛中的表现，训练应该遵循从封闭式到连续再到随机练习的一个进程进行，但也要包含其他方式，并增加训练中的复杂性和决策，让队员们必须感知环境并调整技能。如果技能习得不涉及这些东西，那么它就不可能转移到比赛环境中。

最后一点。许多人认为，演练动作和自动化操作破坏了创造力，而鼓励创造力的唯一方法是自由训练。这可能是一个误解。下面是克罗地亚足球联合会针对这个问题的手册内容。

> 自动化……并不限制创造力。恰恰相反，自动化能够促成和提高创造力。……比赛中可能的解决方案的数量和质量是有限的，如果没有“足够的”技术能力来实现快速和适当的方案执行，那么比赛中可能的解决方案的数量和质量就会受到限制，这也就限制了队员们和他们的选择能力。这方面的一个例子是，当对手将球踢到了左脚球员

的右脚位置时，他们就很难找到解决办法。因为他们的右脚技术不到位，导致球员没有信心去考虑一系列的解决方案，从而影响了他们在比赛中的选择。

对技能自动化活动的另一个常见批评是针对传球模式的。传球模式这一活动通常被批评为不切实际，因为传球时是没有对手的。然而瓜迪奥拉和迭戈·西蒙尼这两位备受世界尊敬的足球教练似乎并没有这样的顾虑。他们经常使用传球模式。他们并不完全使用它们，而且几乎可以肯定的是，他们并不认为传球模式是足够的，但他们用它来灌输给球员在比赛中经常做的动作模式的习惯。我怀疑这两位早已经认识到了这样做的几个好处：传球模式建立了熟悉度和流畅性，从而提高了比赛的速度。球员们可以识别出不同的传球模式。当这些模式出现在比赛中时，球员可能会更快地识别出这些模式的基本形状，从而更加频繁和成功地执行传球模式。当然球员也有可能在他们互相熟悉的动作中察觉到一些更微妙的提示——当球员越熟悉外化的动作，他们就越容易读懂隐藏的暗示——这个后场传球是给你打出来的！事实上，我之前描述的泽维尔、贝托和克劳迪奥相互阅读对方意图的那一连串动作，可能是通过相当数量的传球模式训练来促进的。教练们可以在比赛活动中加入这一方法来训练球员达到预期的行为方式。

● 基于比赛设计的活动

第二类主要的训练活动是基于比赛的活动。这些活动是对大型足球比赛的小规模战略性改动，可以培养球员对常见的球场互动情况的理解和反应的流畅性。基于比赛设计的活动平衡了预测性和随机性。比赛模式中更容易出现有高训练价值的情况，但想促成这些情况需要不同的设定，并且需要对感知线索进行对应解释：球必须被踢得很远，然后才能得分；防守者必须保持在球场上的某个区域，而进攻球员可以自由移动等。基于比赛设计的活动是至关重要的，因为它们叠加了两种类型的事件。首先，它们往往是小规模的比赛，所以它们增加了球员的“心理接触”次数，也就是球员们阅读和适应周围球员的动作和行动的次数。此类的心理活动通常是以控球为基础的，它要求所有球员持续理解比赛。每个人都在不断理解比赛中的基础性互动——空间、动作、身体位置——一遍又一遍。其次，由于对球员们有限制条件，这会导致特定情况发生得更频繁。例如，某一队在球场的某一区域有数量上的优势。严格意义上来讲，我认为，基于比赛设计的活动几乎可以加强任何能力，而它在建立球员们对基础概念的深刻、持续的直觉理解方面最为有力，也就是可以称之为帕累托原则中的那20%（即80%的结果是由20%的原因造成的）。如果你的球队能在第一时间抬头接球或踢球，并掌握角度、距离以及4名至6名球员互动的时机，那么还有什么其他的事情需要安排的呢？

我希望到目前为止大家能意识到，一个具有丰富感知力的球队环境是多么重要，而基于比赛设计的活动恰能做到这一点。这也解释了为什么在训练中站立（或排队）会适得其反。球员不仅没有得到接触，他们也没有理解和看到比赛。所有球员的互动都是静态和被动的。这也就意味着他们错过了学习比赛运转的关键机会。

因此，基于比赛设计的活动应该遵循以下四个原则：

- 将球员们分成更小的团体。
- 改变比赛设计以促使某些特定事件发生。
- 比赛活动应该结构清晰，使每个球员在整个过程中都能积极感知和反应。
- 在活动中强调最重要的基础性概念。

改变——通常被称为约束——也很重要。约束条件能够最大限度地提高所需事件的发生概率，使这些活动不是随机而是半随机出现的，虽然某些事件的发生是不可预测的，但在约束条件下仍然是频繁的。最基本的约束条件就是球队规模的大小。例如，在一个有限的球场空间里进行6对6的比赛，使得球员们有更多的时间带球，因此球员们的决策过程可以在更快的速度下进行。

其他常见的改变还包括对触球次数、触球类型、场地形状或对必须发生事件的顺序的限制（在得分前你必须进入A区）。就训练活动的价值而言，练习赛不属于基于比赛设计的活动——因为没有战略上的改变。虽然基于比赛设计的活动也可能是11对11，但大多数情况下阵容会小一些。

一个更科学的说法是，基于比赛设计的活动在帮助球员熟悉比赛的核心几何图形方面特别有效：空间和时间；如何获得空位和促成你的第一次触球。这些是可变的几何块，它们不同于具体的战术情形。它们是阅读比赛最基本的工具之一。如果有“可转移的感觉或意识”，那基于比赛设计的活动就是发展这种感觉或意识的最佳选择。

在足球世界中，人们对一些最常见的“改变要素”存在分歧——是否要求进球和方向性比赛。对我来说，这就是基于比赛设计的活动和战术活动之间的区别之一。基于比赛的活动通过改变活动规则来促成某些情况更频繁地发生。进球虽然很好，但进球也会让球员们分心。消除进球的目的性可以让球员更专注于比赛的其他方面，这样做他们仍然可以建立自己的决策基础。我认为没有科学证据要求基于比赛的活动必须涵盖进球或方向性比赛。抢圈训练也许是一个完美的例子，也肯定是最好的训练活动之一[12]。战术活动需要做方向性比赛。据我所知，从科学和顶级教练的例子来看，感知和决策不需要。

⑫最伟大的教练和俱乐部都对它无比喜爱和热衷。抢圈这一训练方式的拥护者还包括在执教巴塞罗那俱乐部、曼彻斯特城俱乐部和拜仁慕尼黑俱乐部时获得巨大成功的佩普·瓜迪奥拉。

巴塞罗那的一位教练教育主管马克·卡莫纳在最近的一次采访中是这样说的：“这是在一个小空间里的比赛，大量的抢圈训练，大量的控球训练，大量的4对4、5对5的比赛，所以你可以看到球是非常重要的。要传球、控球、带球移动……这就是足球的DNA。（我们的）教练们正试图在所有年龄段球员中传递这种理解。”

● 战术活动

最后一组训练活动叫作战术活动。这些战术活动再现了特定的比赛条件和情况，以便为比赛中预期的情况做好准备。

比赛是最好的老师吗？

基于比赛设计的活动往往覆盖了许多教练的大部分训练内容。但是，尽管基于比赛设计的活动很出色，它也依然存在被认知科学家称为错误应用的地方。首先，它们经常与“比赛就是最好的老师”的哲学混为一谈。这是一个有问题的表达，因为人们对它的理解有很大差异，此外对它的部分解读与我们对大脑结构和认知的知识是矛盾的。如果你所说的“比赛是最好的老师”是指比赛是一个很好的教学环境——通常是最好的环境——用于教导球员们在一个富于感知的环境中积累比赛经验，那么我同意。如果你认为让球员在一个不断变化的环境中比赛是至关重要的——“没有两次触球是完全相同的”是一位教练对我说的——那么我同意你的观点。如果你注意到比赛对球员有吸引力和竞争性，并因此培养了球员们的专注力和竞争精神，那我同意。如果你说设定制约条件本身就是很好的教学——它们可以被用来非常有效地教导球员，教练无须专门暂停比赛做解释——那么，我也同意。如果你认为以比赛为基础的活动很出色，因为它使一群球员不受教练的影响，一次又一次地做出协调决定，那么我也同意。但是，如果你的意思是比赛中教练不应该指导、指示或解释；或者如果你认为球员应该“发现”一切，而教练的谈话是不好的；或者如果你的意思是比赛就是唯一的方式；比赛不应该得到有目的指向性的课程支持，不应该以系统的方式进行教学；或比赛不应该有具体的学习目标——如果你指的是这些事情中的任何一件，那么，我不同意。比赛，尤其是精心设计的比赛，是非常好的教学工具。限制条件可以使它们变得更好，但并不意味着它们是无懈可击的。没有任何教学工具是万能的，破坏一种方法巨大价值的最好办法是使其成为教条。

接下来的例子是我们如何给对手施加压力。

或我们在周六对阵老虎队的比赛中给对方施压的方式。

战术活动可能包括回顾具体的战术挑战以及所需的应对措施：当对手给我们施加压力时，我们将做出的反应。或者他们回顾比赛的一个具体方面：如何处理定位球；当他们的中后卫防守时不断缩小防守面积时该怎么办。队员们通常使用在球场上出现的功能活动分组，并经常指定球场的某一个区域。为了应对即将到来的挑战，战术讨论的主题可能每周都会发生巨大变化。

因此，战术活动与基于比赛设计的活动不同的是，战术活动试图重现（而不是改变）比赛，侧重于训练具体的、情境的理解，而不是泛泛的决策。不过，值得注意的是，基于比赛设计的活动的原则之一是约束条件，而设有约束条件的教学也可以适用于战术练习。事实上，本章中的大多数后续概念也适用于战术活动和基于比赛设计的活动。但在讨论这些概念之前，我们必须首先探讨一下知识的重要作用。

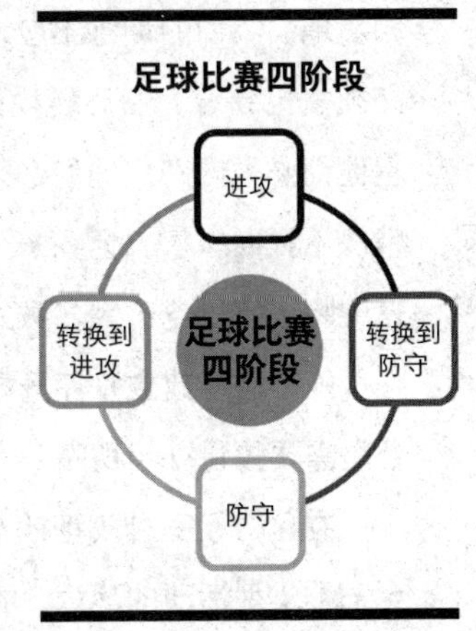

大多数教练们都清楚，足球比赛中有四个阶段，而战术练习在四阶段中的某一个阶段进行，战术练习的重点就是在这个阶段里的预期行动。

有鉴于此，接下来是我关于战术活动的最后一点思考，我会在第二章中再次讨论这个问题。这个想法来自全美联赛精英俱乐部的创始人克里斯蒂安·莱弗斯在北卡罗来纳州俱乐部教练员研讨会上分享的一个见解。克里斯蒂安描述了教练在训练中可能安排的一个典型的战术活动：8对6的攻防演练。在这种情况下，进攻方进攻球门，并寻求快速改变进攻点，以实现和利用球员数量上的优势。克里斯蒂安观察到，训练活动设计的最重要的问题是：如何开始比赛？起初，这似乎是一个再平庸不过的问题，但事实上，经证明，这个问题其实非常重要。

这种群体进攻比赛的核心挑战是“建立秩序”（需要对抗混乱和对手）。在比赛中，你拿到了球，但是你的队形是混乱的。你们没有组建成自己的进攻队形的原因是你们一直在防守。一名球员争抢到了球，但他的队友面向的方向是错误的，有些球员越过了自己的位置，有些球员并没有看到己方已经拿到球的队友。也许他们甚至不知道自己的队友已经进球了。如果你想让队友们有效转换进攻位置，你必须先持球，然后让自己进入一个可以进攻的位置。

然而，据莱弗斯观察，大多数战术性的进攻活动都是从适合的球员拿到球开始的，而其他队员已经很好地分散在适当的进攻队列中。对于莱弗斯的问题（如何开始比赛？），最常见的答案是：比赛开始时，教练（也可能是球员）直接将球送到位于中场三分之一处的球员。这种练习跳过了执行中最具挑战性的部分——球到达那个指定球员的位置——因此这类练习并不能让球员为他们即将面临的比赛复杂性做好充分准备。

因此，这就是战术活动的一个很好的经验：如果一项训练的目标是让队员们在复杂的环境中准备好执行各项行动——如果你想让这种训练效果“转移”到比赛中去，那么训练本身最终必须发展成为一个开始于比赛前阶段的版本。相反地，我们的训练不应该从把球传给球员开始而应该从球本身开始。进攻方必须争抢到球，然后转换队形使训练继续。达成这种效果无疑是困难重重的。但他们必须做到，他们必须在压力下迅速完成任务，并且在防守者出其不意的情况下赢回球权。但在一个复杂的比赛中，建立秩序是战斗的一半。我在第二章中将进行讨论，大多数好的练习都是从简单过渡到具有挑战性的，所以即使你可能不想从建立秩序开始，但在你的队员们能够在比赛中顺利执行之前，你还是需要先建立起秩序。

在区分了三种类型的活动之后，我现在要讨论一些原则，以及使用和适应这三种类型活动的环境。本章的重点内容如下，为了培养运动员们良好且快速的决策能力，你需要：

- 通过技能习得训练，特别是那些发生在关键点上的技能（如第一次触球），来提升球员核心技能的自动性。
- 帮助球员对比赛的核心构架形成坚实的基础性理解——主要通过小范围的比赛活动，对诸如运动、间隔和身体形状等基本互动形成理解。
- 在输入大量背景知识方面对球员们进行训练，使球员们了解比赛的原理，并在观察时能理解和学习更多的知识。

- 使用清晰的词汇描述球队内部共享的知识（比赛原则、比赛模型），使队友们能够协调和预测彼此的行动。并且通过一些有用的团队技能习得训练帮助球员们自动化地使用和调整共同的动作。
- 持续强调感知力的重要性。为队员们创设训练环境，使他们在竞技中提升对需要做决策的内容的观察力。

塞夫 · 伯纳德

“在开始象棋比赛之前，你必须有一些普遍的原则。”

塞夫 · 伯纳德是美国女子职业篮球联赛（WNBA）中华盛顿神秘人队的球员发展总监，他把自己的这项工作描述为“思考球员在学习什么以及学习效果如何”。在这里，他描述了全局原则和球员战术调整能力之间的联系，全局原则通常是通过基于比赛设计的活动来培养的，而球员的战术调整能力通常是通过战术活动来教授的。

作为教练，我们往往没有花足够的时间去思考一个较长的时期内（例如，在两个、四个或六个星期内）如何设计训练环境——特别是在青少年运动中。我们更倾向于按部就班地安排训练。通常是完成了一次练习或一场比赛，然后问：“我们明天要做什么？”如果在防守方面有困难，我们会说：“我们必须加强球员与球员之间的防守。”然后我们练习一次，结束后在训练完成表上打钩。这就是应试教育。训练活动不仅是被动的，而且是短视的——无法帮助运动员发展出我们最希望他们具备的能力。

在专业篮球中，比赛非常具有战术性。因为你面对的是最高水平的运动员和最高水平的教练员——他们都有能力在比赛中和每场比赛间进行调整。此类调整需要做大量准备工作。同时，我认为区分全局原则和战术调整是很重要的，前者适用于整个赛季的每场比赛，后者则是每场比赛中的细节调整。

持球掩护是现代篮球的精髓，也是当今比赛球场上最频繁的互动之一。篮球比赛是关于寻找、使用、创造和分享优势的。而持球掩护就是创造优势的一个简单方法。有许多类型的持球掩护，球队甚至开发出更多方式利用持球掩护来发挥优势。

对我们来说，我们知道每支球队都会采取某种持球掩护行动，要么是为了打乱决策和击溃防守，要么是为了利用一个对位。我们需要能够防住这种动作，然而，即使我们尽全力做了最全面的侦查工作，也不可能考虑到每一种可能性。

就像国际象棋运动员在开始角逐前，必须了解一些全局原则来防止和化解对手使用这种计划。因此我们需要深入学习防守和应对持球掩护的基本原理。

例如，在一臂之遥或更近的距离上防守球，能够影响控球者的方向，很难被对手屏蔽（即回避）；与队友沟通并对队友的口头提示做出反应（如屏蔽的方向是过度还是不足，有无可能转换方向，等等）。无论对手采用何种类型的带球掩护和战术，这些都是必须培养的基础技能和决定。如果你能培养出一名优秀的不被对手屏蔽的持球防守队员，那么你就不需要那么多的战术调整。

所以，对我们来说，我在不断地询问和观察。我们到底花了多少时间在诸如控球防守之类的事情上？我们什么时候和多长时间重新审视一次我们的训练内容？我们是事先计划好了的，还是仅仅对当时的感觉和情绪做出了反应？

这样一个赛季下来，训练内容会变得很草率且有很多遗漏。我们到底该如何计划，以便在繁忙的赛季不再忽视那些最重要的事情？

曾有一个赛季，我开始随手记下我称之为“问题描述”的东西——我们作为工作人员所发出的一些声音。例如“我们不擅长这个”“她没有做到这一点”“我们需要提高某方面的智商”。我收集了所有这些话语并在休赛期展示给了教练组。

我告诉他们我记录下了那些我们提到的球队的最硬的伤，无论我们面对的对手是谁都存在的问题。然后，我们进行了激烈的讨论，对这些话语进行了解读，总结出了最重要的不足和主题。

之后，我们就能更好地围绕这些问题来确定我们接下来的工作。我们可以更好地确定优先次序，提前规划，把时间花在最重要的事情上，同时评估我们在推动和改善方面的工作情况。

在一小部分原则以及观点、沟通和决策上坚持正确的投入，这将减少球队需要在比赛中和每场比赛间做出的战术调整。

积累知识

教师培训专家哈里 · 弗莱彻 · 伍德写道：“学生已知什么决定了他们能学到什么。”一个知识渊博的科学家在看一张离子传输图时，扫一眼就能明白它所代表的原理和它所提出的论点。她会迅速且毫不费力地将图片中的细节添加到她现有的理解中。一个学科学的新手就没有这么幸运了。如果没有同样的知识，她可能会盯着看很久，仍不能真正理解所看到的东西和它所展示的原理。专家看到的是工作中的基本原则；新手看到的是表面的细节。因此你的知识储备越多，你从观察中获取到的就越多。

这个深刻却简单的说法是最容易被人们忽视的。认知心理学家们知道，知识是解决问题、批判性思维甚至是感知的必要条件。而在大多数情况下，如果我们想让知识充分发挥作用，它必须经过编码储存在人们的长期记忆中。对于教练们来说，知识的作用甚至更加重要，因为他们所寻求的决策是需要在一群学习者之间共享和协调的。只有那些球队中的每个队员都具备，并且能够依靠

⑬在这一点上，教授运动员和教授教室里的学生有很大不同。不仅仅是每个学生需要知道如何解决X问题，还需要一组学生们必须在规定的速度下共同解决X问题。

其他队友而得到的知识，才能促使球员们用最佳方式进行协调决策[13]。

为了使知识在这些条件下支持学习，首先知识必须得到队员们的普遍理解，并能够以一致且精准的语言捕捉到，这样一来每个人都可以使用。一个球员只有在知道采取什么行动、何时和为何采取这些行动，以及如何根据对手的反应调整自己的行动时，才能够有效地进行逼抢，但一个团队内部只有在每个人都知道自己的具体角色，并且明白哪些线索意味着进攻、调整时，才能有效地进行逼抢——团队内协调是决定生死的关键。不仅仅是教练，球员自己也必须能够告诉自己的队友进行局部空间增加球员或切断传球路线或切断中路，要向上施压或防线压上。除非每个人都以同样的方式理解这些概念，并对概念有同样的称呼，否则这种沟通会极其困难。

因此，关键是要考虑每个人在什么时候应该知道什么，并仔细管理这个思考过程。获取新知是以知识为基础的，而球员们掌握知识的差距对于个人和他周围的队员来说是一个严重的问题。这也适用于俱乐部内部各队之间。如果一个U10（所带球员年龄为10岁以下）教练教“高位逼抢”，而另一个U10教练教“撞墙式配合”，我的U11教练就会把这个教学问题延续，即使他们都是非常好的教练，而且概念也教得很好。一半的U11球员不知道什么是“高位逼抢”，另一半不知道“撞墙式配合”。作为一个团队，这两件事我们都无法执行。总有一半的球员会错过信号并犯错。而且教练不能在这两者之中任一个概念的基础上继续帮助球员们积累知识。为了教授更高级的高位压迫手段，教练必须回头重新教授一半队员不知道的东西。如果这种情况持续下去，那么俱乐部球员们的训练将永远停留在对比赛基本概念的理解上。当然还有U11教练甚至不知道哪些队员了解概念——哪些队员不了解——以及他们具体不了解哪些概念。

接下来我想介绍三种工具，这三种工具可以用来帮助俱乐部给他们麾下的队员建立知识结构：课程大纲、一套比赛原则（包括更高层次的比赛模式）和一份队内共享的术语清单。

● 课程大纲（以及如何使用它）

课程大纲是一份着眼于长期目标的综合性文件。它描述了球员们在其发展的每个阶段需要理解和能够做到的事情。这确保了他们既有执行的技术技能，又有能为决策提供依据的必要比赛知识。同时它还确保教练员们知道他们所有的球员在某一阶段都知道这些事项。这很重要。如果你不能明确所有的球员已经了解这些基本概念，你就不能对这个概念进行使用、参考甚至拓展。很少有教练能做到明确这点。通常教练员们提到一个概念，希望大多数球员知道他们在说什么，然而却无法确定是否大多数球员知道他们在说什么。这就很有讽刺意味，因为大多数俱乐部都有课程大纲。只是这些课程大纲质量堪忧，而且很少被队员和教练员使用。

理想的课程大纲内容是具体到球员什么时候掌握什么水平的内容。球员们可能会花几年时间来理解什么叫作施压。但要在17岁的孩子们身上让他们进一步理解施压，俱乐部必须建立关于施压内容的关键掌握点。队员们在14岁和16岁时对于施压可以理解到什么程度？做到什么程度？这种细节是对任何复杂技能的最大挑战：将某一技能分解为每年队员们需要掌握的要点，并将技能分配到球员们发展的具体时间，以便他们能在正确的时间掌握这些技能，这样也能确保在不同年龄段将重点放在有限的那几个技能教学上——换句话说，你应该做尽可能少的事让队员对你教授的全部内容有深度的掌握。

在学校的环境里，螺旋式上升是一个常见的术语，它用于描述某些课程。一个“螺旋式上升”的课程会在一年甚至多年的时间里出现且反复出现。如果你现在正在研究一个课题，你就此放手然后停止几个月后再次工作。或者，另一个教练将在第二年再继续处理这个课题。螺旋式上升这个概念很有成效，因为大部分技能很少在仅一次的互动中实现并被掌握。就算可以，一旦你停止练习，大脑就会开始遗忘。你需要再重复教学才能持久地掌握某个技能。所以螺旋式上升的原则是好的，但它的风险是很容易就会说：“哦，我们待会儿继续。”“现在已经够好了。他们下一次就能掌握这个技能了。”而最终结果可能是，队员们永远不会掌握这个技能。因此，我们面临的挑战是要让U13（教授13岁以下队员的）教练们真正清楚地知道队员在那一年要掌握什么内容。而对于

U14的教练来说，他们则要十分清楚在队员现有基础知识上增加什么教学内容。

课程大纲的第二个挑战——与上述情况有部分冲突——如何平衡课程的广度和深度。我们需要明确我们希望球员在任何一年掌握的东西。但我们也想把重点放在真正掌握最重要的技能上面。在你教给球员的100件事情中，可能有20件是重要到足以让教练们执着于此。多花一些时间在那20%的最重要的事情上，可能比做那80%的部分的拓展教学还会带来更大的效益。

课程大纲的最后一个风险是针对足球的，也可能是其他运动的。我们很容易过多地关注球员拿到球后能做什么，而不是他们离开球后做什么。大多数重要的决定——那些打破比赛的决定——是由无球的球员发起的。未持球的球员看到了球场上的空当，她进入空当创造了一个传球的机会；或者她把防守队员拉开；或者她分散了防守队员的注意力，让防守队员无法确定自己的位置；作为第二防守的她通过完美掩护阻断了对手的进球机会。伟大的球员不仅自身是伟大的，还能使他们的团队更伟大——往往是因为当聚光灯没有对着他们时他们所做的事情，但你永远不会从大多数课程中知道这一点。

但是，也有乐观的方面。在课程大纲中，技术在改变我们的工作方式上具有特殊前景。例如，视频是一种很好的方式，可以确保球员们在实践之外理解知识，并与实践中发生的事情相配合。杰西 · 马希最近在与加里 · 科林的访谈中讨论了这一点。“视频是球员们充分了解我们想做的事情的唯一途径。”俱乐部可以利用这个想法，将其课程中的每项能力与示范性视频进行配对。当然，关键是让视频在球员中传播，也许可以通过手机。“我们今天正在进行恢复性跑步训练。这里有精英球员复健时的例子。观看这些视频，并在训练前给我发两份观察报告。”现在球员（和教练）对他们要学习的东西在脑海中有一个一致的形象。他们有了能够共享的知识。我所欣赏的一群教练正在努力在一定规模上实现这个想法：他们在打造一个基于视频的课程，将高水平球员的例子与每个概念相匹配，这样球员可以看到最高水平的运动员是如何练习每个技能的。因此，训练不是简单地寻求对如突破防线的概念性理解，而是从概念性理解开始，迅速转向应用。从学习的角度来看，这是一个值得大家重视的想法。

● 训练规则 / 训练模型

如果说足球课程旨在帮助教练决定基础阶段的教授内容，训练规则就有所不同了，训练规则的落脚点是使目标下达到每个队员并公之于众。教练决定课程内容，球员则决定训练规则，或者在更专业的情况下称为“训练模型”。训练规则即一个球队把其追求的综合战术、策略以及比赛风格凝练成一小部分具体动作并使球员烂熟于心。这些具体动作因其简单且明确的特性成为教练及球员在训练中优先采用的手段。而训练模型则更为具体地描述了一支球队是如何打比赛的，模型将训练规则拆解成更为具体的细节，这些细节离不开球队的风格和行为准则，也就是说，理想情况下，每个足球俱乐部都有自己的训练模型，并且模型可以根据战术情况的不同而有所调整。例如，球队在高位反攻和低位防守时踢球的方式是不同的，而一个好的训练模型能够清晰展示：当在高位反攻时，我们需要做……

以下表格摘自美国威斯康星足球俱乐部之前使用过的一个训练模型。

训练模型

		U8（4v4）	U9（7v7）	U10（7v7）	U11（9v9）	最高目标
快速传球造成对方球队阵型失衡	带球跨过多个空当	1：拉开与球的空当	+2：身体姿态面向场地灵活变化	+3：识别对手的过度防守	+5：找到可以进攻的球员	“识别陷阱”
	运用多种踢法	1：围绕球进行三角支持阵型 2：通过掩护赢取时间	+3：制造人墙 +4：叠瓦式跑动	+5：运球吸引防守队员	+6：成为或者找到第三人（接球且无人盯防）	“让对手追赶”
	制造无人盯防	1：甩掉对方防守	+2：晃过对方防守	+3：拖住防守队员拉开空间	+4：积极跑动	“灵活跑动”

可以将表中“快速传球造成对方球队阵型失衡”当作该足球俱乐部的训练规则，而足球俱乐部所做的则是将训练原理分成三个分项，俱乐部教练之后要

做的就是将这三个分原理安插进球员对训练概念的学习过程中去。当然也可以将训练原理、训练模型和球员成长培训体系看作同一个系统，这样的俱乐部才是真正看重训练规则并关注训练规则是如何提高队员表现的。

当一个队伍确立了自己的训练规则或者是训练模型后，首先应该落实到书面以文字的形式清晰呈现出来，接下来更为重要的是将训练规则或模型贯彻执行到球队内部的互动中去。教练们的目标便是频繁提及球队训练规则以使队员无须过目就能铭记于心。

在一个指定的俱乐部内部，训练规则针对不同年龄阶段的球员可以有不同的版本。对年轻球员来说，应该在训练规则中提供更少且语言简单易于理解的优先事项，例如对于进攻和防守来说，每个有2—3条规则就足够了。

防守时我们要：

- 队形收紧
- 阻断直接进球路线
- 盯紧球门边线

而对于年龄更大一些、水平更高的球员来说，规则的表达自然可以稍显复杂，可以将赛事分成四个主要阶段：进攻、防守、攻防转换（持球时），以及防攻转换（失球时）——每个阶段都可以包含4—5条规则。可能会有其他具体设定好的术语来解释规则：紧逼战术，或者是防守反击。但是这种术语并不是越多就一定越好。重要的是规则中必须包含有可控数量的信息，并且这些信息是以简明直接的语言表达出来的，因为这些可控信息构成了教练提问的大部分内容。球员不仅需要记住还要能够使用信息，这就要求球员们背诵这些规则并且完全了解以达到熟练使用的程度。

一旦球员们了解这些规则后，不定时地进行回顾训练（例如小测验）来帮助他们复习规则也不失为一个好方法，因为这些规则可以使教练提问更高效且专注于解决具体问题上。例如，16岁以下的青少年队可以将训练规则分为四个部分，其中转换到进攻有三条规则（刚拿到球后）[14]：

⑭这些都是为了说明目的而专门简化过的规则。

- 快速反压迫
- 球员迅速分散开来（目的是拉开对方防守）
- 利用数量优势，尽可能多传球

一个教练可以使用这些规则配合以简单问句来帮助球员在训练时做出并理解有效的决定，如下所示：

——蓝队暂停，我们拿到了球后的第一规则是什么？

反压迫。

——如果没持球呢？

收紧防守。

——好，卡洛斯拿球，压迫队形在哪儿？

凯文和保罗这里。

——好，那第一个球最好传给谁？

给马蒂。

——为什么？

离对方压迫点远。

——马蒂你持球往哪儿带？

队员人多的地方。

——好，我们试试看行不行，从卡洛斯开始，走！

或者是：

——我们现在在哪个阶段？

刚拿到球。

——好，那评价下刚才的团队决定？

被对手压住了。

——那如何解决？

或者是：

——我们的第一策略本是反压迫，看看是怎么被对方压住了，为什么没能完成第一策略的目标？

重点在于训练规则减少了猜测性质的语言，从而使球员和教练的沟通更高效高产。如果我们没有训练规则而只说“我们刚拿到球那接下来我们做什么？”球员们很有可能会猜错答案，这就浪费了时间并且淡化了寻找问题解决策略的焦点。

训练规则还可以将球员们的思维从“做什么”转变到“怎么做”。一些教练可能不青睐这种转变。但还是有很多人提倡这种让球员发掘训练规则的方式。我的看法是允许球员们偶尔自己理解规则是合理的。但是整体来说，比起自己理解规则，比赛中的思维挑战更多的是与知道规则后如何执行有关。我们了解我们想要压迫对手，这个队伍都在实施压迫战术，在这种情况下我并不想让我的球员在整体压迫战术中产生另一个防守策略或者是给自己重新规划一个角色。我要解决的问题是“当对方守门员滴水不漏或者是我们己方球员反应跟不上时我应该做什么”。比起花费30分钟让球员们“发现”他们应该进行反压，让他们学习如何在不同情况下反压才是问题解决的核心所在。找到如何应对不同情况的办法才是最困难的部分。

美国圣路易斯红雀队棒球击球教练杰夫·艾伯特讲述了他是如何将训练规则和解决实际问题结合在一起的。在他看来，关键点并不在于立刻把规则中所有的内容都进行解释，“我会试着先强调队员们对于规则的心理认知，让他们理解规则的概念和内容，甚至可以可以给规则起名，在起名过程中给他们一些建议，为了避免过度解释，我尝试着不去阻碍他们，让他们去上场实践这些规则，并在他们打球时通过拍照或者录像记录下来，后面再展示给他们看，这样他们就可以亲眼看到他们正在把一条条规则有机地运用并连接在一起”。目标就是从直观的视觉呈现开始然后随着时间的推移观察整个队伍怎样将规则转化成最后的成果。但如果在一开始给队员们建立一个清晰的认知——一个较好的思维上的认识，问题解决也会进行得更高效，因为每个人都清楚自己要解决什么问题。

对训练规则而言，简单又好记的名字也很重要。当我解释我们持球时该做什么或者是让我的队员们想这个问题，如果队员脑海里没有清晰的词汇来描述他们的行动，那么将学到的内容复制并应用到之后的赛场上对球员来说就会显得异常艰难，给每个规则取一个好名字提高了队员熟记规则的可能性。用统一的词汇归纳各类情况也可以帮助球员将大量实训案例联系起来，从而建立起对比赛的更广的理解：这个“反压迫战术”与我这周在其他训练中所经历的是不一样的，但我还是在心里把它们分到一组进行比较，因为它们就是在同一类别下。当球员脑海里有词汇来定义他们应用的规则，他们就可以更好地建立规则之间的联系并且更快地学习。

如果球员十分熟悉他们的规则，教练们也可以在练习中不断提及该规则，这样就可以更高效地提问，如果愿意也可以更频繁地提问。队员建立起对规则的理解框架后，他们在训练中也会更具自主性。

● 队属词汇

“我在教授足球技术中学到最多的就是队属词汇，”萨尔茨堡红牛足球俱乐部的主教练杰西·马希这样告诉我，“词汇不仅可以简化沟通，还可以在技术层面表述出作为一个球队我们的身份。教练的首要事务是确定一个计划，计划的细节包括如何踢球和球队的意义，第二件事就是必须要有属于自己队伍的词汇。这些队属词汇赋予整个队伍具体的指令，使每个球员明白以何种方式、何时达到自己想要完成的目标。通过词汇来进行具体、明晰的教学。这会帮助你建立相互间的理解。（在第五章，你会读到更多关于马希教练如何使用这一概念的内容。）马希教练的方式是围绕规则建立独有的词汇来描述球队战术的每个方面。例如，“以球为核”意味着当受到对手压迫和球前空间受到压制时，整个球队要保持紧凑。他自创了这些术语，因而可以自主把控词汇的定义和概念的细节。

在一个队伍或者俱乐部中，有意教授技术词汇并标准化词汇的使用是帮助队员们加速学习的最快方法之一。当球员们在命名一些东西时——比如触控防守，中路线间控球，边线接球，他们会更清晰地意识到这个概念并且当这个战术发生时可以立刻反应过来。队员们会更频繁地意识到队友是在触控防守还是在接边线球，因为这些词汇对他们来说已经非常具体清晰。如果教练和球员们每次都对同一个概念使用相同的词汇，队员们自然就会更牢固地记忆此概念并将大量实际训练经验与此概念关联。美国黑狮联队的主管史蒂夫·弗里曼，坚持使用词汇“球上位”和“球下位”来表达球员不持球时的位置。这给了他和俱乐部其他人一个简单的工具来谈论队员们如何根据自己的位置以不同的方式转换位置。这在教练提问环节非常重要，抛给队员们的第一个问题通常是“相对于球，你的位置在哪儿？”或者是“你的跑位选择是什么？”自史蒂夫和他的教练团队坚持使用一致的词汇以来，队员们可以在大量训练中使用这些词汇。如果史蒂夫和教练团队没有使用这些词汇，队员们可能也会学到一些动词，但是不会把学到的内容和“球上位”联系在一起，这些小知识点与其他知识点仍旧处于一个分离的状态，因此对球员们也不会起到太大作用。只有当语言帮助球员们把学到的知识整合联系在一起，才能加快他们的学习速度。

无独有偶，最近在观看西点军校男子足球队主教练拉塞尔·佩恩的跑步训练时，他的重点在于球员进行背后传球时的角度应该让接球一方在准备接球时可以选择，拉塞尔称背后对角线传过来的球为“小转”而不是背后直球，并且在给予动作一个定义后，他一遍又一遍地使用、强调并解释如何应用。他从传球角度中提取出细微且抽象的概念并为之命名，从而使这些术语成为队员们可以接受的存在，而这仅仅是他对于足球训练术语合理使用的一个例子，类似的例子不胜枚举。使用训练术语的结果就是打造出一支球员可以非常高效地沟通自己的动作和决策的球队。

事实上，队伍内部共享词汇如此重要，还在于一个队伍除了训练规则之外，还需要更多术语——但一定要保持简短，可以术语化。这样的话就可以大体建立一个术语表。术语表可以保证我们都明白什么叫作施压，或边线接球，或拉开空间，或收紧空间，或保持距离，或者使用脚后球。因为当然不是每个球员都能理解全部的术语，每个人都会有不太理解的术语，只是多少的不同。队员们可能不明白自己对于一些术语的理解是错误的，如果他们对某些术语感到困惑，他们很可能不会提及那些不懂的术语。所以在大多数的情况下，没有人知道哪些术语是球员们不知道的。这样一来的结果就是，每一段队内对话里的一些术语都对一些球员来说是不可理解的，每个词都有不同的队员不理解。

几乎每个我观察过的俱乐部里，教练都会坚持让他们的队员“沟通”。他们都意识到沟通对于训练及比赛的重要性。但是如果教练们真的很看重沟通，他们应该首先通过管理术语——也就是那些需要队内每个人都理解的基本词汇以及一路训练中得到的词汇（例如触控防守）——使队员使用同一种语言。队内一致的执行力离不开一致的术语。

在暗示提醒时词汇也相当重要。教练们经常做的一件削弱沟通表现的事情就是尝试给队员们解释他们想要队员在实际比赛中完成的任务。这一行为只会适得其反。一个试着倾听教练的队员要么就是在消极判断自己的场内表现——系统2启动并否定了系统1的工作，要么就是开始尝试忽视他的教练。我认为在暂停期间可以做的事是提醒球员回忆起训练中的术语所代表的观点，但我也坚信在比赛期间教练是不能再教授球员们新内容了。如果作为一个教练，你发现自己只是冲着球场方向大声喊叫，而不是谈到之前训练中明确传授过的知识，那么最好还是把这些知识写下来继续沿用到下周的训练中去。但是如果这些内容你已经教授过了，那就应该使用一致且高效的术语来提醒球员们。一个我认识的顶级教练曾描述他是如何和他的同事花费“数个小时讨论概念词语”的。

下面的这个表截选自美国职业足球联盟学院教练们提供的训练文件，他们致力于使用标准化的语言来促进训练中的沟通。如果你想为自己的俱乐部也建一个标准化语言使用手册，那么在加强沟通和提高学习态度上一定会有所收

标准化语言

攻击	定义
半转身体/扫视	当机会来临时，身体呈张开姿态，扫视四周是否能换位置或者充当前锋
转换位置	在对手身后踢球
拖延比赛	拖延比赛时间并积极进攻
破线	接球或传球/在防线和锋线之间运球
突破/反击	做出第一反应，打前锋位置还是快速向前跑
往前看	做出第一反应，判断我能否踢前锋位置
掌控比赛	赢球时候——比赛后期——保持位置——无风险心态
扫视肩侧	在移动或者接球前眼神打量四周

获，但还有一个小建议需要谨记，为了保证使用效率，手册内容不应冗长。比起有45个术语、只有极少数人才能理解的长清单，列出12个大家都能理解的术语更为可取。很明显，每个俱乐部都期望拥有一份不同的词汇表，但对于教练和球员们，更重要的是，对于相同的概念使用相同的词语。这对我来说，也是这一章节中最为重要的概念之一。

现在我们继续来了解一些大家在进行常规训练课程时可以用到的工具。

构建视觉感知

构建感知的最好时间就是在“暂停”时：利用比赛中的暂停时间，给予球员基于赛场表现的反馈或者是提问题。这一点我在第三章会更详细地讨论，暂停是指导运动员视野的理想时间。“你看到了什么？”和“你应该看哪儿？”这样的问题在长期来看也许比“你可以（应该）做什么？”更有价值，但这类问题只有当球员真正在观察那些可能出现在比赛中的线索时才起作用。也就是说，从决策角度看，如果暂停时的讨论中没有复盘刚刚的视觉空间，你也不太可能会从短短一个暂停中得到很多收获。或者不问球员们看到了什么，只简单喊一个暂停然后提醒球员们注意下一个常见线索。这可以是暂停的唯一目的。“暂停，埃杜瓦多在远边持球，如果你在近边你应该看向他屁股的方向，如果他转过身他在你后方只能踢一记长球。这是给你的信号。”或者使用橄榄球里的一个例子，最近有个顶级橄榄球教练给我解释了当要拦截擒抱时应该关注的线索：如果跑卫两手持球，说明他还在斟酌判断——所以他有可能弃踢，推迟进攻；如果跑卫单手持球，则说明他已做好进攻准备——这意味着守方要坚定地进行擒抱防守。作为一个橄榄球新手，我发现这个方式极其有用。在学习这项运动时，寻找扑搂位置是我最想先学的技巧之一。

另一个构建视觉感知的方式是将球员置于可以反复重现视觉感知的比赛场景中，也叫浸入式练习。当球员们无意识地对复杂的“类规则”系统的数据走向做出数百万次的判断后，他们就会开始阅读比赛。如果你想成为一个很棒的读者，最大的驱动因素之一就是你在实际阅读上投入的时间。人们有时称这种将训练活动置于模拟比赛场景的观点为“生态动力”。对此类方式的一个常见误区就是训练设置必须和实际比赛看起来一模一样。但是感知有很多不同的种类，每种有不同的聚焦范围。一名球员的视野有时包含14—15名球员，有时则是更小的团体或者是几名围绕球的队员。有的时候队员的视野范围是施展战术的空间——思考哪些空当是她可以利用的——有时她在阅读对方的肢体语言，判断他们下一次的触球点。这些所有的方式都非常重要，不管是浸入式练习还是生态动力，它们都可以帮助球员构建视觉感知。像抢圈训练和日常训练无法做成浸入式练习，但可以打造"生态动力"。如果因为没有场地线，没有球门，没有11个队员便假设浸入式练习不够生态化，不是感知构建，那就太愚蠢了。事实上，浸入式练习在构建比赛"几何块"上尤其有效，即比赛中基本的可复制形态。

一个好的教练应该认识到需要通过各种练习来建立视觉感知，并且在进行任何训练前想清楚它如何能够帮助建立视觉感知。对我而言，感知是（或至少是）以比赛为基础的训练活动的首要目的，并且反过来活动也是建立感知的主要工具。这些以比赛为基础的训练活动一般是小场活动，因此教练们倾向于在球周围极小范围内来教授视觉感知，而对于队员来说，他们还需要学习如何从更远的距离形成视觉感知。因此，也需要在更大场地中通过不同规模的战术活动和以比赛为基础的训练活动来强调感知教学。基本上，感知的聚焦范围有大有小，其中小范围内的感知是使用最频繁的。一些不错的球员经常会因为远近距离感知水平不均衡而错失机会。他们在近距离范围内能很好地感知到一些踢球线索（赢球靠的就是这些思路），但忽略了更远距离上的一些线索。要发挥出高技术水准，识别到这些线索就尤为重要。所以在暂停期间，教练需要厘清思绪。不要去问"你该怎么做"，而应该说"你看到了什么"（这点会在第三章详细描述）；然后根据队员的回答，推进你的问题"如果看更远的地方你又能看到什么"。

在之前的段落里，我提到了背景知识在单个决策中的重要性，与之形成对比的是，在共同决策中背景知识的重要性提升至两倍。这里我还想说明一下，背景知识在感知教学中也非常重要，在美国塞达维尔大学女子篮球队助理教练约翰·莱昂索的训练视频中，他展示了球队的两个核心原则："往有助攻的地方传球”和“突破，传球，传球”。这些简单有趣的视频将原则直观地呈现在队员面前，这样一来当身边有球员使用这些原则时，队员们就更有可能识别到它并关注到细节。并且你知道的相关背景知识越多，你就越能理解看到的内容。有时这个概念也叫“俄罗斯方块效应”，俄罗斯方块爱好者玩多了游戏以后，他们在日常生活中总是可以观察到不同形状的俄罗斯方块。正如认知心理学家肖恩·埃科尔在《快乐竞争力》（*The Happiness Advantage*）中描述的“连续几个小时不停地玩俄罗方块改变了大脑的认知模式”。

“视觉可以重塑认知。”因此，通过给运动员提供清晰和重复的比赛图像，莱昂索使她们能够感知这些动作及其变化。他通过给队员们施加视觉刺激来使他们更具感知洞察力。

最后一个构建感知能力的方式是有意识地去思考当球员们没有踢球时他们在想什么。不管是在训练还是在比赛中，球员们有很多时间“没有”在做训练或上场比赛。他们可能在候补席；可能有3个队伍，每队8人轮换，每人出场5分钟，那剩下的时间他们在做什么呢？也许也在看比赛，但可能并不像他们看上去的那么认真专注。身体放松和休息时，大脑认知仍然可以高效运转。如果你给休息的队员们一些“观察任务”呢？也许你可以泛泛地抛出一个问题：“我们观看比赛然后给队员们的第一脚停球质量打分”，然后当你中途指导时可以问队员们：“好，刚才谁看了大家的第一脚停球？艾娃的停球质量如何？”这种方式不仅可以使队员们在观看训练比赛时更集中注意力，还可以训练他们如何从技术层面观看比赛和训练。

或者你也可以把观察任务细分到个人，每个队员都拿到一张自己的“观察任务卡”[15]。给每个队员一个在和他们位置相同的可以观察的场上球员，或者给队员们一个他们处理不好的技术去观察。玛格丽特的第一脚停球总是没什么变化，那给她的卡片上就可以写着“观察第一脚停球”或者是“观察球员在第一脚停球时是否以及如何改变方向并分享几个例子”，或者作为教练你也可以直白地表达：“玛格丽特，我给你这张观察任务卡是因为下一步你要做的是提升你的第一脚球质量，仔细看他人是怎么做

⑮我从优秀的教练迈克·埃利科特那里学到了这个方法，我曾在纽约州罗切斯特市观摩他对帝国联队的姑娘们的执教课程。

的，好好学一下。”

或者你也可以把观察任务设置成一个团体项目，如下图所示。

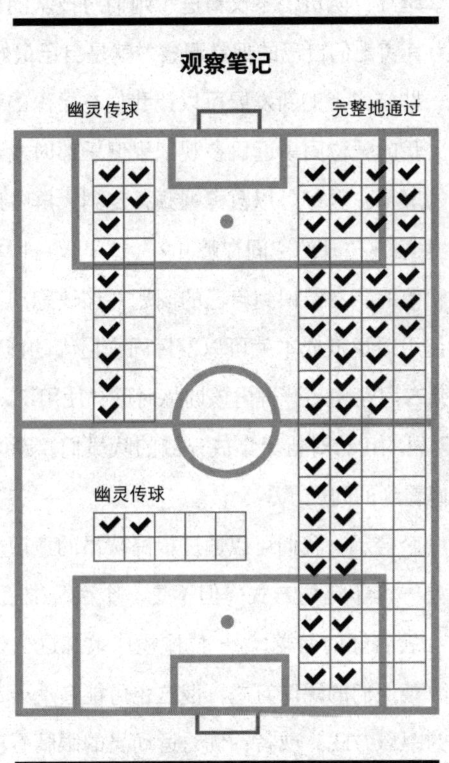

上图是露丝·布伦南·莫雷在美国罗切斯特训练U12女子队时使用的观察笔记卡，露丝告诉我：“我让休息的队员们围在战术板周围来观察已完成的传球。”“我还让他们看‘幽灵传球’——直接传给传球路线上的防守队员（如：这样命名此类传球，是因为只有当防守队员如幽灵一般心不在焉时，才有可能让这种传球通过）。”

“在对手球队的替补席上，女孩们都在说‘哦，明天没训练真开心’或者‘你下周五要去狂欢节吗？’或者干脆‘干得好，莎拉！’但在我们的席位，女孩们在下场后突然都积极地观看比赛。她们还会讨论刚才传球算不算完成。整个观察过程球员既有队内社交互动，也非常专注于比赛。”

露丝和我分享了一些此类观察任务给团队带来的收获，“一旦我们标记了幽灵传球，几乎立刻场内训练时幽灵传球的失误少了，比赛越往后推进，她们在完成传球上成功率越高，队员们不仅精进了她们对技术的理解，还改善了自己的踢球方式，因为其实她们自己的视觉洞察力就是自己最好的老师”。

值得注意的是一些技术上的新发展可以让我们在更深的程度上、以更准确的方式展示出问题。我的一位同事近日参观德甲俱乐部时发现场边立有一大面播放训练视频画面的屏幕。教练可以暂停视频，走到大屏幕边，后退15秒然后说：“看到了吗？达尼洛你拉开的空间在哪儿？”这不仅可以提高教学效率，还能直观地让达尼洛和他的队友意识到自己的问题并加快跑动。你可能没有巨型屏幕，但是你可以使用以更低成本就可以发挥同样巨大功能的iPad。我看到凯尔文·琼斯在美国弗吉尼亚州和一群男孩训练时这样使用iPad，“你注意到了什么？”他问，举起手里的iPad对着聚集成一圈的队员们。瞬间他们就能够更准确地观察和分析他们看到的问题了。

这里要给大家一个警示。我们可以通过提高队员的意识来改善运动员的无意识观察过程。这是一个不错的方式，但不是一个百分之百确定的方式。“优秀的球员在踢球时会看着球的两端。”一位橄榄球教练这么告诉我。告诉年轻球员看球的两端会改善他们的踢球方式，但这也可能在使无意识过程变得有意识，从而扰乱他们的踢球方式。或者，优秀运动员的眼睛看向哪里，这只是一个相关因素，不是决定性原因。因此，只是简单地改变这种习惯并不会改变每个球员的关键动作。所有这些都是说，我认为这是一个值得接受的方法，但它并不是一条铁律。鉴于此，我想分享一位苏格兰橄榄球表现分析师讲的一个警示故事。一位世界级的滑雪运动员——抱歉，我不记得是哪一位了——试图使用另一位滑雪者头盔上的GoPro摄像机拍摄的录像来为一场重要的、极具挑战性的比赛做准备。她想要做到对赛道了如指掌。然而，该技术实验没有成功。她在比赛当天才发现，头盔顶部的GoPro与她的眼睛之间的视角存在微妙的差异。因此弊大于利。她实际上研究的雪道是完全错误的。

在我们得到正确的感知之前，不得不自己经历一些训练中的试验和错误。VR技术很可能是值得探索的技术途径之一。它是否有潜力帮助球员发展视觉感知？有。但我们是否也可能犯很多错误？我认为是的。正如我所猜测的，在某个领域首先出现的前三样商品往往有很好的设计意图，但总存在一些缺陷。我是不太想做第一批试用者的。

使用平台和取得进步

研究告诉我们，几何块（形态）对感知至关重要。比赛是由一系列较小的比赛组成的——更小组的球员，通常只有两三个人，就可以进行掩护、平衡和组织防守时的穿透性传球；可以组织进攻，观察场内情况，并对身后空间和身旁的防守队员做出反应；拉开空间并把握跑动时机。如果球员们十分熟悉这些常见的和基础的互动——也就是比赛的“形态”——他们就能在负载更重的视觉环境中更好地理解互动。掌握“形态”为掌握更复杂的战术思想做好了准备（当然这两者并不完全等同）。球员们将能够以一种更科学的方式来预测场上的运动和互动。他们会拥有更高的能力驾驭运用“识别模式带来的奇迹”。这就相当于教授阅读理解——当你能在一个较高的水平上做阅读理解，那么所有高阶的阅读技巧和概念对你来说都是信手拈来而已。

所以类似抢圈活动这样好的练习应该尽可能多地添加到训练活动中，这种练习的形式能不断重现球员和空间的基本互动，这类练习是建立“形态”的练习。而且抢圈活动还有额外的好处。正如美国亚特兰大联队学院的U15主教练马特·劳瑞所说，抢圈活动的一个好处是，它本身就是比赛的一个缩影。它有进攻、防守和过渡等阶段。在抢圈训练中应对不同阶段时，就会聚焦不同的战术原则和重点。抢圈活动不仅可以帮你重现比赛所有四个阶段里的核心互动，而且还可以无限制地将这些互动运用到比赛中。同时抢圈活动还具有超强的适应性——你可以调整其中的细节，使其具有特定的技术或战术重点。同时它还可以帮助球员们提高感知能力。

马特的评论还指出，以比赛为基础的活动——抢圈活动和其他小规模游戏等的一个好处是，它们就是我所说的“平台”。它们是一种基本的活动形式，你可以在几乎没有停顿时间的情况下，将这类活动安插到训练中并教导球员执行高水平的活动。一旦做到了这一点，你就可以通过重复那些成效最高的活动来组织训练，每次只需做小的策略改变，而不需要不断引入新的活动。这样一来教练们执教得更有成效，球员们也更专注。

比方说，你经常把你的队员们分成3组，让他们进行控球抢圈游戏：第一组6人在一个场地里，另外一组6人在相邻的场地里，第三组则负责防守。你称这些为“控球训练”。当第三次或第四次进行这种训练时，你就可以说：“现在换成以3人为一组进行训练。3人一组。控球训练。准备好在15秒内开始比赛。开始！”你的球员不仅能够迅速准备好，而且他们也熟悉练习的内容。只要他们弄清练习的机制，就不会有什么停顿时间。并且现在你有了一个“平台”，你就有机会增加练习中的细节和复杂性。重复使用“平台”并不意味着你在重复演习。事实上，你不仅可以在每次使用“平台”时做一些小的改变，也可以在一次练习课程中进行渐进式改变。这能给我们带来一节优秀决策课程的关键属性——灵活性。有些教练认为，一旦他们进行了比赛化的训练工作，他们就是在加强决策能力。我想确实如此。但通过改变训练中的重点，你可以从中获得更多。

马特最近在亚特兰大联队学院的一节课就是这方面的一个很好的例子。他以5对2的抢圈游戏开始。他的每节课几乎都是以抢圈游戏开始的，所以从他说开始的那一刻起，球员们就清楚地知道该做什么，并积极地投入其中。马特首先让他们用标准的抢圈活动规则玩了一会儿，然后赢得球的球员与失去球的球员交换。接着他改变了抢圈游戏的规则，如果防守者赢了球，他们两人都“下场”，而丢球的球员和他右边的队友则进场。这巧妙地改变了训练动态，强调了团队合作：由于两名球员都能从赢球中获益，这更能激励他们去赢球。接下来，马特在团队合作方面做得更多。如果进攻方能打出一个球，将两名防守方分开，防守方就必须在第二轮比赛中留下。在赢得球后，他们必须把球送回去。然后再次防守。这让他们学会了思考协调掩护和平衡的问题。如果同时进攻，他们肯定会付出代价。接下来，马特在抢圈游戏场地外放置了一个圆锥体。两名新的防守者必须绕过锥体冲刺并进入场地。这就重现了一种球场上的压迫。他们必须迅速收紧空间并迅速配合。接下来是一项挑战。防守球员拿到球权后，如果他把球成功传给了队友，他就为队友赢得了一条出路，但如果他失败了，他们都会留在场内。另一种情况是，他可以简单地赢得球，并赢得自己的出路，然后离开他的伙伴。这轮比赛让男孩们尝试赢得球并快速传球。它还使忠诚度和其他团队价值得到巩固。那些能为队友赢得出路却没有这么做的男孩往往会被团队谴责，因为他们将个人利益置于团队之上。马特还计划了一个回合，在这个回合中，防守者必须保持沉默，并集中精力看清对方的动作，以保证他们的安全，专注于阅读对方的动作以协调他们的位置。通过这种方式，马特不断地改变练习焦点和重点，但都在持续建立球员对比赛核心互动的感知。

当然，这绝不是唯一的或最常见的一套抢圈游戏的变化。更典型的变化涉及空间参数，比如成功串联起几次传球路线，并且通过更远距离的传球将球传到另一区域，使其他队友继续比赛。但是，马特做出的调整之所以有趣，一部分原因是他将重点放在了防守上。

如果你花几分钟时间思考，你可能会想出20个其他的变化来巧妙地塑造训练的动态。平台不会改变，但训练中的重点却在不停地变化。

第二章

基于记忆科学的训练活动规划与设计

对抗遗忘的战斗

“教学的主要功能就是使学生在长期记忆中积累重要信心。”

——摘自《二十年后的认知架构和教学设计》（作者为约翰·斯威勒等人，2019年《教育心理学评论》期刊）

你几乎肯定已经忘记了你在生活中所学的大部分东西。比如说，你只记得你在学校学的一小部分内容。如果你不相信我，试着辅导一下15岁孩子的数学或历史作业。学习其实是一场与遗忘对抗的持久战。因此，教学也是如此。在本章中，我将讨论学习设计中的关键因素：如何组织培训活动和培训课程，以确保这一教学过程以学生的理解为终点。但是，讨论的第一个话题——记忆及其对立面——遗忘——需要我们更深入的探讨。

以下的例子展示了遗忘发生的一种方式。想象一下，在一个聚会上，你正与一群人交谈，别人把你介绍给一个新朋友，这位新朋友的名字是亚历克斯。“很高兴见到你。”你说。你们简短而愉快地交谈。当你在交谈时，你依靠的是工作记忆。工作记忆是大脑的一部分，你用它来有意识地思考你周围的世界，并进行复杂的推理和微妙的感知行为。在那一瞬间，你分辨出亚历克斯说的那句话，停车很容易，是一种讽刺，于是你也跟着笑了起来。同时，从亚历克斯的发音中你又意识到他可能是在中西部的某个地方长大的。

工作记忆是高阶思维和感知的一个奇迹。它可以帮助人类解决问题，使人类能够构思出弦理论并发现青霉素，更不用说将重叠的中后卫概念化了。但工作记忆有一个巨大的限制。它在一个特定的时间内只能容纳极少量的信息。如果你试图一次思考太多信息，你就会发现思路不畅或忘记信息了。因此，举个例子，只要你一转身，和另一个刚到的朋友简单聊了几句后，你就会意识到你已经忘记了亚历克斯的名字。

工作记忆的限制并不是什么秘密。电话号码之所以是七位数，是因为那是典型的工作记忆所能容纳的信息数量。对于那些比序列数字更重要的想法，限制则要更加严格。我们可能一次只能思考一两个实质性的想法。当你忙于为你要做的意大利千层面列一个食材购物清单时，你就无法思考给老板写的那封电子邮件。工作记忆就是一个非此即彼的选择。但这其实是理想条件下的个人能力，实际情况几乎都“不那么理想”。当我们的注意力稍有转移，比如听到大声的音乐或看一眼电视，你正在想的事情就会溜走消失。除非我们把知识编码储存在我们大脑的另一个独立的部分，即长期记忆中，否则我们很可能会失去这些知识。

然而，未能将知识[①]转入长期记忆只是遗忘的一种形式。想象一下，你从派对上开车回家，在车内广播中忽然听到一首十几甚至二十年前的歌曲。那是Kool & The Gang乐队的歌！尽管你已经多年没有听过这首歌了，但突然间这首歌的歌词又涌入你的脑海。

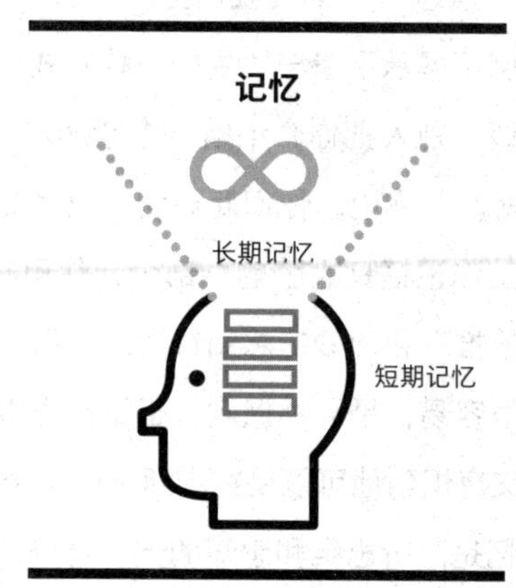

你发现当你听歌时你知道每一句歌词和声音的转折。奇怪的是，还有一些额外的记忆随着这首歌也回到了你的身边——当你最后一次听到这首歌时，你在哪里，你和哪些人在一起。

你对这首歌的了解一直都在那里，储存在你的长期记忆中，而你却不知道。然后，你突然能够回想起一些你已经忘记自己知道的东西，一个你不知道自己拥有的记忆。这种将事物召回到工作记忆的过程被称为回溯能力，它是复杂且易变的，但它对运动员来说非常重要。现在，让我们回顾一下关键点。首先是你“忘记”了一些知识，因为你从未将其编码储存在你的长期记忆中，但

① 值得花点时间解释一下我在这里所说的“知识”是什么意思。首先，它既指事实性知识，也包括动作性知识——像接球这样的技能。其次，“事实”包括抽象的和具体的东西。丹尼尔·威林厄姆写道：“事实包括三角形是有三条边的封闭图形的观点，以及你对‘狗一般是什么样子’的认识。”在运动环境中，有很多抽象的知识——例如，知道如何识别传球的空间。有没有可能因为我们很难意识到这也是一种知识，所以我们也没有将学习视作一件积累知识的事情？

一些其他知识你以为你“忘记”了，但事实上它已经经过编码并且储存在你的记忆中。这是因为当你需要知识时，你无法回溯到它。你偶尔会意识到这一点，当一组正确的提醒让你重新获得了丢失的记忆。然而，对于你所储存的大部分知识，正确的提醒永远不会出现，所以你可能永远无法回溯到它。

那首老歌的记忆还告诉我们：长期记忆的容量几乎是无限的。在你的记忆中储存着数以百计的老歌，更不用说你听到它们的夜晚的细节。你此刻几乎完全没有意识到它们在脑海里的存在，但只要正确的线索出现，它就会把你再次与这些知识联系起来。你脑子里有多少首老歌？这真不可能说清楚。它们中的大多数会永远隐藏起来，成为等待你回溯的巨大点唱机。

长期记忆几乎是无限的，这一事实既有缺点也有优点。从正面看，学习更多关于X或Y的知识不会阻碍你学习Z的知识。事实上，对一个主题了解得越多，通常就越容易学习，也容易记忆同一主题的其他知识。当把新知识与你已知的其他事情联系起来时，就会很快理解新知识。新旧知识通过回忆和应用变得有联系，所以当你记住一个点，你就会进而记住其他知识。也就是说，当你在一个主题上拥有的知识越多，你回溯到某一信息的途径就越多。

认知心理学家米歇尔·米勒写道：“限制因素不是记忆存储容量，而是在你需要的时候找到你需要的东西的那个能力。”而对于需要瞬时调动知识的运动员来说，寻找存储在记忆中知识的挑战是成倍增加的。在比赛条件下，你能回溯到所需知识的速度是影响你使用回溯能力的关键因素。在大多数情况下，你只能快速回溯到你以前练习过多次的知识。

运动员和记忆

运动员们必须能够在他们忙于做其他事情和感知其他事情时，自动、可靠且快速地回忆起以前学过的知识和技能。如果他们仅仅“知道”一些东西，但却不能严丝合缝地回忆起来，那“知道这些知识”对他们毫无用处。运动员们必须知道这些知识技能并善于在记忆中回溯到它们，了解这一事实对我们构思如何设计学习和训练环境有巨大的影响。如果教练员不能让运动员学会将他们所知道的东西转换成工作记忆的这个过程——该过程被称为回溯练习——那教练们就只能培养出记不住教练要求掌握的知识或技能的运动员。这种情况经常发生，因为我们倾向于认为，回忆是相对自动的。在看到运动员完成某个技能的学习后，甚至运动员可能多次重复这个技能后，我们往往就认为工作已经完成了。如果我见过你做这件事，那么你一定知道这件事情。那么你就会记得如何做这件事。如果你不做，那一定是因为缺乏注意力或动力。

事实上，运动员们自己也经常这样想。他们知道自己有能力做一些事情。例如，他们理解了一个概念，并打算将其运用到比赛实操中。但他们就是失败了，而且不知道失败的原因。

教育中最重要的区别之一是表现和学习之间的区别。表现是你在接受教育时知道什么或能做什么；学习是你以后知道或能做的事情。正如哈里 · 弗莱彻 · 伍德所说："学生在接受教育时的表现是衡量持续学习能力的一个糟糕指标。"如果我们拍一部以教练生活为主题的电影，当你读到这句话时，雷鸣般的掌声会响起。但既然我们不是在拍电影，我就重复一下，稍微翻译一下。训练中的表现是一个错误的信号。一个运动员在训练中表现出的能力并不能证明她在比赛中就能做到。作为教练员，我们观察训练并得出结论，我们看到的球员的熟练程度就是我们在比赛中可能看到的水平。然而，在训练期间，运动员还没有开始遗忘；一旦训练结束，这个遗忘的过程就开始了，而遗忘是一个无情且不知疲倦的劲敌[②]。

②当然除了遗忘还有其他原因，为什么运动员训练中的东西可能无法应用到比赛中？疲劳、紧张以及未能在足够大的挑战下进行练习都是我想到的可能的答案。

教育心理学家基尔希纳、斯威勒和克拉克这样总结道："任何不能提高相关信息在长期记忆中的存储或回溯效率的（方法），都可能是无效的。"

了解你能做些什么将是本章的一个重点。在我们深入探讨之前，我想指出，在对记忆如何运作的误解中，隐藏着一种自责和指责。如果我们认为运动员"知道"某件事情，是因为我们看到他们曾在训练中这样做，那么我们就有可能认为，他们在比赛中没有使用这些知识，一定是反映了一些运动员自身某些内在的缺陷：缺乏专注力或欲望，或是态度不好。换句话说，如果教练没有完全理解遗忘的作用，那么运动员和教练之间的关系就会面临风险。清楚地

任何不能提高相关信息在长期记忆中的存储或回溯效率的（方法），都可能是无效的。

保罗·基尔希纳

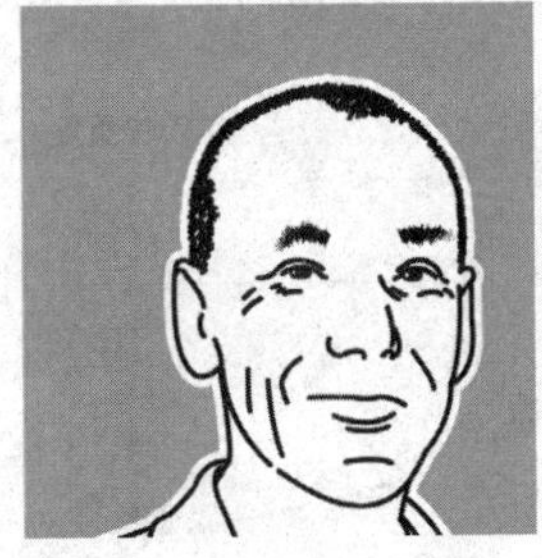

约翰·斯威勒

理查德·克拉克

说，我并不是说，执行失败就不可能是因为运动员注意力不集中、态度不端正或缺乏动力。很有可能是这样。但是，教练员应该记住指责学生比问100个关于教学、记忆和学习环境的问题更容易和更快。教练员们在假定运动员训练学习中有一些态度上的问题前，如果能够勤奋地要求自己坚守训练教学的任务，评估教学任务，反思教学和学习设计方面是否都没有问题，那么从长远来看，这将在运动员和教练间建立更好的关系。在我们继续探讨之前，以下是目前为止整理好的 个总结：

- 在工作记忆中回溯重现你所学的东西，这与“学习”是分离但相关的一个功能。
- 记忆回溯的难易程度决定了运动员是否能在需要时迅速使用他们所知道的东西。
- 记忆回溯的不确定性很容易被忽视，因为训练期间的表现——暂时的学习——欺骗了我们。
- 在表现过程中，即使最初的教学没有效果也不一定会出现记忆回溯失败。另一个步骤——记忆的建立——是必要的。

记忆与回溯相关

“回溯练习”是将你已经学过但已经开始忘记的东西回忆到工作记忆中的过程。这个想法在下图中得到了体现——一个被称为遗忘曲线的例子。

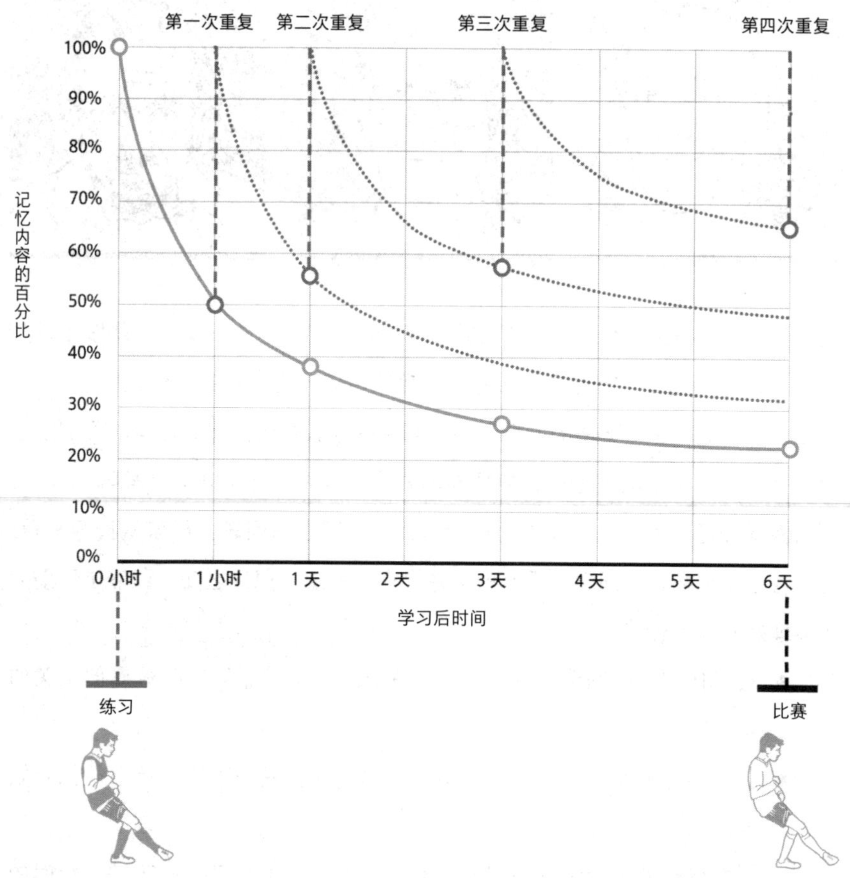

第一条，遗忘曲线是由赫尔曼·艾宾浩斯在19世纪80年代精心绘制的，描述了他能够记住一系列无意义音节的实际速度。此后，遗忘曲线在各种条件下被重新绘制出来，并证明了以下几点：

- 一旦你学会了某样东西，你几乎马上就会开始忘记它。
- 遗忘率往往高得惊人；在学习某件事情几个小时后，人们通常只记得其中一小部分内容。

- 每当你练习回忆你所知道的东西时，遗忘的速度和数量都会有所减少。
- 为了减慢遗忘的速度，回溯必须在延迟之后进行，你必须开始遗忘，才能使记忆在大脑中得到更深的编码。
- 在随后的每一轮回溯之前，稍加延迟对记忆是最有利的。

这是非常有用的信息，但遗忘曲线并不能告诉我们一切。多年来，人们已经为各种学习任务推导出了许多条遗忘曲线，其中的原则也被广泛接受，但像后来衍生的遗忘曲线大多是假设性质的。这些曲线忽视了不同学习者、学习内容和学习环境的差异。它们不能准确地告诉你，你的团队在A时间或B时间对某一特定知识的记忆率会是多少，也不能准确地告诉你，你需要回溯多少次这些知识。还有隐性记忆——关于如何做某事的身体记忆——这可能与显性记忆（回忆信息的能力）的编码方式不同。然后，还有个体差异和学习环境的因素，比如人们的注意力能到什么程度？他们愿意付出多大的努力去记忆？我们所了解到的内容不够预测任何特定情况下的细节。不同的人将以不同的速度忘记不同的事情。但关键的想法是：人们会忘记，除非回溯能力经过长期战略性地使用。比如，你可以在考试前一天晚上进行补习，使你在短期内可以做得更好 。但在这种条件下，你也会很快忘记你所学的内容。如果你把学习分散到一系列的课程中，课程中间穿插良好的睡眠模式③，你才更有可能在几个月后记住那些学到的知识。

③ 教练们应该知道，睡眠在记忆形成中扮演着重要角色。科学家认为记忆在睡眠期间得到巩固——这也就是睡眠的生物功能之一——并且睡眠中断会导致记忆中断。近期很多不同领域的研究都表明，睡眠质量对体育成就的影响至关重要。

在遗忘曲线提出的所有未解答的问题中，也许最关键的是“学习者需要接触多少次才能彻底学会一个概念”。同样，这个答案也没有一个清楚的数字。所需的重复次数可能会受到以下因素的影响，例如，思想的复杂性和学习者的现有知识——几乎可以肯定的是，在某一领域的专家们学习某项知识所需的重复次数肯定要比新手少。

在格雷厄姆·纳托尔的《学习者的隐秘生活》（*The Hidden Lives of Learners*）一书中，他基于对学生的广泛研究和对概念的掌握提出了一个有用的经验法则。“我们发现，一个学生至少需要在三个不同的场合接触完整的信息集，才能够理解一个概念。”他写道，“如果信息不完整或没有经历过三个不同的场合，那么学生就没有学到这个概念。”然而，这种三次不同接触的要求必须考虑到学生的注意力，纳托尔指出。如果你教授了某个概念，但学生没有完全注意到，你就没有实现接触这一目的。鉴于这些参数，纳托尔和他的同事们发现，基于三次接触的规则，他们“可以预测学生会学到什么，以及他们不会学到什么，准确率为80%—85%”。

那么，“三”是万能的数字吗？也许不是。了解某件事情和在竞争条件下茁壮成长为专家型人才是非常不同的结果。理解一个知识比熟练掌握一个知识对流畅度的要求低。运动员必须能够在高水平和压力下迅速回忆起她掌握的知识。在考试中花一两分钟的时间试图回忆有丝分裂的步骤，这对学生来说算得上是一种成功。而花费多于一秒钟的时间来决定如何利用对方后卫的阵型缺陷，这对一个运动员来说是一种失败。换句话说，几乎可以肯定的是纳托尔的三次接触规则是最低限度的。

尽管科学还无法回答关于遗忘的技术性问题，但有一些训练的设计有明显的成果。首先，就训练本身而言，几乎没有一个完美的训练课程，再完善的训练课程也几乎不可能产生持久的学习效果。教练员必须计划一系列训练课程的顺序，中间要有一段时间的间隔，在这段时间里，学员会遗忘并再次回忆起学习的概念，这一过程可以确保他们对概念的熟练掌握。其次，如果在训练课结束后观察运动员，你就可以明显地感觉到，他们理论上很清楚，但做起来要差一些。从这一刻起，他们脑中的知识就开始淡化了，但你要持续帮助他们回顾技能和熟练度，直到他们和对手接触时暴露出差距。最后，间隔回溯可以使训练更有效率。如果你在考试前连着三天使用精心设计过的回溯练习，每天为考试学习15分钟，总共45分钟，可能会比在考试前一两天一下子学习60分钟取得更好的成绩，而且你更有可能记住几周前学到的内容④。此外，正如马修·沃克在他

④附带说明一下，布朗和罗迪格还解释说，学习者在学习过程中对自己的学习程度的感知并不特别准确。由于这个原因，人们坚持从事价值较低的活动——比如重读，而不是高价值的活动，如自我测验。运动员在大多数时候不能准确判断自己是否在学习，这一点很重要，需要牢记在心。

的《我们为什么要睡觉》(*Why We Sleep*)一书中所描述的那样，睡眠对于记忆的巩固至关重要。你的大脑所做的大部分记忆工作是在你睡觉的时候完成的。学习过程中穿插三次睡眠会使学习效果倍增，也会加强记忆编码能力。

在我们继续之前，现在把我们目前正在讨论的两个相关但又各自独立的概念梳理一下：

- “回溯练习”是指回顾你在记忆中编码的内容，以避免忘记它，并使你更好地回顾它。
- “间隔性练习”是指在各轮回溯练习之间插入延迟时间，以允许遗忘开始，从而使练习更加有效。间隔的长短是一个关键变量。

重要的不仅仅是回溯的数量和时间。有点挣扎的感觉也是有帮助的。“这个过程越费力，强化效果就越大，”佩普斯·麦克雷亚写道，“只要回溯尝试真的成功了。”这里的关键点是当你更努力地回忆某些东西时，你会对回溯途径进行更深入的编码。“必要难度”是一些认知科学家在描述这种现象时使用的一个术语。运动员们在回溯他们所知道的东西时，如果遇到挑战，就会记得更牢，时间更长。但不要错过麦克雷亚观察中的第二点：当增加挑战后回溯成功了，挑战才是有益的。如果挑战难度太大以致回溯失败，就不太可能促进记忆。

因此，我们希望我们的运动员能够在适当程度的挑战下经常回忆起他们所知道的东西。当学生没有受到挑战时，就不会有最佳的学习效果。但是，丹尼尔·威林厄姆告诉我们，如果挑战过于艰巨，情况也会一样。那么工作记忆就会过载，学习成果就不能在长期记忆中编码。教练必须仔细观察挑战的难度和成功率。据我所知，对于什么是理想的成功率——学习者成功执行任务或回溯信息的概率——没有可靠的规则，而这可能是新手和专家学习者之间存在重要差异的一个领域。专家们更有可能从错误中学习，因为他们对错误的理解更深，也因为他们看到了工作中的基本原则而不是表面的细节。新手则不然。但基本可以遵循的原则是：运动员们学习得越多，他们就越能从更复杂的情况和更难的挑战中有所收获。新手可能会从80%的成功率中受益匪浅，而专家则可能在50%的成功率中得到相同的成果。同样，这些数字纯属猜测。我们所知道的是，

⑤显然，“正确的道路”对不同的运动员来说是不同的，但要记住一个关键的规则：专家和新手学习方式不同。专家从困难中学习；新手往往被困难所迷惑。体验式情境——将运动员们置于一个有限制的情况下并让他们想出解决办法——通常被认为对专家学习者更有效。

无论他们的熟练程度如何，我们可能希望运动员不是每一次都能体验成功，但整体上要是成功的体验[⑤]。这不仅适用于回溯和建立记忆，也可能适用于其他任务。

另一个可以与回溯协调使用的概念是阐述。在《认知天性》（*Make It Stick*）一书中，布朗、罗迪格和麦克丹尼尔将阐述描述为将你正在回溯的内容与你已知的其他事物联系起来的过程。建立联系，将孤立的单一知识点转化为相互联系的知识网络，即认知心理学家所说的“图式”（schemas）。作者写道，你在记忆中与一个想法的联系越多，就有越多的潜在线索可以促使你去回溯它，你以后就越有可能记住它。因此，在不同的环境和背景下用不同的例子或细节进行回溯将是最有价值的。对于一个运动员来说，阐述可能包括被要求回忆信息——使用不同的词语（“告诉我半区的意思，但不要使用‘线间’这个表达”）或在不同的环境下（“好吧，但如果这里有两个防守球员呢？”）。当不同词语的使用与细节和联系交织在一起时，单一的记忆就会变成更强大、更有用的东西，因为单一的记忆更加综合全面。回溯环境的多样性——包括球场上不同的地方，不同的空间，对手的不同动作，能够增强运动员的适应性，同时使他们更容易调取自己的记忆[⑥]。

⑥考虑一下这个问题：在比赛中，运球的球员必须对从各种可以想象的角度靠近的防守队员做出反应。如果球员在训练中只练习直接向防守者运球，那么当比赛中发生不可预测的变化时，球员大概率不会回忆起这个知识内容。

但有效的回溯最需要的其实是延迟，因此回溯需要时间。从长远来看，克服遗忘的工作是防止遗忘。更简单地表达，记住某件事的最佳时机是你已经开始忘记它。结合这一事实，回溯能力应该是在不同的环境中以适当的难度来回忆和应用学过的概念。现在，在长期记忆中安插知识意味着要建立一个回溯时间表，在这个时间表中，回溯之间的间隔逐渐延长，并且在要求运动员回忆所学知识的环境中逐渐增加一些变化和不可预测性（正如第一章所讨论的那样，这个回溯过程应该尽可能地在正确的感知环境中产生）。

在设计长期理解的训练时，另一个至关重要的概念是“交替学习”

(interleaving)。在训练过程中不断切换主题会加速球员们对原有话题的遗忘，从而使教练能够在更短的时间内产生与间隔相同的效果，使记忆更加困难，在更短的时间内增加记忆的难度。你把运动员的注意力从最初的训练活动上引开，然后再把他们的注意力转回最初的训练上。原来的任务现在就会更难记住了。更重要的是，这使教练员能够在一次单独训练中开始使用回溯。"交替学习的作用是将知识'移出我们的脑中'，从而创造出有效的机会来回溯它。"佩普斯·麦克雷亚在《难忘的教学》(*Memorable Teaching*)中这样写道。

由布朗、罗迪格和麦克丹尼尔编著的《认知天性》中的一个关键主题是，我们对学习的判断力很差，因为很难注意到学习的过程，而且我们关于学习的直觉往往是错误的。我们相信——我这么些年坚信——持续的、不间断的专注力会最大化促进学习效果。在某种程度上，专注力确实能做到这一点。专注力能够减少训练中的错误，从而使训练看起来更有效，但这种最初的超高学习效率也会骗人，因为它也意味着更快的遗忘速度。因此，虽然"**组块练习**"——以较为稳定的方式练习一个特定主题在某些情况下是有用的，但这个练习效果很快就会被遗忘所抵消。除非我们把组块练习与一种叫作"**序列练习**"(有时也叫"交替练习")的东西结合起来，即在训练过程中交错地进行多种活动。

我需要指出的是，有些人根据研究结果认为，组块练习从来都不是最佳选项，因此应该避免使用。但我并不同意。当一个技能或概念在学习者的大脑中还未定型时，我认为组块练习是有益处的。也就是说，在可能被你称作"初始教学阶段"的这一时期，对单一任务深入且禅式的专注可以确保他们对知识的理解。当运动员们已经完全理解了某一概念，或者已经能够正确地执行某一项技能，此时交替练习对于记忆的好处就能大显身手了，教练员们也应该有意识地使用序列练习。值得注意的是，交替练习不仅仅是关于记忆的，在进行交替练习时运动员也在体悟概念的新角度。运动员正在将一个核心概念嵌入长期记忆中，同时"阐述"知识间的联系，并在新环境中应用，所以，这一部分的学习过程(序列练习)可能要比组块练习花费更多的时间。

戴夫 · 洛夫

重新建立习惯

戴夫 · 洛夫是一名投篮教练，他曾与三支NBA球队合作，多年来也持续在其他级别的比赛中与运动员合作。他经常受邀帮助改变某球员的投篮机制。球员们现有的习惯阻碍了他们的长期进步——因为他们的手腕不够灵活，或者是正如戴夫指导的一名球员的情况一样，他们在投篮时容易向一边倾斜而自己没有意识到这一点。戴夫的工作将是打破这些坏习惯，并用一个新的习惯来取代它，以此帮助球员们在比赛中展示出更强的投篮能力。在这里，他描述了他是如何应用交替练习这一理念以及他对交替练习想法的改变。

当球员在练习一项新技能或改变现有习惯时，他们会对这些需要改变的事物视而不见。一切都是内在的。因此有必要从开始就进行一些组块练习，让球员们思考他们的身体素质和他们希望利用自己的身体做些什么。而且，从心理学的角度来看，要使球员们有成就感。有时早期做一些简单的事情来改变运动员的看法是很重要的，比如说，他们的投篮能力稍逊。那么要改善这一点，最好的方式就是把投篮结果告诉他们，这种早期的简单的事情就可以让他们知道自己的弱项。

但如果他们在这个时候被放到比赛中，那就会有麻烦了，因为比赛的世界与他们的训练方式完全不同。训练太容易了，在真正的比赛中，有太多的不确定性，他们还没有准备好。他们很难在学习前期接受自己不能使用新技能这件事，这事确实得慢慢来。对于教练来说，一个持续存在的挑战是在球员学习新技能时确定适当的挑战难度。

在我职业生涯的早期，我做了太多的组块练习。我等了很久才慢慢引入不确定因素，运动员也没有机会练习决策，所以如何将习得技能转化为比赛能力的问题一直困扰着我，当球员不能在比赛中应用他们所练习的内容时，我会感到十分沮丧。

我现在努力做的是要去察觉，一旦发现运动员有了自我意识，可以意识到自己身体的动作并能判断出执行某项技能的环境时，我就开始使练习变得更加复杂并且让投篮活动变得更加多变，最后避免出现任何预设的情况，因为在预设情况下，运动员确切地知道他们需要如何进行投篮。

我有六个不同的“层次”用来增加投篮活动的变化性。我可以增加距离；我可以加快速度；我可以增加动作；我可以加上运球和接球；我可以增加防守队员；最后我还可以增加决定。

如果早期太多变，你就不会在动作中改变什么。但这一时期实际上是相当短的，所以我现在也尽可能快地过渡到多变的训练环境。

比方说，球员在投篮时需要让他们的手腕向后弯曲。球员必须能够觉察到这个缺陷，所以我会在训练开始时尽可能多地剥去一些其他层次，从而让球员集中精力以不同的方式协调这一个手腕动作。我会让他们靠近篮筐重现调整手腕动作，然后随着他们在新动作上的改进提高，慢慢地再加入上面我说的六个层次。几年前，我的方式更简单、直接一些——如果你站在12英尺的地方投不进去，那就不要尝试13英尺了，但是现在我在挑战自己，尝试引入更多的变化。就算当下有了明显的进步，也不代表会带来成功的结果。作为教练，这其实有些可怕，因为你感觉无法控制训练。但那些带来掌控感的——10英尺，11英尺，然后12英尺——这些其实也都是虚幻的。

这里有一个非常简单的例子。如果我想教年轻球员克鲁伊夫转身，我可能会从组块练习开始。我们可能连续做20个或30个克鲁伊夫转身。我的目标是完善球员们的这项技能，使球员们能够自行编码出一个高度熟练的动作版本。但是，在我以正确和稳定的方式对克鲁伊夫转身进行编码，使球员能够正确地做这个动作后，我就过渡到序列练习。也许我会要求他们做一个克鲁伊夫转身，然后是跨步，最后是回拖。或者，我让他们练习一下传球，接着再要求他们做一些球类练习，包括再做一次克鲁伊夫转身。每当他们转到一个新的任务时，新任务所要求的技能会使他们短暂地转移认知焦点。这将会造成遗忘，然后要求他们回到克鲁伊夫转身的练习时，他们就需要更加努力地完成他们的转身动作，这个过程最终是有助于克鲁伊夫转身这个动作的编码和回忆的。但是，如果我在我的年轻运动员们还没能进行有效的克鲁伊夫转身——错误的、有缺陷的或无效的——之前就转到了序列练习，那么我也会冒着通过序列练习在记忆中编码这些错误动作的风险。

如果我想看到我的球员在比赛中使用像克鲁伊夫转身这样的技能，或者像高位逼抢这样的技能，在训练上，还有很长的路要走。正如本章前面所讨论的，我希望我的球员在能够重现感知线索和条件的环境中进行练习，通过这些线索和条件他们学着判断何时使用新的技能。他们需要练习对情境线索的反应和解读——在距离防守者多远时我可以尝试这个动作？从建立记忆的角度来看，这也是至关重要的，这个例子代表了第二种回溯练习，即“**随机练习**”。

随机练习将交替练习的概念向前推进了一步，使模式和时间变得不可预测，最好是由训练情景驱动。消除训练顺序中的可预测性是成功的必要条件。如果不这样做，训练将永远在认知方面略逊比赛一筹，如果训练不能组成比比赛更累的课程，那么这样的训练就不能为球员做好充分准备——这是新西兰全黑队传奇教练韦恩·史密斯在詹姆斯·科尔的《遗产》(*Legacy*)一书中提到的一点。他指出：“从决策角度看，训练理应比比赛更难。”因此，球队采用了“抛出问题”和“随机化情况”的基本原则，特别是在比赛前的最后训练中采取此类原则。但随机化的挑战不仅仅是为眼前的比赛做准备。史密斯还指出，“我们发现我们因此在长期学习方面做得更好了”。有趣的是，在要求运动员应对“突发事件”和“迫使他们解决问题”时，我们经常想到一些新颖的和意想不到的问题，然而最有价值的问题可能是那些需要他们在意想不到的时间和背景下做的事情。队员们应用和根据不同情况微调已知方案更多，思考和得出新方案更少，但这并不一定是一个问题。如果你有一个清晰的比赛模型，你的最终目标可以是使队员拥有协调能力，即能够在合适的时间执行已知方案并根据实际情况做出调整应对的协调能力。团队运动中的协调能力作为解决问题的一种形式被低估了。如果你的接球前卫通过向左跑动来解决问题，而你的内侧中锋通过向右跑动来解决问题，那么你根本就没有解决方案。

当然，比赛状况是一个极端的随机因素，但在一个纯粹的随机比赛中，很少有足够的机会来应用你正在学习的技能，以便让你充分地掌握它。比赛的随机性太强，无法达到最佳的学习效果，所以教练会战略性地介绍随机因素，即“可控制的随机性”[7]。这就是基于约束条件的比赛对高级学习者如此有效的原因之一。高级学习者们的目标往往是战略性地改变比赛，从而使比赛中更频繁地重复出现需要学习的技能。

⑦严格点说，当然这些所谓的随机性根本不是随机的，它只是不可预测而已，抱着对数学家的歉意，我们还是坚持使用这一术语。

尼克 · 温克尔曼

尼克 · 温克尔曼和随机练习

尼克 · 温克尔曼是爱尔兰橄榄球联盟的运动表现和科学主管，我近期了解了他在美国职业棒球大联盟对这一主题做的报告。他用了一个非常简单的例子：在练习场上，组块练习包括让击球手打出一个又一个快球。这是俱乐部多年来的常规训练方式。如果你正要学习或改善挥棒动作的新技术面，你就可能会使用这种方法来探索你所希望的球员们可以做到的基本动作。但一旦球员们掌握了基本动作后，组块练习就会开始失效。

序列化的练习将意味着从快球到变化球再到曲球。如果你能够在练习中加入一些调整改变，并开始在实战中运用不同的挥棒，那么效果会更好。把挥杆技能练好，使之适应新的环境，或者在新的环境要求下使用不同的挥杆技能。接着你会开始遗忘，然后是快速球练习。

现在回忆新的挥杆动作就会更具挑战性，但也会在大脑中产生更持久的记忆。

随机练习是一种不可预测的模式，比如从快球到曲球到滑球，再到快球、快球，然后到滑球，在这种情况下，球员必须练习将新技能与应该使用的知觉线索联系起来。你甚至可以设计出一个“某些情况发生频率更高”的模拟比赛——例如，在一垒和二垒有人的情况下会有更多的快球。这一点很重要。如果在比赛中没有遇到与新挥棒动作相关联的线索提示，那球员完全有可能虽然学习了新动作但在球场压力下仍用回旧动作。因此，随机化将增加球员在比赛中使用该技能的可能性，因为他可以在对不可预测的情况做出反应时使用该技能。同样值得注意的是，这里的随机化并不是纯粹的随机。它只是不可预测的。教练会让击球手一开始就应对超过三分之一的快球，然后再稍稍减少快球的数量吗？很有可能。与之相关的是，认知科学家经常指出，学习过程是很难看到的。训练中看起来成效不大的练习却往往能产生更好的长期效果。研究表明，组块练习尤其如此。运动员在训练中表现得更好了，但通过增加序列和随机练习带来的长期学习会产生更好的结果，虽然运动员当前看起来并不那么顺利。因此教练员们必须要振作起来。

但正如温克尔曼所指出的，序列化可以发生在训练课某个活动中间，或某几个活动中间。序列化也可能意味着先进行击球练习，然后是外场练习，最后再回到击球练习。我们“组块练习”最重要的方式是做一节长的重点训练。尼克建议，在一项技能上总共花80分钟就够了，但可以把这80分钟分成4个20分钟的课程片段，分布在5天内，这总比一天中一次花90分钟在一项活动上，然后球员们继续做其他事情，或者在一次课程上开始练习，然后结束课程，过几天后再回到课程上要好得多。

最近，在观察了一次训练后，我与西点军校男子足球队主教练拉塞尔·佩恩讨论了这些想法的应用，佩恩的球员正在练习传球模式。在第一个序列中，一名球员接球后转身将球传给一个队友。在第二个动作中，他以一个角度回传给传球者，而传球者则传给队友。在第三个序列中，球员回传给原来的传球者并向前突破，与队友形成2对1的阵列。

如下图所示：

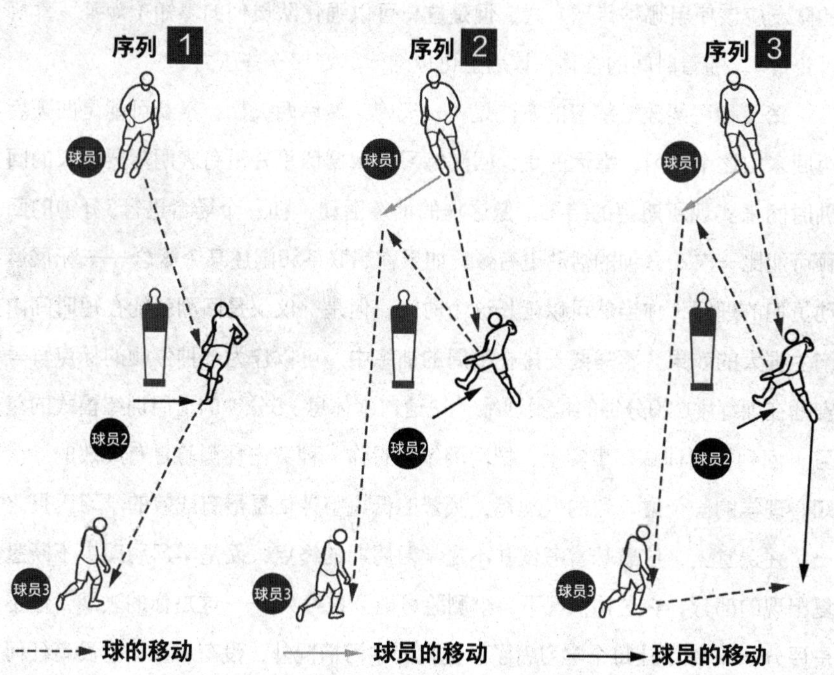

团队在每轮几分钟的练习中，穿插着反馈。反馈是需要精确且有技术性的。正如拉塞尔指导的那样，练习也是动态的，他的队员们通过提问的方式了解他们何时以及为何使用每种策略。而且这种反馈文化是激烈而集中的。之后我和拉塞尔讨论了可能使用的交替式训练的方法，以便从活动中收获更多。

第一种方法是，当队员们表现出稳定的熟练程度时，就可以从组块练习过渡到序列练习，然后再进行随机练习。将活动序列化意味着一个交替进行的模式，从而使队员们必须更加努力地记住如何完成每个变化着的训练活动。下一步将是随机化，使模式的顺序变得不可预测，这样一来队员们不得不努力工作，并对情况的要求做出快速反应。我们为如何做到这一点集思广益。最简单的解决方案是教练在每轮比赛前向球员们发出口头命令，但我们更倾向于让球员根据视觉提示——重现了他们在比赛时可能看到的线索——进行选择，拉塞尔建议在接到第一轮传球的球员旁边的位置安插一名防守球员。这个后卫一开始发挥的作用是有限的——仅仅是定位，好像是可紧可松地标记，以暗示他的队友应该使用哪种传球方式，但是这样可以强化队员们的感知（如第一章所讨论的）。随着时间的推移，该后卫可以给传球增加一些压力。

第二种可能改进练习的方法是，一天内，然后两天后，接着可能是四天后再回来做这个练习。幸运的是，回溯练习的数据似乎并没有表明需要较长的回溯时间来实现所期望的结果。像这样的训练活动，在三个场合进行5分钟的回顾可能比一次20分钟的活动更有效。如果你想联系和阐述某个概念——拓展运动员们的理解，你当然可以延长这个时间。但是，仅仅是回溯就能在短时间内产生强大的效果。不需要安排在下周的训练中，可以作为一种停顿的标点符号安插在训练中。20分钟的抢圈训练；快速饮水休息；5分钟的上周训练模式的复习；回到抢圈训练。事实上，把回溯练习看作一种突击性测验是有成效的。认知心理学的一个最一致的发现是，频繁的低风险评估是最有成效的学习工具之一。在课堂上，这意味着考试并不是学习周期的终点，而是学习周期中不断重复出现的部分。在这种情况下，小测验可能会被打分——这是你的表现，但不是评分——除了让每个学习者了解他们的学习情况外，没有后果，也没有任何其他成绩记录。

留出时间自学

马克·曼内拉

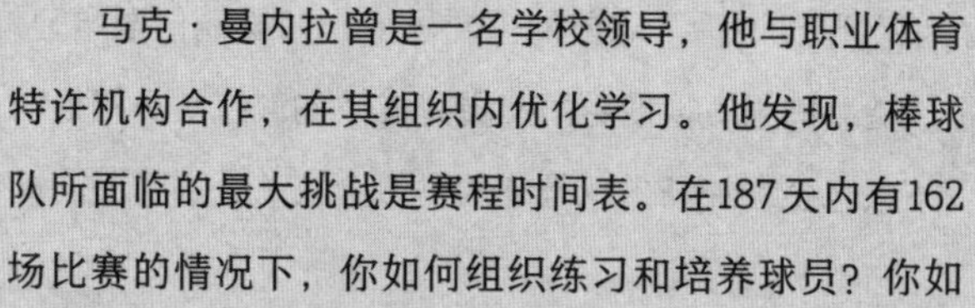

马克·曼内拉曾是一名学校领导，他与职业体育特许机构合作，在其组织内优化学习。他发现，棒球队所面临的最大挑战是赛程时间表。在187天内有162场比赛的情况下，你如何组织练习和培养球员？你如何平衡球员不同类型的发展需求，并在时间紧迫的情况下为他们留出学习空间？马克介绍了一种解决方案。

棒球赛季的日常工作使得找到一个理想的计划时间间隔更加棘手，但也并非不可能。在职业棒球中，典型的情况是在一周或者更长的时间内每天或者每晚都要进行比赛，没有任何休息时间。当安排了休息的时候，这不仅仅是没有比赛的一天，而是一个真正的休息日。想要在赛季中创造有意义的学习机会的棒球队需要找到创新的方法，将这些训练机会纳入紧张的日程安排中去。我曾合作过的一位小联盟俱乐部经理找到了一种新颖的节奏，既能满足回顾前一场比赛的短期需要，也能满足关注球员长期发展的需要。

“当我开始管理时，我尝试了不同的方法来解决精神层面的学习。”他说，“当我还是个球员时，我非常讨厌开会，认为会议就是浪费时间。我们的一个教练会在俱乐部大厅前站起来，告诉我们大家正在做的一切都错了，而我们坐在那里看着他，只是等待着会议结束。当我从比赛中退役并成为一名经理时，我才关注到教导的必要性，要让每个人都站在同一起跑线上，但我想找到一个更好的方法来做到这一点。”

他创建的系统是这样的。在比赛日，投手教练将与整个投手团队和捕手进行10分钟的会议，汇报前一天晚上的比赛情况。会议必须简短，而为了简短，教练需要清楚地知道他希望球员从前一天晚上的比赛中得到什么。教练不能只是说“那么，昨晚的比赛你怎么看”。会议上的问题必须有针对性。但这需要确保会议是一次与球员相互的对话，而不只是教练对球员说话。球员们需要思考，如果他们要学习。会议上的沟通是以更高的强度换取更短和更有成效的教练队员相处时间。击球手随后不久也会参加与击球教练的类似会议（允许捕手同时参加）。

这些会议的目的是回顾实际的比赛事件，经理永远无法提前一天预测要在会议上讨论哪些议题，并且这些会议并没有提供一个环境，让经理可以谈论球员的长期发展和组织目标的实现，所以他知道他需要第二种类型的会议，一种不那么被动而是更主动的会议。他可以提前选择一个重要的话题，并为其制订计划。在试用了不同的天数间隔后，他决定每7—10天开一次会，通常是在每三个三场连续比赛结束后。这种间隔使经理能够收集相关的视频片段来支持他的教学，为概念留出理解空间，从而使这些概念不会令队员感到模糊不清，使他们能够回到关键内容进行理解。

这种包含两个不同部分设计的会议，使运动员既能从他们的实际比赛表现中学习，又能继续拓展他们更广泛的知识。如果他们想向大联盟迈进，这两点都是十分必要的。

第一部分　学习需要花费的时间

如果持久学习的关键是间隔练习并让记忆在间隔中间自然衰退，这就意味着如果球员只进行一次学习，那他们几乎不会掌握任何技能。一段时间的主题训练可能会让运动员短期内的表现有不同，但很快这种改变就会消失。显然一个训练周期是不够的，因此如果想要球员熟练掌握某项技能并获得长期发展，教练就必须以更长的时间为周期做计划。一次规划一个课程是不行的。

但是这个时间间隔应该是多长呢？没有标准的正确答案，但根据我在学校的工作，我可以提供一些有用的参数。例如，我相信，如果目标是长期学习，理想的计划间隔是比一周稍长的时间。这一点很重要，因为我怀疑许多教练都是用一周的时间间隔来计划他们的训练。我可能是错的，但去计划一周的时间有很强的动机。

首先，教练们通过比赛来衡量队员的进步并设定目标。无论赢、输还是平，教练们都要坐下来考虑他们的团队需要做什么，以便在下次比赛中发挥得更好。周六的比赛对你来说十分困难，因为你的球队的第一次触球很弱，或者在被逼抢时无法控球，所以你决定在本周内解决这些问题。从逻辑上讲，你试图找到一些进步的痕迹。重要的是要认识到，你所看到的改进很可能是表现，也可能是学习——这才是长期掌握某项技能的开始，但前提是球员要在不断进行回溯的训练环境中，并且这些回溯可能随着时间的推移逐渐变得更复杂、更具挑战性。

如果训练主题是一个技能，比如重新调整第一次触球的方向，这个技能的回溯练习会自然地多次发生，球员因此而获得进步。但如果是一个不会自然地反复出现的主题（比如切换比赛场地），或者有很大概率被做错的或需要高度团队配合的动作（错过改变进攻点的机会；第一次触球没有充分地调整方向以摆脱压力；等等），学习的第一个步骤就会弱化。具有讽刺意味的是，如果教练在第二场比赛后对球员们的表现不满意，这对球员来说可能会更好。一个教练如果说："他们仍然没有达到这个技术要求，我们要在周一和周三的训练中再来一次。"从长远来看，这样的教练可能会采取措施来帮助球队进步，当然理想状况下也会有教练说："大家做得很好，比上周好多了。我们必须在未来几周内继续努力，这样就可以永久性地掌握转换进攻点的技能了。"

另一个以一周为时间间隔进行训练计划的动机是即将到来的战术挑战。教练们会想，"对了，我们周六要对战克罗斯特联队。我们需要什么样的训练来击败他们"？这在某种程度上可能会起作用，但大部分的变化可能仍然是短期的表现，而不是长期的掌握。在周六，将仍然会有球员对球队在周四所做的事情有一些印象。如果他们在周二也这样做了，那就更是如此。但之后的遗忘会继续下去。这暴露了短期和长期结果之间的冲突（这个话题我会在第六章进一步讨论）。这不是一个简单的冲突。教练应该为即将面对的对手做战术调整。这样做肯定能够建立起对球员的理解。球员表现上的变化可以帮助我们在短期内获胜，这取决于赢得一场比赛的重要性，这并非不重要。但这仍然是一个短期的比赛。在那个周六当你的球员学会调整给对手施压的方式并击败克罗斯特联队后，昂德希尔的山下足球俱乐部紧接着提出了一个不同的挑战。基本上，除非球员们为克罗斯特联队比赛备战的内容是团队长期训练计划的一部分，否则他们会很快开始遗忘学到的东西。你可能会吃惊地发现，当下个赛季与克罗斯特联队比赛时，你的球员基本不记得什么了。理想的做法可能是在赛季开始时花几周时间研究一些核心战术方法，并在比赛前回过头来回溯这些核心战术，然后做一些细微的调整。无论哪种方式，在战胜克罗斯特联队（球场上的进步可以帮助你完成这个目标）和运动员的长期发展（短期表现变化不太可能帮助你实现这个目标）之间的权衡是值得考虑的。是否有可能，许多球员的发展恰恰是在他们进入人生中竞争最激烈的环境时停滞不前，正是因为球员们的学习目的突然变成短期的了？

以一周为时间间隔进行计划的第三个原因是周期化。教练们担心运动员的训练负荷，因此以每周为一个周期进行训练计划。结果是：周一恢复，周二高强度，周三较轻，周四再次高强度训练。但如果教练不思索一下具体的训练活动，就很难想象出运动员们的训练负荷，所以你要列出你打算在训练中包括的具体内容，而且，你也不太可能再有别的做计划的机会，能让你以长周期的视角来审视学习安排了。

而这正是问题所在。记忆科学表明，除非运动员在未来几周内定期回溯和应用所学到的概念，否则在一周的训练后显现的进步可能会迅速消失。以比赛为导向的周计划对长期发展是远远不够的。对年轻球员来说这点非常关键，但其实对于所有球员来说都是如此，这个问题在球员的后期职业生涯中也更容易被忽视。是否应该推行一些基于短期目标而不是比赛目标的周计划？当然，特别是在精英运动员圈层——比如职业和大学团队，甚至可能是一些高中——那里球员的目的是通过迅速的比赛结果为高中获得荣耀。也许即使是青年俱乐部，每年也有几场关键的比赛，获胜是一件大事——比如说，高水平的锦标赛。但从更广泛的意义上讲，这样的激励因素作用太强大了，因此教练们不可能持续地投资于很快就会消失的（长期）学习能力。在许多方面，这样做是理性的：球员们很可能需要经历评估，如果不是由俱乐部评估，就是由家长、队友甚至可能是他们自己，这些评估要素可能以比赛胜利或明显的进步为基础。这些方法在很大程度上有利于短期培训，而且有可能是在大多数级别的比赛中，大多数运动员的大部分时间都花在学习上。他们的大部分时间都是在偏重于短期激励的训练环境中度过的，通常教练甚至没有意识到这一点，而且教练们很难注意到建立长期持久的学习和发展所需的步骤。我没办法告诉你，曾经有多少职业球队的教练跟我说，他们对自己所带的球员从未学到东西感到十分震惊。可悲的是，教练们往往将此归咎于运动员自己。“教练们的反应不是‘我们需要教’而是‘有这样的球员在，我们就不能打赢那场比赛’。”一位同事告诉我。

教练可能会问的一个合理的问题是，回溯能力的练习是否不能自然而然地发生在自由练习中？因此，是否只能在训练中加入大量的回溯练习才足以建立长期的专业知识？毕竟，世界上最好的球员——比如说，来自贫民区或其他一些社区，他们的主要练习工具是竞争激烈的非系统性的日常练习——似乎通过这种模式这些球员们也可以练习得很好。

诚然，仅仅是频繁的比赛日程就有可能使一些知识技能从比赛中转移到球员的长期记忆中，而且一定量的自由练习也是训练的一个重要部分。但有些知识和技能相对于其他的来说更有可能被转移到长期记忆中，而且记忆的强化是随机的——自由练习可能会使球员学会触球、诡计和一般的跑动原则，但具体是什么能力得到强化，这一点是无法预测的，需要协调和战术的技能可能在训练清单上排在最低处。当然，队内球员个人的发展也是不均衡的，哪些球员学到了什么？学到的最多内容是什么？因此，如果我们想让整个团队内部共享知识，我们不太可能做到这一点。此外，自由发挥也有一个数据问题。当教练们提到自由练习的成功时，他们指的是那些球员——少数出色的球员——即使这些幸运的球员从不知名的街道上走出来，拥有早熟的技术，也必须去某个地方尝试学习足球中的位置责任，如何协调压迫，以及如何打破一个低位阻挡。他们这些球员并不是从贫民窟到一流球队，而是从贫民窟到足球学校。那这些天赋异禀，从世界各地的社区涌现出来的球员会失败吗？当然会。从这个模式中涌现出来的会有幸运的球员，但也会有成千上万的失败者，教练是一位老师，教练的本质是寻求所有球员对所有学习主题的一个最大化的学习效果。因此，自由发挥确实是有用的，但它对于一个致力于为每个人优化学习的教练来说是远远不够的。

第二部分　如何学习

那么，如果俱乐部想开始计划初次学习后的遗忘过程，并更多地关注长期记忆和持久记忆的专业知识，可以采取哪些措施呢？在接下来的内容中，我将提供一些建议，首先是一个叫作单元计划的想法——计划在大约六周的时间内掌握一系列概念。之后，我将描述一些俱乐部和教练可以采取的简单方法，教练可以利用这些方法发挥出间隔练习的作用，或者可以试验看看是否会带来改变，而无须对现有的训练流程做重新设计。我的目标是让不同的俱乐部和球队都能开始应用构建长期记忆的科学。

（6周的）单元训练计划

一种常见的计划形式是更新俱乐部的课程。每年一次，将有涂色的电子表格储存到某个电脑驱动器里。关于什么才是真正重要的教学内容的热烈讨论随之而来，然后那个电子表格文件被放置到了一个孤独的角落后，教练们又开始做他们的课程计划工作。一周的训练计划间隔太短，但一年的训练计划间隔又太长。

那么，如果我们想帮助球员们建立长期记忆，合适的训练计划间隔应该是什么样子的？我认为是4—6周的时间。这是基于学校训练经验的一个预估——一个不确切的类比。正确的时间间隔可能略长一些，但4—6周的时间非常适合建立记忆[⑧]。当一些想法出现后，休息几天，再回来研究这些想法，或者与其他想法结合思考，几天后又重新复习这些想法。或者在一个练习单元中，同时关注几个学习目标，学习主题可以交错进行。从计划的角度来看，4—6周也是一个可控的时间间隔。我还记得当我还是一名年轻的英语教师时，学校要求上交当年的课程大纲。巨大的任务量压得我简直喘不过气来。我越往前规划我的课程大纲，比如说大概在3月11号要讲到《愤怒的葡萄》（*The Grapes of Wrath*）的第十七章，我就越少考虑到现实教学中的一些问题。也许这就很好地解释了为什么那么多计划性很强的课程大纲却很少被使用。对大多数人来说，以一年为时间单位的课程大纲实在是难以操作。作为一名教师，我发现准备下个月每天要讲的希腊戏剧课程内容是比较可行的，而且坦率地说这是一种更有用的自律形式。我每年都会这样做6—8次，然后看看效果如何——顺便说一下，我从来没有严格按照所制定的课程大纲执行过——逐渐地我在反思课程内容进度、测验间隔及其他事项时更加熟练了。

⑧“如果我们想让大脑使用最少的负荷量就能快速、轻易地使用知识，那么我们就需要在持续的几个月甚至几年内促进定期地练习。”麦克雷亚写道。

从运动员和教练的角度来看，4—6周也是一个间隔期，这期间也允许有变化和新的东西出现。我信奉一致性和持久性原则。但重复性学习不应该让学习者感觉他们只是一整年都在重复同样的练习。能看到自己取得进步并接受新的想法，这对学习者来说是一种激励。学习新目标和新主题是有所裨益的——特别是当我们掌握了某个主题的一些内容，然后在第二年又回到该主题以扩展我们的知识时。这可能会影响后续你是否选择稍短或更长的学习间隔。也许3周的时间间隔对年轻球员来说效果更好，因为他们的注意力持续时间比较短并且训练主题也更简单。高级别球员可能需要更长的间隔时间来掌握如何应对对手。

在一个4—6周的训练单元中，你可以选择几个重要的训练主题来召集球员们进行集中讨论。根据训练主题的规模，也许有两个是关于进攻方面的，有两个是关于防守方面的，还有一个是关于过渡的，再加上一些踢球技能。用4周或6周，你可以涉及多样化的概念，使球员们对训练感到熟悉，但不要让训练内容太容易被预测到。如果战术概念是黑狮联队（Black Watch Premier）的史蒂夫·弗里曼所说的“相应主题”，那就更好了：我在防守时所做的就是对手在防守时所做的，反之亦然——比如说，从后面进行压迫对手。这使得来回跑位更简单了，并且训练环境也可以自然而然地逐步适应和改进：我在施加防守压力上做得越来越好，那么我就更难组织进攻了，但如果我的进攻组织得越来越好，那么在压迫对手时就需要掌握更多的技术细节。在最初的几天训练里，也许你想用一种更加“分块”的方法来介绍概念，那你一定要注意认知负荷，给信息分阶段，以便球员们开始成功地将所学概念转移到长期记忆中去。你可以在一些课程中慢慢教他们细节而不必急于求成。事实上，你可以通过放慢讲授进度来加快学员理解进度。一旦球员明白他们要做什么，他们的球场角色是什么，你就可以开始穿插改变主题，然后再次回到之前讲述过的概念上，但每次回忆和复习都增加一些在控制范围内的新挑战。这样一来，每次你进行概念复习的时候，球员们就会自发阐述或者拓展他们所知道的知识。

因此，也许第一天的训练是有关施压的，第二天进行后场组织，并在偶尔提点防守队员的情况下让队员们练习如何施压，或者思考潜在防守队员会做什么。第三天，又回到施压训练。第四天，进行后场组织。然后也许会有第二个新的话题——比如说我们在进攻端口进行更大范围的传球，在防守端口进行防守传球和转换。我们在战术会议上花了很多时间在带球过人上，但在中间又回顾了10分钟的有关施压的问题。也许接下来5门课程中有3门课程的重点是过人（和防守横传），而压迫（和从后场进攻）则占了两节课。但是仍然有机会去回溯那些不是课程主要焦点的概念。或许你暂时停止了过人练习，突然说：“好的，守门员拿球。黄色队服球员们，你们要开始组织后场了。橙色队服球员们，你们要开始施压了。队员们需要做的关键事情是什么？就是踢！”这是典型的回溯能力练习。这一练习不仅使球员不得不挣扎着记住他们在球场上的角色，而且当你做完后再回到过人练习时，球员们对这些角色的理解也会从此种交替练习中受益。这两分钟的分心会使他们不得不更加努力地去回忆之前的练习内容。课程可以从练习技巧重点开始，比如练习带球、第一次触球或用胸部接球，通过先组块训练再序列训练的方式。

在这个单元计划的草图中，还有一件事很重要：回溯清单。这是在过去一年或更长时间里球员们所学到的东西的清单。有了这个明晰的清单，我就能偶尔找机会从当前单元和旧单元中回溯概念。一个单元结束了，并不意味着遗忘已经停止，所以一旦球员们掌握了一个概念，就没有理由放任他们遗忘。需要加大努力程度以保持我们所掌握的概念，这份努力的价值通常被低估了。幸运的是，回顾复习通常可以很快完成。我的回溯清单可以是之前单元中学过的、可以是重新提起的，哪怕只是短暂回顾的那些内容。一个简单的方法可能是直接使用某一年用过的“课程”清单。如果不出意外的话，这是一个让课程内容脱离休眠状态的好方法，让它在教练员的意识里保持活力。在回溯清单中添加一栏，这样我就可以记下我回顾复习每个主题的日期。有了给定的主题，我就能够更有策略地跟踪我的复习时间间隔和回溯次数。我可以一目了然地看到在5周内哪些概念或者能力没有进行回顾复习。“如果我是一个专业教练，有一个教练团队，”教练顾问马克·曼内拉告诉我，“这件事就是我们要做的第一件事。我们需要一起管理这个回溯清单。”

回溯清单上的学习主题应该如何以及多长时间在一个时间单位内出现一次？首先，我想避免“回溯失控”的现象。胡乱地从一件事跳到另一件事可能会导致球员分心和注意力残留，而不是我们理想中精心编码的长期记忆。但是，如果你的目标是通过回溯练习来强化之前学习的两件事，在你的日程安排中设置一两个固定的时间怎么样呢？也许在每次练习中，仅有10分钟的时间，或者每周有两次专门用于回溯复习的时间。或者你可以在自由训练中或争夺赛中暂时转移一下教学目标。比如，你可以把球交给守门员两到三次，然后说：“好的，守门员拿球。黄队，你们要组织进攻。绿队，你们要进行施压。练习之后我们会有个暂停，然后我会问你我们做得怎么样。”当然，你可以等待这些事情自然发生，但这种有意识地、明显地转移到你想集中练习的主题上会有更多好处。这种练习使球员们更仔细地关注他们场上的行动，并更清楚地意识到他们在场上做什么。同时这种练习也可以约束你进行更仔细的观察。如果你暂停一下并说“绿队队员们，我们的压迫是好的但不够好。请你们告诉我刚才练习中什么是有用的，什么是没用的？”这不会让人觉得是在找碴儿。球员们可能会有更多的话要表达，因为他们更清楚地意识到他们是在突然情况下尝试给对手施压。这个例子隐含的事实是，回溯练习不需要花费很多时间就能奏效，所以你可以用多种方式使用回溯练习，而不需要重新分配大量的时间。回溯练习也可以指在一个不同主题的练习中通过提问或反馈进行复习，而不需要实际改变练习本身。“暂停一下。女孩们，我们刚刚拿到了球。立刻告诉我，当我们在转换时拿了球，而防守却是一片混乱时我们要怎么做?”或者也许是:“暂停。我们刚刚在转换时拿了球，而防守却很混乱。这是我们学过的内容，我们应该怎么做才能表现得更好?来，我们把球给苏菲，她来传球给黄队队员，然后你们展示给我在这种情况下应该怎么办?”你也可以使用基于比赛的活动作为平台进行回溯练习。“在我们的5对5比赛中，我想让队员们练习进球、退球和改变进攻点。如果我看到一个很好的例子，我就给你两分。”换句话说，有多种方法来嵌入回溯练习，关键是要划定具体时间，在这些时间里，你要对自己练习的使用情况负责，并在这些时间里计划你回溯练习的内容，且要仔细观察练习中球员们的进展。最后，这一举动将大大节省你的时间，因为这是在球员的长期记忆中对所学的内容进行编码，可以帮助你避免明年从头开始重新教授已经教授过的概念和技能。

无论你如何对待这个回溯清单，我都建议你保留一个清单作为起点。追踪你所回溯的内容以及你回溯的频率，会使你对掌握的内容有更多的了解，你会迅速获得关于练习什么有效、练习什么无效的洞察力。也许你会以一个目标开始：我们至少要回顾这3个概念4次。当你这样做时，你可以开始记下何时出现的这3个概念以及这3个概念是否开始在比赛中出现。随着时间的推移，你会变得更有技术性，记下每次复习一个概念的具体日期，争取逐步增加各轮回溯之间的时间长度。也许你会想在清单中增加一个做笔记的地方：这个概念在脑海中存在感仍然很强，还是我们在这个概念的理解上依旧很挣扎；需要很快再复习一次这个概念；或者下一次，强调传球的重要性。换句话说，从简单开始并没有错，回溯清单并不要求你改变你所有其他熟悉的复习系统和常规复习步骤，但至少你可以在做出大规模改变之前尝试一下。但是，想要在与遗忘的斗争中获得持久的胜利，就需要在某些时刻让那些与学习主要焦点无关的想法能够被提出来进行审查。

活动设计

了解回溯练习可以帮助教练员确保运动员的记忆。同样地，了解工作记忆可以帮助教练在一次训练中完善个别活动以使学习者取得更好的效果。记住，工作记忆是大脑有意识思考的部分——能意识到自己正在做什么的思维。它理解和解决复杂问题的能力是我们与地球上其他物种的区别。但是，尽管它具有高阶思维的“超能力”，它也有明显的局限性。它一次只能专注于一两件事，并且不太能持续关注——它可以很快失去对一个概念的追踪，特别是当它的注意力被其他东西分散时。因此，在任何学习环境中，最重要的事情之一是工作记忆的“负荷”——基本上就是指工作记忆的容量有多大，以及它在有意识地处理概念时有多努力进行思考。

让我们简单考虑一个工作记忆受到严重影响的典型情况。我正开车去往一个陌生的目的地，途中接到我妻子的电话，她想和我讨论我们房子里一个卫生间的装修计划，装修中有一些艰难的决定要商讨。在我们交谈的过程中，我就不那么专注于我的驾驶了。我身后车辆中的司机开始注意到我有点偏离我的车道，并且对交通信号的反应也变慢了。甚至我还错过了一个应转弯的路口。我的道路驾驶感知力下降了。工作记忆本来可以帮助我察觉到来车的速度，以及我是否能安全地进行左转。突然间，这些计算在脑海中就变得不那么准确了，这是因为我的工作记忆已经被和我妻子的对话占据了，而我发生道路事故的概率也就变大了。

在这个例子中，让我的工作记忆同时处理这么多事情，有以下三个明显的影响：

- 多任务处理降低了我执行两项任务的质量。我驾驶得不顺畅，对我和妻子正在讨论的问题也理不清头绪。
- 多任务处理使我在记忆新知识时感到吃力。我没有把去往目的地的路线编码在长期记忆中，下次即使开车再去的时候脑海里对于路线仍旧是一张白纸。
- 多任务处理降低了我对周围世界感知的准确性。

我其实已经在本书的其他地方提到了这些影响。在我们考虑设计训练活动时，更重要的是把这些影响放在一起综合来看。因为正如这个例子所示，管理工作记忆的负荷会以多种方式强烈影响我们的学习效果。

管理工作记忆的负荷主要有两个方面。一是我们不想让工作记忆超载，二是我们也不想让工作记忆负载不足。好奇是人的天性。人们都喜欢接受挑战，而这种挑战对于学习和激励都是至关重要的。例如，大脑会被解决难题所吸引，因为解决难题本身就会给人带来快乐，但如果想要维持兴趣，题目或者任务必须有适当的难度。“好奇心促使人们去探索新的想法和问题，”丹尼尔·威林厄姆在《为什么学生不喜欢上学？》一书中这样写道，“当我们在好奇心驱使下时，我们会迅速评估解决这个题目或者任务将耗费多少脑力劳动。如果耗费得太多或者太少，我们就会停止解决这个问题。”

换句话说，教练能做到的最重要的事情之一就是确保队员们的训练环境中有足够的挑战并且不使他们的工作记忆超过负荷。认知心理学家罗伯特·比约克称之为“必要难度”。一个无聊的学习者就是一个糟糕的学习者，而且他们很容易分心。设计有效训练活动的关键就是确保训练环境能够维持大脑对挑战的兴趣。

然而，关于挑战的一个常见误解是，挑战需要新颖性。但其实大脑对挑战的需求并不意味着教练们需要不断地引入创新性的活动。事实上，训练的挑战之一往往是在介绍挑战时也会让人分心。可以考虑下马特·劳瑞在亚特兰大联队学院的训练课程——这是我见过的最具有参与性的训练课程。马特的训练每天都以抢圈开始。事实上，在训练之前就开始了抢圈练习。其训练程序如下：队员们到场，和队友们打招呼，当有6个人都准备好了，你就可以组成一个小组并开始进行抢圈训练。练习中的位置是提前设置好的。当马特走到球场上的时候，球员们已经努力投入训练中了，他们叽叽喳喳地说着话，整个练习充满了愉快和竞争的气氛。这部分是因为队员们对抢圈训练十分熟悉。他们知道如何玩这个游戏，所以他们可以直接迅速进入他们最喜欢的训练部分而不需要冗长的关于训练规则的争论。让我们把这种训练活动称为“知根知底”的训练。教练们通常低估了这种训练的重要性。

训练正式开始后，马特再次充分利用球员们对规则的迅速理解。“抢圈训练，”他喊道，“我一吹哨比赛就开始。不要输！”砰！训练正式开始了，在马特的哨声中，球员们全都振作了起来。他们使用的是他们熟悉的方式——抢圈训练，但每一轮都有些许的变化。“第二轮，”马特宣布，“数数你的传球次数。10次传球意味着防守队员要做波比跳。开始！”他们又一次欢呼雀跃起来，部分原因还是他们都知道训练规则也知道波比跳，但总是要有一个小小的比赛中的变化来保持队员们的挑战心理。“第三回合，”马特又宣布，“防守队员们，如果你拿到了球必须保持3秒钟。如果3秒钟后球还在你身上，就轮到进攻队员做波比跳。开始！”使用一个熟悉的训练方式可以让球员专注于活动中的变化，从而使工作记忆的负荷最小——或者他们的工作记忆完全集中在“持球”上，而不是学习新活动的规则。他们闭着眼睛都能做抢圈训练，但训练中不断的小变化可以将球员们的注意力转移到不同的技战术上，并增加挑战难度。这让马特获得了两方面的好处。关于马特为他的抢圈训练想出的一系列变化以及这些变化所加强的球员能力，甚至可以写一本书。“暂停。第四回合，”马特接着宣布，“防守队员们，这次如果你拿到了球，你可以选择冒险去传球。如果你完成传给你队友的球，你也就为他赢得了从中间出来的机会。或者你也可以只持球。不要犯傻但也不要自私。开始吧！”你可以在一个灵活的训练方式上建立一系列的挑战。而一个熟悉的环境往往是引入多样性挑战的最佳场所。

马特的活动设计展示了认知负荷理论中的一个关键概念，这也是由澳大利亚心理学家约翰·斯威勒开发的认知心理学的一个领域。理解这个概念可以帮助教育工作者通过管理工作记忆的负荷量来最大化学习效果。约翰·斯威勒指出，在大多数学习情况下，工作记忆的负荷有两种类型。一种是内在的认知负荷，是学生在思考他们学习的内容时所产生的直接需求。另一种是外在的认知负荷，是学生没有主动学习但不得不思考某些内容时对工作记忆产生的要求。比如当你向你的球员介绍一项训练活动时，你希望教他们如何保护球和利用球场空间。当他们在思考空间、位置和身体形态时，他们就正在处理内在的认知负荷。当他们在思考如何训练以便学习这些技能时，他们就是在处理外在的认知负荷。琢磨如何进行训练对工作记忆的要求越多，留给思考学习空间和动作的工作记忆就越少。外在任务对工作记忆的要求可能比内在任务更高。

比如说，马特在半夜醒来，想到了一个新的训练活动，这个训练将是教授球员如何给对手施压和应对对手施加压力的终极手段。马特称之为“压迫训练”。第二天，他来到训练现场，向球员们解释。有4对圆锥形物体，每对有两种不同的颜色。首先，橙色队拿球。如果他们把球踢过第一组（绿色）锥体，他们就得一分。如果黑队能把球踢回第一组（黄色）锥体，他们就能得一分。如果黑队能让橙队在第二组黄色锥体之间踢球，他们就能拿到球，双方交换位置。此外，每个区域有4名球员，其中两名球员可以去任何地方。

如果你在场上是不是已经目光呆滞了？现在你正经历马特手下的球员们第一次使用这个施压训练时感受到的更为夸张的版本：高度的外在认知负荷。大量的工作记忆被用来理解如何进行这项训练活动，而不是如何学习作为其最终目的的内在任务。无论压迫训练设计得有多完美，只要教给学生，都会使他们把更多的工作记忆用于外在的任务。学习效果会暂时降低。那马特应该如何应对呢？有几种可能性。也许他可以简化练习中的一些外在要求，从而增加可用于内在要求的工作记忆量来满足内在要求。他是否真的需要那4组锥体和规定球员可以和不可以进入的区域？或者，马特也可以分阶段制定训练规则，让球员先掌握简单的训练，然后再逐步复杂化？他也可以问问自己，他是否可以通过球员熟悉的抢圈训练中教授施压以达到大部分训练目标？如果答案是“不”——很可能是——那么他的训练目标应该是确保“压迫训练”能够在球员中产生较为持久的效果。如果他使用了25次，而且每次效果都很好，那么在提高速度和学习技巧方面花费的精力就没有白费。

但马特的课程中大部分内容都有这样一个事实，即他使用的是球员们很熟悉并且每天都在做的活动，因此对球员们几乎没有外在的认知负荷。他们所有的工作记忆都可以用来专注于内在的任务。这个点在于我们并不是要避免创新性的练习或是只使用简单的练习，而是要注意平衡外在和内在认知负荷。是的，球员在训练中应该努力思考，但他们思考些什么呢？我们当然需要新的训练活动来教授球员们一些新的东西，但我们还应该牢记在心的是，每一个新的训练活动都有一个训练成本，而且这个成本会根据其训练的复杂性而变化。

对我来说，理想的训练活动像是一个平台：在这个平台上一个球员可以掌握基本技能，同时教练也可以在这个平台上进行一些简单的变化来转移学习的重点。这样的训练既保留了灵活性，又减少了将工作记忆分配给外在任务的需要。当然，内在负荷和外在负荷的平衡对球员的参与度和积极性也有影响。大量的外在认知负荷意味着大脑停止运转，也意味着你的学习方式会与打你喜欢的比赛的方式有所不同。新颖性——训练活动的新颖性和挑战——任务的难度——是不同的。有点讽刺意味的是，训练中太多的新颖性会降低队员们感受到的积极参与性和建设性的挑战的水平。即使马特的球员们理解了“压迫训练”，在他们开始训练的前20分钟里，大多数球员们还是在摸索这个训练的实际运作方式。

认知负荷理论对教练员还有其他重要的应用。如果我们知道工作记忆一次很难同时处理一个以上的想法，这意味着面对复杂的训练应该分阶段进行，讲授给球员一个概念，让他们立即应用这个概念，然后再增加新的知识点。当他们理解和应用得更顺畅时，也就是当他们的工作记忆的压力更小时，此时就可以增加新的挑战或新的想法。这就使挑战本身保持在一个能够吸引球员们并帮助他们享受学习的水平上，同时又能避免要求他们一次做太多的事情。正如我一边开车一边打电话的经历，那些试图一次做太多事情的人无法在长期记忆中对这些事情进行编码，从而降低了他们的感知能力，并且还会看到他们在其他技能方面的整体表现下降。因此，如果教练一次只示范一个步骤，球员的学习速度会更快。与其在练习一开始就给球员布置5件事，不如在整个活动中依次给他们同样的5件事，然后对这5件事分散进行练习，这样一来学习进度会更快。比如说，如果你正在培训后场组织训练，并希望球员做到以下4点：

1. 在地面上快速清晰地传球。
2. 接球球员迅速调动身体准备好接球，有清晰的场内视野。
3. 传给前脚或传球到空当。
4. 首先进行对角线传球。

与其一开始就列出所有这些东西并要求他们掌握全部技能，不如直接说：“我们将从集中精力处理传球的力量开始，这会更有成效。我们希望球能动起来，所以传球必须干脆、快速，但也要容易处理，确保它紧贴地面，所以我们现在来练习这个。”也许5分钟后，你可以让球员停下来，说：“是的，大家真的开始明白如何保持传球的干脆利落了，但接下来也考虑一下我们要往哪里传球。我们要把球传到前脚去，这样我们的队友就能跨过身体去接球。如果队友前面有空间，我们可以把球传到他们前方，让他们跑过去接球。”等等。

这种训练不仅可以控制工作记忆的负荷，而且对球员来说更有趣：通过区分每一个元素并给球员提供练习的机会。你会使练习看起来是不断变化和发展的，不断有新的但可以应付的挑战被补充进那里。球员们在训练中可以学到更多，感到更快乐，也更投入。

认知负荷理论的另一个重要启示是，新手和专家的学习方式不同。专家可以在工作记忆没有什么负荷的情况下执行大部分的任务，因此可以更容易、更迅速地吸收新的想法。他们可能能够同时处理一个以上的新概念。专家通常更清楚自己的长处和短处——这也是新手欠缺的技能之一，就是不知道自己缺乏什么技能，并倾向于高估自己的表现。你也许可以给专家们提供三件事，让他们思考如何组织后场。每个专家可能会根据自己的学习需要选择合适的重点，或者能够在不同的时间关注不同的学习主题，但新手却不能，因为他们对自己的表现和环境的了解不足以使他们在不同的学习主题之间智慧地转移注意力。

然而，新手和专家之间最重要的区别是他们如何应对低指导性的学习环境，在这种学习环境中，教练并不解释该做什么或怎么做，但运动员应该从某种情况中获得知识——例如，在一场比赛中，进攻三区受到限制，使区域变得非常狭窄，而球员则要学会适应这种情况。研究表明，这些环境对专家比对新手更有成效，因为新手往往没有足够的知识来分辨出有效的解决方案和糟糕的解决方案。他们学到的东西更可能是错误的或随机的。

保罗·基尔希纳和卡尔·亨德里克写道，专家在面对复杂的问题时，他们能看到“底层逻辑”，这能帮助他们有效地“归类和解决”问题。而新手看到的则是“表层特征”。换句话说，每个人都可以在环境中注意到一些东西，但人们所注意到的东西的价值与他们的先前知识水平相关。例如，在一项涉及物理问题的研究中，解决问题的新手经常注意到错误的事情：两个问题都涉及一个球的运动，新手认为必须用同一种方法来解决这两个问题。但事实上，这两个球的运动一个是加速度问题，另一个是速度问题。因此解决这两个球运动的方式并不相同。基尔希纳和亨德里克写道，“研究表明，差异不仅是数量上的（即专家知道的更多），而且是质量上的（即专家和新手知识的组织方式也是不同的）。”

研究表明，差异不仅是数量上的（即专家知道的更多），而且是质量上的（即专家和新手知识的组织方式）。

保罗·基尔希纳

卡尔·亨德里克

新手从更多的直接指导中获益，而专家则从解决问题的情境中获得更多的指导，斯威勒把这一趋势称为“指导渐退效应”。他写道：“在最初阶段，教练们应该给学生很多明确的指导，以减少他们的工作记忆负荷，这有助于将知识转移到长期记忆中。”“一旦学生有了更多的知识，这种明确指导就没有必要了……应该淡化明确的指导，转而用解决实际问题来代替。”基尔希纳和亨德里克强调了渐进式“淡化”的好处，即这个过程是渐进的。随着学习者掌握程度的提高，指导变得不那么口头和直接了，并允许队员们从经验和可能更多的开放式问题中逐步拓展自己的思路（你将在第三章的最后一节中看到这种情况）。

多伦多足球俱乐部的主教练格雷格·范尼使用了一系列复杂的基于约束条件的练习，这些练习规则中包含很多微妙变化，专业级球员能通过这项训练把对手球员攻破他们防守时的情况做出细致的区分。指导渐退效应表明，这种类型的训练对专业级球员来说是理想的，但也告诉我们，这类训练对新手球员来说就不那么理想了。其缺陷在于假设对迈克尔·布拉德利等人有效的方法对青年球员也有效，但他们不了解定位和协调的细微差别，因此他们不太可能准确感知来自环境中的重要信号。

然而，同样需要记住的是，学习者是专家还是新手并不固定，这可能取决于他们手头上的任务。专家级学习者在学习新东西的时候可以回到新手状态。

因此，即使像范尼这样以约束条件为基础的教练想要在训练中设置一些新的东西时——也许是一套既定流程，或者是对即将到来的对手的进攻模式——他可能会发现他的球员突然暂时恢复到面对一个特定任务的新手状态。因此他可能需要调整他的教学方式来应对这一情况，比如用斯威勒所说的“精心准备的范例”来进行教学，即对一个理想的方案进行细致的展示说明，使用关键术语，并对所有决策点进行解释。然后，他可能希望处于新手状态的球员迅速回到解决问题的环境中去。在整个青年学院中，这种进步可能会发生得更慢一点。在城市的另一端，如果俱乐部培养的14岁以下的球员不熟悉训练中的概念，那么默认球员们在持续的一段时间内是新手会更有成效。在这段时间里，对年轻球员的直接指导是最理想的。

其实换句话说，没有一个最好的方法。我希望这是本书的一个主题。关于学习方法的讨论常常试图把在最精英的环境中对最好的运动员——专业人士——最有效的方法推广应用到其他环境中。从观察专家们的训练中确实可以学到大量的东西，但很容易将其仓促和错误地应用于新手运动员身上。

塞夫·伯纳德

是什么阻止了技能迁移?

教练的最大挑战之一是技能（或知识）的迁移：在实践中似乎往往不能把已经掌握的知识或者技能在比赛中表现出来或“迁移”到比赛中。在第一章中，我讨论了在混乱中建立秩序的能力——团队可以成功应用一个给定的概念的能力。这是一个类似于美国女子职业篮球联赛中华盛顿神秘人队的球员发展总监塞夫·伯纳德所说的“建立概念”的概念。这是技能迁移的关键之一，他在这里讨论了这个问题。

篮球圈中正逐渐形成一种共同的理解，即篮球比赛其实是关于优势和劣势的——这就是归根结底的本质。在进攻方面，你能找到进攻的位置，创造进攻条件，使用进攻条件，并和队友一起组织进攻吗？在防守上，你能中和、破坏、阻止防守，并组织好自己队伍的防守吗？这就是简明扼要的比赛规则。

培养个人能力和团队凝聚力的最有效方式是识别和利用优势，劣势，也就是在尽可能多的情况下做事情。一旦我接受了这个思考上的重要思路，我的下一个问题是，我们的训练计划和训练设计如何与目的相匹配？我们对感知行动（视觉—预期—决定—执行）与技术训练的优先级又应该如何排序？

我现在开始在练习计划的边栏空白处做记号。我按照“阶段”来区分训练内容。（这是我在与加拿大女篮国家队合作时想出的一个理论框架。）阶段分为A、B、C和D。A阶段指的是“在空中”。没有防守，就是没有对手的。B阶段是指我们加入一些指导——对抗者的工作是提供一种约束条件，引导球员做出某种解决方案或决定。例如，也许我想让一个运动员使用他们的非优势手，所以我让他们面对一个防守球员，这个防守球员的工作是引导对面的球员使用自己的左手。C阶段是小规模的比赛：2对2、3对3或是一个3对2或4对3的多对少对决。D阶段的活动是比赛式的。5对5并经常允许进攻和防守之间的转换，干扰较少。

最终，通过标记我们的练习计划，我想知道在这一周内，我们在A和B阶段的训练中花费了多少时间。因为A和B缺乏情景。你没有像比赛一样的提示；你没有被迫在没有防守队员的情况下做出决定。作为教练，我们可以花很多时间在A和B阶段的训练上，然后产生这样的疑问：为什么球员不能在真正的比赛中做出决定并且执行呢？我感觉是因为他们在C和D阶段的训练活动中花的时间不够。有时，对一个教练来说，在C和D阶段的训练是不舒服的。因为这种训练看起来并不那么整齐。你可以构建A和B训练的结构，使它们看起来整齐和精确。但在压力下，A、B阶段所培训的技能就会散架。我在探寻运动员是否能够在混乱紧张的比赛中就我们一直在训练的内容“建立概念”。如果他们做不到，那就归咎于我这个教练在设计训练环境和安排工作时出了问题。

如果我用半场练习来教授我的队员进攻，每个人都已经在他们的位置上，然后，当比赛开始时，他们还是不能站在那个位置上，那就说明我的教学有问题了。那到底是哪儿出了问题？好吧，在实际比赛中，球员们突然要抢球，然后在被对手施压的情况下带球上场，并面临着对方球员的限制；也许，我们在C阶段的工作中总是先给球员们一个优势情景，而不是要求他们自己去创造优势或努力摆脱劣势。又或者也许我对进球进行了单独的练习，比如，全场施加压力、半场防守、进攻……但他们还没有学会如何进入或离开这些特定的训练情景。那这就是我作为教练的责任。

我们花了很多时间来研究它，但我们没有把这些具体的点联系起来，要求球员们建立起这个概念，直到我们能够建立概念，我们才真正准备好了。而且，如果他们无法将练习中的东西应用到比赛中，技能就没有得到保留和迁移。

伟大的教练约翰·伍登说过：“在球员们学会之前，你什么都没有教过。因此，如果球员们不能做我们希望他们做到的事情，那就是我们的责任。我们需要规划练习。”

我喜欢短跑教练斯图尔特·麦克米伦的说法：“情景决定内容，内容塑造情景。”

没有什么秘诀，但我想说的是，计划和设计是可以创造奇迹的！

● 训练活动设计的经验法则

有意识地管理工作记忆的负荷对于加速学习至关重要，但对于有效的培训活动来说，当然还有其他有用的设计原则。在本章的最后，我会描述一些我认为有研究支持的“经验法则”。像这样的清单可以帮助你构思培训活动，也可以对这些训练进行回顾与核对，我将在下一章中讨论训练清单，它是一个被低估的计划工具，训练清单可以帮助你在计划过程中不遗漏重要的东西。但这并不是说下面我说的每条经验法则都应该包含在每项培训活动中。这份清单应该是你自己的问题清单。清单的设计元素应该经常出现在你所做的大部分工作中，如果有一个简单的方法来调整一个活动，使其与这些规则之一相一致，那么这个方法可能就值得仔细考虑。也就是说，阅读任何原则清单时你都应该注意原则的本质：它们通常但并不总是正确的，往往需要根据具体情况进行调整和应用。

第一条法则 设定一个有针对性的目标

安德斯·艾利克森在《刻意练习》一书中总结了他职业生涯中对刻意练习科学的研究结果。他写道，成功的练习需要有明确的目标，“不是某种模糊的、全面的提高”，而是针对最具体的结果，最好是在一次训练中就能完成的结果。问题是挑战在于，这比大多数人自然倾向于做的事情更具体。几乎每个人都错误地认为自己已经做到了，因为他们的目的通常是“我们正在努力改变进攻点”或“我想向他们展示3-5-2阵型中后卫的角色”或“我想更多地打前锋”这样的话。对于年轻球员的技能训练，可能是“我想练习脚法”，甚至“我想教他们克鲁伊夫转身”。

这些目的都太笼统了，没有效果。对于一个有一般目的的教练（“我们要努力改变进攻点”，甚至是“更好地改变进攻点”），升级的方法是选择更具体的东西，最好是既可观察又可管理的。结果可能是这样的：“我们希望通过加快传球速度和定位来更快地处理球，从而提高我们改变进攻位置的能力。”有了这样一个更具体的目标，你可以开始想象练习会是什么样子。我们将致力于快速传球，在接球时调整身体姿势，简化和引导我们的第一次触球，并抬头踢球，可能在传球后果断地移动。作为一名教练，这有助于我确定训练活动中各环节的训练重点，也就是爱立信所说的“一系列的小变化，加起来就能达到预期的大变化”。由于通常提到的目标都是比较宽泛模糊的概念，我将把我们在这里讨论的称为“有针对性的目标”，以区别于那些不太精确但更常用的目标类型。

第二条法则 轮流练习

正如我们之前所讨论的，工作记忆最擅长对长期记忆中的概念进行编码，但是它在察觉知觉细节方面作用很小。一般来说，我们希望运动员一次只做一件新事情，所以要分轮次设计活动。引入一个教学点，让运动员尝试。当他们取得进步时，让他们停下来，增加另一个教学点，或者，如果他们有困难，解释一个关键的错误概念，让他们回去再试。这个过程看起来比较慢，但最终要比一次性把所有的教学点都装到一个训练中去快得多。如果你这样做，没有人能学会所有的东西，大多数人会学得很少或什么都不会，你也不会知道谁掌握了什么，第二天的训练又会回到原点。

第三条法则 先分离后整合

一个好的训练活动会随着时间的推移而进步，它可以变得更有挑战性和更复杂，让训练活动越来越接近于比赛条件。在许多情况下，训练活动甚至超越了比赛条件，它创造了一个比比赛环境、更苛刻的训练环境，这样一来，比赛本身就显得很容易。在《练习的力量：把事情做到更好的42法则》（*Practice Perfect*）中，我和艾丽卡·伍尔韦、凯蒂·叶兹描述了一个过程：从孤立的技能开始，然后随着时间的推移将其整合。分轮练习——也就是说，每轮增加一个新的想法，在增加更多的想法之前，让运动员有机会立即使用这个技能——使得实施这个方法相对容易；但是，你可能会问，整合什么？如何使技能的练习更具挑战性和复杂性？这里有几条轴线，训练可以沿着这些轴线方向发展：

- 从简单到复杂。从组块式到序列式再到随机式的练习。从小位置组开始，并使之扩大。从单一的无球动作开始，逐渐增加一个，然后再加一个。或者从慢到快到更快。简单的事情做得快而精确，往往就被误认为是复杂的了。

- 由易到难。在中场开始练习传球速度，刚开始球员人数比较多，然后降为双数，然后再减少。如果你能做到这一点，你就能为比赛做好准备。或者从充足的空间开始，在空间逐渐变小的情况下尝试执行。
- 从有秩序变为无序。在你第一次练习用两个前锋进攻时，一开始可以让中场球员拿球，并且每个人都各就各位。接下来让对手把球传给进攻方，这样他们必须在球场上新的位置上重建他们的队形。或者要求你的球员不在原地起跑。最后，让对手带球开始，你的进攻队必须首先赢得球。这样做后，他们就会跑离自己的位置，队列变得杂乱无章。他们挣扎着回到自己的位置上去控球。从这个位置进攻将更具挑战性，也比一开始就把所有位置和动作都准备好要现实得多。这将迫使球员在比赛中保持秩序。只有当球员们能够做到这一点，他们才真正准备好了。

第四条法则 在练习中加入一些配料

想象你在一家高端冰激凌店点餐，你点了你想要的口味，但高档冰激凌店的很多价值在于无穷无尽的配料选择上：今天是巧克力块，明天是小熊软糖。从你的“回溯清单”中寻找类似冰激凌店添加配料的机会，在训练中加入一些其他的想法。这种突然温习旧知的做法有助于在长期记忆中进行编码，而短时间的回溯往往和长时间的回溯效果是一样的。

第五条法则 管理外在的记忆负荷

请别忘记熟悉事物的好处。熟悉的训练活动可以让运动员把他们的意识思考集中在他们正在学习的东西，而不是训练活动的程序上。如果你不能重复地使用一个熟悉的练习平台，试着随着时间的推移进行分阶段的练习。如果你打算把这个练习活动安排到日常训练中，你需要考虑这个练习是否有足够的适应性来帮你教授多个内容。

第六条法则 **使训练适应专业水平**

所有学习者的学习方式都不一样，因此，一项活动应该适应你的运动员的专业水平——一般来说，在特定的学习主题上，越是新手级学习者，越应提供给他们明确的指导；对于做自己熟悉的事的专家级学习者来说，发现式的训练方法往往更有用，但也要对他们留心注意。如果学习者在学习过程中感到不适——无论是为了掌握某个技能还是因为他们能力富余，那么你需要考虑一下你是否正确理解了运动员们的专业水平。

● 挑战的尾声：练习要有多难才够？

第三条经验法则描述了一个过程，即随着时间的推移，挑战难度越来越大。这就提出了一个问题：训练的难度应该如何设计？“训练和决策方面，应该比比赛更难。”新西兰全黑队的橄榄球教练韦恩·史密斯提醒我们。至少这是一个理想的答案。如果你能成功做到这一点——球员能把训练任务执行得很好，且训练难度可控——那么比赛时就会相对容易。可是一个比比赛更难的训练活动会是什么样子呢？可能是训练节奏比比赛更快，或人数比比赛有所减少，或者有更多对手球员带来更多压力。而且，训练的设计还应该确保纳入克里斯蒂安·莱弗斯在第一章中的教训。一项训练活动的最终版本必须从前一阶段的训练中逐步过渡而来。否则，球员将无法做好准备。

第三章

如何进行有效反馈与提问

也许我们在教练工作中最常使用的一个工具就是反馈。我们不断地给予反馈：对单个运动员和运动员群体；在训练中和比赛中；在运动员训练时或暂停休息时；更不用说事后在车上，在更衣室里，或在球场的一个角落。我们也把反馈信息提供给同事和队友。反馈无处不在，这也使得反馈的内容在机会和挑战中变得更为丰富。我们如此频繁地使用反馈，甚至发现反馈可以改变我们的教学成果。然而，对我们经常做的事情，我们给予了很少的反思。因为熟悉的事情很容易成为一种习惯，而你很难改变你不注意的事情。更重要的是，反馈对我们来说是如此的熟悉，大家可能觉得反馈太过平凡而不值得被持续关注。如果一个同事给你发了一个有关战术的视频，你会看，但如果同事发的是一个有关反馈的视频呢？也许你就不会看了。

第三章的写作目的是帮助你提高反馈的效率，这样你就可以帮助队员们学得更多，成长得更快。要做到这一点，我们需要先对反馈进行一个有效的定义。反馈，是在最初的训练任务执行之后提供给运动员的指导。这个词意味着反应。你解释一些东西的过程是教学。当你的运动员尝试后，你告诉他们做得如何，这就有了反馈。

大多数教练员在两种情况下给予反馈：在暂停期间和比赛进行期间[①]。暂停期间的反馈往往是针对团体的。我们让球队整体停下来，并说出我们观察到的赛况——“我们队形太紧凑了。”然后我们描述一个替代方案或向球员们提问，直到他们想到了一个方案。现场反馈往往更可能是针对个人的球——在比赛中，我们喊道：“看球，马可！”但我们也会对集体使用它。“是的，大家需要更好地给对手施压！”

① 可以说，第三种类型的反馈是运动员给自己的反馈和当教练使用限制性训练时为最大化训练效果给出的反馈。这一类型更适用于专家级学习者，我将在后面讨论这个问题。

两者都有好处。如果关于看球的反馈只适用于马可，那么让其他人继续比赛就意味着他们能继续学习更多东西，而且可能他们会更高兴。为什么他们要在教练指导马可动作的时候都站在一旁呢？而且，如果不是当着队友的面给予反馈，马可会更愿意接受这个意见。由于这些原因，一些教练认为应该只提供现场反馈。但这可能有点理想化。毕竟，马可正处于比赛之中。他是否有可能同时进行良好的球场表现和倾听反馈，这是一个存疑的问题。甚至马可可能听不到你的声音。如果他听到了，他可能会点头以显示他在听，并告诉你，是的，他明白了，使用一点礼貌性的欺骗，这样他就可以重新开始了。但他很有可能不明白，或者即使他明白了，他也会很快忘记。而且很有可能他所说的“是的，教练”是指“请不要再跟我说话了。教练，我正在努力踢球”。因此，有一个更大的风险——比他是否看球更重要的是，随着时间的推移，他将习惯无视你的反馈，学会只听一半的话来回应你的指导。

我最近在观察亚特兰大联队学院的马特·劳瑞的课程时想到了这个问题。他想帮助9号球员达伦注意到不同的跑位时机。马特叫道：“达伦，”达伦将短暂地转过头来，但脚下仍继续踢球。毕竟，在你比赛时接受教练的喊话指示对运动员来说是正常的。但马特接下来的做法却不同。

“看着我，”马特说，“先别管比赛了。”达伦似乎仍不确定他是否要完全停止比赛。“没关系，”马特微笑着说，“停下来。”慢慢地，达伦将目光锁定在了马特身上，然后马特给出了反馈：“当你在回球的时候，等待半秒。稍微掩饰一下再跑动，然后：砰！像这样。”马特做了示范。然后让达伦回到比赛中去。

细微的变化不仅对我们在特定的互动中成功传达信息有巨大的影响，而且对更广泛的队内文化也有影响。与其默默地要求达伦分散他的注意力，马特表示给予反馈是首要任务。他正在构建他想要的队内反馈文化，一种以全神贯注为起点的文化。每个团队都有一个隐含的问题：在这个团队中，我们如何处理教练告诉我们的事情？在一些球队中，对这个问题的答案是，我们点头并半听半看。而在马特的团队中，答案则是，我们要把全部注意力放在教练的反馈上。

马特会在所有情况下都使用这种方法吗？不会。队伍其他成员有可能从这种指导中受益吗？或者说，马特可以创造一个条件让达伦立即使用他的反馈吗？或者马特可以促使达伦自己去想办法？当然，也许是这样。有100种可能性。但这也是问题的一部分。每一个简单的反馈迭代都涉及一些选择和决定。反馈上的改良意味着使用操作原则和共享词汇，这样我们就能够研究和讨论这些决定。

章节概览

本章介绍了反馈的操作原则。反馈类型有三种层次，可以把它们看作101、201和301。每个层次都是围绕一个主题展开的。

101级反馈描述的是基本原则：做好核心事情。教练永远不会忘记基本原则，基本原则很容易，也不意味着大多数教练——即使是精英级别的教练——都能把它们完成得很出色。最简单的事情其实也是最容易被忽视的。我最喜欢的练习视频之一是名人堂篮球运动员德怀恩·韦德练习运球的视频。他是世界上最好的控球后卫之一，他是靠什么来提高自己的比赛水平的呢？基本原理。教练也应如此，应该始终关注自己行业的一些基本知识。

201级的重点是在你给运动员提供反馈后发生的事情——具体来说就是运动员应该如何应用你所提供的指导。毕竟，仅仅是教练给予反馈本身并不会引发学习。使运动员们学习的是训练后或者赛后应用反馈的努力。如果反馈被忽略了，那就没有后续可言了。教练必须建立一种队内文化，在这种队内文化中，运动员不仅要关注反馈，而且还要利用反馈来精进学习。

301级的重点是利用反馈来促进决策，因此要通过问题或通过创造使运动员解决问题的情况来提供反馈。从长远来看，我们希望运动员能向自己提出问题，不断进行自我反思。我们通过为他们示范这些过程来教他们反思，确保反思过程成功，并让他们相信这些思考过程是大有裨益的。

在我分享这些操作原则之前，还有一些事情需要注意。

首先，这些是经验法则。它们通常是正确且有帮助的，但这不意味着在每种情况下它们都是正确的或最重要的。各种风格的教练都会使用反馈，以帮助不同背景下的不同学习者掌握各种令人眼花缭乱的技能和知识。在这种条件下，经验法则总是需要经过无数判断和斟酌。即使是最真实的原则也会有一个应用错误的时间和地点。正如克里斯蒂安·莱弗斯提醒我的——“答案一直是，‘视情况而定’。”

其次，我想讲一个关于访问美国职业棒球大联盟的故事。我曾获邀向他们大联盟和小联盟的教练做分享。我问：“你们面临的最大的教学挑战是什么？”

第一个发言的教练说："球员们不愿意接受我们的反馈。他们嘴上说是，但他们试图忽略大部分的反馈。"房间里的每个人都点了点头。我从没想到答案会这样。

"为什么？"我问道。

"很多时候，球员们就是不觉得我们说得对，"教练说，"他们认为自己是那个例外。他们知道什么对他们自己有用。"

"即使他们相信你，当你告诉他们'缩短你的挥杆路径'时，"另一个人补充说，"他们知道，如果他们接受这个建议，他们将经历一个艰难的过渡时期，在这个时期所有已建立的认知将全部崩塌。改变他们的挥杆动作可能会让他们最终接近大联盟，但这肯定会让他们在接下来的6个星期里打出0.220的成绩。一个球员必须真正信任你才能冒这个风险。"球员们不确定教练是否真的了解他们，反馈是否真的是为了提高他们的水平，以及教练是否会对随训练而来的挣扎进行严厉的评判。因此，队员们必须相信并信任这种关系，才能接受冒险走过缩短挥杆路径的低谷。

反馈存在于更广泛的人际关系和更大群体的队内文化中，而这些东西往往和教学细节一样重要。每一次反馈的重复都会塑造和反映队内文化。它不仅能教给人们一些东西，而且还能加强或削弱人际关系。无论教练是否意识到这一点，这都是事实。正如我访问过的教练们所发现的，如果没有信任的文化，那么操作原则也无法发挥作用。但不要忘了反过来说：给予能够帮助球员提高实力的反馈是建立信任的最重要方式之一。信任是反馈的一个前提条件，也是一个结果。

101级反馈

集中反馈

下面是一个教练在典型的足球训练中给出反馈的例子。比方说，这是一群U16的女孩在练习改变进攻点。当她们把球传到四名后卫位置的时候，教练停下来说道：

暂停！姑娘们，当我们转换进攻点时，我们必须坚定地按节奏传球！对手们在场上肯定试图建立他们的权威性。记住，我们是要让我们的对手迅速向两边移动！当你接到传球时，你必须注意你的身体的形状——髋部张开，横着接球，这样你就有了传球的选择，也可以看到场上的情况，准备好迅速进行下一次传球。此外，我们队伍中的一些人如果被对手压制住了，就会有点慌乱，就像阿什丽在这里一样。如果我们想要克服这一点，就必须做到两件事。阿什丽必须利用她的第一次触球来创造合适的角度。但远处的香农也必须调整她的角度。她可以在位置高一点的地方，但如果阿什丽处于压迫之下，香农的位置必须降得更低，从而给她一个路线清晰的传球。好的，现在香农你要传球了。大家都明白了吗？上场！

在这个暂停中，有很多好的建议。事实上，这也是问题所在：有太多的好东西了。以下是教练提出的5个关键点：

1. 我们必须按场上节奏坚定地进行传球！

2. 对手试图在场上建立权威优势。

3. 当你接到传球时，必须注意自己身体的姿态——髋部张开，横着接球。这样你就有了传球的选择，并能看到球场上情况。

4. 阿什丽必须利用自己的第一次触球来创造合适的角度。

5. 香农必须调整她的角度来配合队友。

教练对以上每一个教学点都做了明确的描述。甚至有几个教学点中包括了帮助运动员“理解原因”的背景，其中一个点出了球员可以使用的视觉提示，可帮助她们对时机和方式做出决策。这些所有的好东西，最后可能会被证明是可有可无的。教练所提出的5点反馈很快就会使球员们的工作记忆超负荷。她们无法一下子记住，更不用说使用那么多信息了。对于教练来说，这是一个非常常见的错误——我们经常被自己的良好愿景所诱导。在我们的反馈中，我们想到了一个相关的观点，冲动之下把它加了进去，以帮助球员看到其中的联系。或者我们真的相信，我们可以通过添加一个东西来帮助球员们加速学习更多的东西。不幸的是，结果往往是背道而驰的。

技能和知识必须在长期记忆中经过编码，然后才能在实操表现中使用。这意味着我们应该时刻注意到工作记忆的负荷。你们应该还记得，工作记忆的容量有限得令人难以置信。试图在这里塞满过多内容会导致其他认知过程，包括长期记忆的形成过程放慢甚至停滞。

考虑一下这种反馈互动之后可能会发生的事情。由于没有人可以同时关注5件事情，最好的情况是每个队员都选择一些事情——对她最有用的一件事——来关注。但这是不可能的。比较好的情况是，每个运动员会迅速地也许是随机地选择教练反馈中的一件事来关注。好吧，这听起来也不是那么糟。每个人都接受了一些反馈，这已经很不错了。但每个运动员都会选择关注不同的主题，而且这些选择教练们却完全不清楚。因此教练就无法在她们试图采取这个措施时给他们提供反馈。露西娅可能会努力敞开心扉去接受教练的反馈，而在下一次暂停时教练可能会提出一个完全不同的问题——比如，传球的节奏需要改进。但事实上，她的心思都在接球上，新的反馈不但不能够帮助她保持专注，反而会冲淡她的注意力。

那么下一次暂停呢？没有运动员能掌握所有的5个反馈，所以教练应该在下一次对他们再重复同样的5件事吗？那么教练到底应该在这5个话题上耗费多长时间呢，尤其是当教练发现几乎看不到球员的进步时？他们的踢球节奏是否越来越好？她们是不是更加努力地踢球，但身体向后倾斜，把球留在空当中？是否有些球员有进步，而另一些球员没有进步？对于教练来说，试图评估多名运动员在5项不同任务上的进展是不可能的，所以教练也就无法对球员的学习给予反馈。

戴夫·哈德菲尔德

然而这类反馈最可能的结果甚至更简单：在试图记住做这么多事情的过程中，球员们不会有足够的注意力来达到掌握某一技能的目的。实际上，工作记忆超负荷的情况很有可能会导致他们的表现变得更糟。正如新西兰橄榄球队的戴夫·哈德菲尔德所说的那样："当你追逐5只兔子的时候，你最终一只也抓不到。”试图一次同时应用两个或两个以上的想法，是不太可能让球员达成一致理解的。反馈中过多的内容更有可能造成球员们的混乱状况，乃至内心的挫折感，而且还会使缺乏反馈使用情况问责的问题常态化。随着时间的推移，这些消极情绪会侵蚀球员们对训练的信心。

现在考虑一下，如果这一大堆反馈被分解成小块，由教练按顺序轮流进行，每一次都只提供一只“兔子”来追赶。第一轮追兔子的反馈可能听起来像这样：

女孩们，暂停一下。我们要做的最重要的事情之一是按节奏踢球。我们正在试图让我们的对手忙活起来！在接下来的几分钟里，我希望看到的每一次传球都以这样的节奏进行。（教练亲身示范。）来吧，挑战自己，挑战你的队友。开始！

突然间，球员们的任务很明确了，这样一来观察他们的任务执行情况对教练来说就是一项可控的任务。教练现在可以对他们的传球速度给予有效的反馈。在球员们表现良好时，教练也可以立即给球员们的进步施以正反馈（是的，布里安娜！节奏很棒！），帮助他们看到自己的进步并保持专注。由此，教练已经开始建立一种问责制的文化——不言而喻的信息就是，“无论你有没有使用我的反馈，我都能注意到”！

很快就会有第二轮的“追兔”反馈了。根据女孩们在第一轮比赛后的进展情况，有以下不同的选择可供考虑，这些选择听起来可能是这样的：

选项1：女孩们，暂停一下。好多了！我们真的是在按节奏踢球。告诉我你们注意到了什么，这是什么感觉，你需要怎么踢才能成功。（教练从球员们那里收集到3条意见。）好。让我们在这一比赛状态上再多停留两分钟，这样我们就能扎实地了解到球在场上按节奏移动时的感觉了。大家继续突破自己的极限！开始！

选项2：女孩们，暂停。好多了！我们真的是在按节奏踢球。我希望你们都能感觉到。我们保持这个状态，但现在我也提醒大家把重点放在加快接球时的比赛速度上。张开你的髋部，横跨身体接球。（教练示范）这会让你准备好继续快速运动。当我们接球时，我们关注的是什么？（接受球员们的回答）是的，髋部。开始！

选项3：女孩们，暂停一下。踢得很好。我看到我们中的许多人传球更稳健了。但是仍有一些传球被弹起或飞到了空中，我们必须保持球在地上。幸运的是，我们知道如何做到这一点。阿什丽，我们怎样才能让球穿过草地割过草并利索地在草地上滚动？是的！身体在球上方。露西娅，来给我们示范一下。很好。现在重新开始。我想看到的是你们在地面上利索地传球。开始！

选项4：女孩们，暂停一下。露西娅，我们在比赛时需要关注的是什么？是的，传球的速度。我看到有些传球踢得比较快，但还不够快。让我们继续关注这一点。每次传球时，如果是你自己都满意的那种传球，你会听到我大声喊“好！”如果速度太慢，我就喊“不好！”我希望听到许多的“好”。大家加油！

这4个不同版本的二次暂停代表了对她们比赛的4种不同反应。

- 在选项1中，球员们总体上是成功的，教练决定维持她们对该点的关注，以推动球员们掌握更多——毕竟，一次或两次做成某事并不是旅程的终点，而仅仅是一个开始。
- 在选项2中，球员们总体上也是成功的，他们在准确传球方面所需要占用的工作记忆也在减少，此时教练决定再拓展一个与已掌握能力相关联的技能。
- 在选项3中，由于只有一个执行点需要观察，教练能够观察到一个常见的技术错误并修复了这个错误。
- 在选项4中，同样是只需观察一件事，教练就能注意到任务执行的不连贯性，而不仅仅是一个普通错误——这样就可以调整反馈，并利用反馈使自己有意识地注意到球员在随后实战中的良好表现。

我描述了教练可能使用的4种不同的反馈，因为集中反馈的主要好处之一是，它允许教练准确地观察并回应球员们的需求。教练的工作不仅仅是喊出关于比赛的真实情况，而是能够在正确的时间和地点喊出能够帮助球员提升学习效果的比赛真实情况。现在以这种方式给予反馈将改变发生在你身上的一切。

做到这一点要求教练能够准确地观察，然而很少有教练能够一次同时准确地观察5件事。

当然，集中反馈并非没有局限性，特别是对于专家级的运动员来说，他们在很多情况下更多地受益于隐性反馈，这种隐性反馈是在以约束条件为基础的旨在解决问题的训练环境中产生的——这一点我将在后面讨论——但我想简要地谈谈一些研究，这些研究解释了一个以集中反馈为特征的指导环境是如何以及为什么能够建立起球员们的注意力、效率和自我意识，并且还可能让球员变得更加积极的。

无论在何种学习环境中，总是有些人发展较快，有些人发展较慢。影响人们学习速度的一个主要因素是他们持续集中注意力的能力和专注的能力。在某种程度上，集中注意力的能力是每个学习者自己与生俱来的，但这也是教练和教师们可以施加影响的。我们可以让运动员保持对所学内容的专注并努力使之成为一种习惯。在卡尔·纽波特的《深度工作》(*Deep Work*)一书中，他研究了做出世界级水平工作的必要条件。他用写计算机代码为例。如果你能把代码写好，你很幸运，因为高质量的代码从来没有像现在这样被高度重视。但由于全球竞争非常激烈，代码在全球范围内自由即时地流动，在任何地方任何人写的任何一行代码都会立即与你写的代码竞争。竞争总是源源不断地到来。因此，纽波特写道，“你必须能够快速地一遍又一遍地完成它”。“它”是指你掌握新的和困难事物的能力。说实话这听起来很像运动员的生活——一场竞争激烈的比赛可以使运动员们学习如何更好更快地应对挑战。纽波特写道，赢得这场比赛的关键是有能力来保持不间断的注意力和高度集中的状态。那些能够在最长的时间内集中注意力的人自然会脱颖而出。

然而，纽波特也注意到，在这个时代，培养这种专注的心态从未如此困难过。因为我们的日常生活（包括我们的工作和学习环境）使注意力分散、缺乏注意力以及持续的半集中状态更加日常化了。日常生活侵蚀了而不是建立了最终推动成功的那种锁定般的心理专注。

一个有用的术语可以用来理解注意力难以集中的原因，这个术语叫作“注

②这个术语首先由明尼苏达大学的苏菲·勒罗伊在工作场所生产力的研究中提出来。

意力残留”[②]。当你从一个任务转到另一个任务时，你的部分思想仍然集中于前一个任务上。你在一个项目中暂停，去查看你的电子邮件，当你回到一开始的项目中时，即使你没有意识到，你的思想仍然部分地停留在你的电子邮件上。因此你不太可能以最好状态完成你的工作。纽波特指出，这一点在学习新的和困难的事情时尤其如此，因为这种时刻最需要集中注意力。但研究人员发现，大多数工作环境鼓励人们在持续的低水平分心状态下工作。自然我们没有理由认为运动员的训练场与工作环境有什么不同。他们同样也面临着让半分心的注意力状态变成常态化的风险。

一次只对一件事进行反馈的好处之一是，这种做法可以培养训练中的专注和跟进的习惯，尤其是当教练持续地专注于一个想法时。运动员听到了一个想法，并且没有其他的想法来分散她的注意力，所以她会形成对这个想法的清晰概念。运动员就可以马上就应用它，并得到进一步的反馈，了解她是如何进展的。这样，很好；再这样试试。她再次尝试，也很好，现在加上这个。她又试了一次，第三次，她的思想仍然集中在任务上。随着时间的推移，她学会了把注意力停留在一个想法上，而不是不断地转移到其他突然出现在她脑海中的东西（通常是因为她的教练又提出了另一件事）。当球员在学习过程中突然从一件事跳到另一件事上，教练往往是主要的干扰者。教练一直在谈论间距问题，但忽然注意到他也不满意跑动角度，于是停下来讨论第二个问题。然后，艾弗里把球传丢了，教练又冲动地停了下来，谈论不要丢球的问题。因此，分心的教练就等于分心的球员。专注的教练等于专注的球员。而持续地追求，专注的心态会成为习惯。我们把持续的注意力集中在一个想法上时，运动员的大脑就在学习下一个阶段对他们的要求——甚至在他们到达那个阶段之前。他们要学会集中注意力，即使他们将不得不从试错或得不到反馈的实验中学习。

集中反馈帮助运动员学习的另一种方式是使他们生活在认知心理学家肖恩·埃科尔在《快乐竞争力》一书中所说的“佐罗的圈”内。这个想法是，如果我们“把精力集中在可管理的小目标上，我们就会重新获得对至关重要的事情的控制感”。专注于掌握一个单一的被定义的概念，有助于人们看到进步，并建立起自己的效能感。埃科尔写道:“首先限制我们努力的范围,然后看着这些努力产生预期的效果”,我们就能获得知识和信心。获得反馈并应用反馈来改善你的表现方式,这是一种激励和授权。这种反馈使你相信自己是正在变好的。“内部控制”是心理学家用来指那些相信自己可以控制发生在自己身上的事情的人。与此相反的是拥有“外部控制”,这个描述的是那些认为发生在他们身上的事件不是由他们自己的行动和决定形成结果的人。换句话说,这不是他们的错。几乎每个教练都与这两种类型的球员合作过,他们也不会惊讶:拥有内部控制权会推动学习进程,并与长期的成功息息相关。

“佐罗的圈”这个名词指的是专注于可实现的(你能想象得到自己实现它的样子)、精确的目标后产生的结果。尽管很多人不承认,成就感(看到自己的进步)和参与感(沉浸在某件事情中)是幸福的重要组成部分——与快乐一样是强大的幸福来源。这也是有一个循环的。当运动员看到自己成功时,他们会感到高兴。快乐的运动员更努力训练,也更有动力。随着时间的推移,这影响了他们的心态,进而变成了自信心。

一些教练员可能会问:“当我把反馈意见缩减到每次只有一点时,那那些我还没有来得及告诉球员的事情该怎么办呢?”这种担忧其实是一种幻觉。想想看,一个典型的教练在反馈中说的所有事情,运动员们都没有使用,因为他们无法集中注意力。一次给一个反馈的点,可能比重复同样的5点能更快地让你的运动员们掌握。一次一分的成功率比5次零分的成功率前进得更快。而且,当运动员专注于一个主题时,你可以在他们比赛时更高效地增加现场反馈。这与直觉相反,但放慢反馈的速度实际上可以加快球员的学习速度。

快速反馈

在最近的一次教练员会议上,我分享了一段约翰·伯迈斯特教授大提琴的视频,视频中的学生名为安娜。在视频中,约翰给了安娜短促且精确的反馈,随后她立即运用这些反馈,一遍又一遍地练琴。在听到他的指导后的三四秒内,安娜就开始运用了。这段文字记录将有助于你看到它的特殊之处。它以安娜演奏一个乐句开始。

约翰：很好。现在让我们加上颤音，它是这样（演示）。这里基本上也是一个转音，也是如此（示范两遍）。你能重复一下我做的吗?（示范3遍）试试吧。

（安娜演奏）

约翰：很好。再做一次。

（安娜演奏）

约翰：再来3次，就像这样。

（安娜演奏两遍，并喃喃自语）

约翰：你在说什么?

安娜：听起来很糟糕!

约翰：在我听来不是。再做一遍。再来一次。

（安娜演奏）

约翰：很好。现在让我们把它放到实际的速度中，所以它是（演示）。不要担心八分音符，只要（示范）（唱出音符）。

（安娜弹奏）

约翰：你能理解这里的两个动作吗?（示范）（唱出音符）

（安娜弹奏）

约翰：更接近了。继续努力。

（安娜弹奏）

约翰：就是这样。再做一次。

（安娜演奏）

安娜：这很慢。

约翰：有一点儿。那就改一下吧。

安娜：我不会。

约翰：你可以的。

（安娜演奏）

约翰：就是这样！太美了！多么漂亮的装饰音啊！整个乐句由你自己的颤音组成。

（安娜演奏）

约翰：很好！继续往下拉。1、2、7，开始……

这个片段强调了“反馈有效性的最重要的因素之一是接受者有多快得到使用它的机会”。反馈的速度很重要，任何听过冗长的反馈的人都可以证明这一点。约翰的目标是让安娜在对他的指导意见记忆犹新的时候，尽可能多次地使用他的指导意见，所以他避免使用不相干的词语，尽量只说一次。当她试图照做时，他示范的回声仍然在她的耳边。在这个简短的片段中，安娜演奏了11次颤音。这种快速的、来来回回的反馈，使课程令人感觉既快又鲜活。这种通过简洁高效的语言提供反馈，被我称为“语言的经济效益”，这对于成功至关重要。因此，有一种持续的行动和应用反馈的感觉。令人惊讶的是，花费了很长时间的反馈在接受者的脑海中却很容易淡化。接受者们很容易在使用该反馈之前就忘记了。但安娜却养成了一听到反馈信息就立即使用的习惯。想一想这一点吧，我们很容易遗漏的一个问题是大部分反馈都被忽视了。我们刚说完反馈，运动员们点点头。也许他们甚至还会说，“是的，谢谢。这很有帮助”。极个别情况下，他们可能是认真的。在大多数情况下，他们打算使用这些反馈，但在开始踢球时却没有完全落实。这就是因为反馈在他们的脑海中不够突出。

想象一下，你正在给另一个教练提供反馈——也许正是关于这个话题。他要求你观察他上课，你看到他的暂停一直在持续。他说了一些话，然后又说了一遍。有时，当他真的感觉到了表述内容的重要性，还会把他的观点说第三次。因此花在比赛上的时间所剩无几，他的球员们对该教练说的很多话都听不进去。你说：“有时你给他们反馈时，你说的时间超过了必要的时间，或者你不止一次地重复你的观点。看看你是否能只反馈一遍，然后让球员们马上尝试你说的内容。事实上，也许你也可以尝试使用秒表，并设定一个目标，即反馈发言时间不超过30秒。”

这其实是很好的反馈，但你的同事说：“是的，我知道啊。但他们就是不听。如果我说一次，他们就不会用。我发现我必须说第二遍，才能让他们真正关注我在说什么。”

他已经开始解释你的建议，告诉你为什么它不起作用，或者至少给你一个他为什么这么做的理由。这种解释的情况发生得越多，他就越不可能利用这些反馈来改变。一直以来，听到解决方案并将其解释清楚是做反馈时的一个常见动作。是的，我们希望接受者对我们给他们的反馈进行反思，但他们的反思只有在他们尝试真的使用这些反馈后才最有用。对反馈接受者来说，理想的顺序是接受—尝试—反思，而不是接受—反思—尝试。

但我们也要假设，有可能你的同事说的是对的，而你是错的。很重要的一点是，给出反馈的人要能够假定他们的解读可能是错误的——或者在某个特定时候是错误的。谦虚对于教学和学习都是必要的。那么，除了说“不，我是对的”之外，你如何克服他们的怀疑态度呢？

一个想法可能是要求他先使用反馈，然后再决定。你会说：“是啊，你可能说得对，但要先试几次再看看你怎么想的。我观察一下然后给你我的建议。”事实上，最理想的情况是，你在课程的间隙给他这个反馈，这样他就可以马上去使用它。在这种情况下，你会说：“在接下来的三次暂停中，试着在30秒或更短的时间内准确地表达你的观点。我会给你计时，并在30秒时略微举起我的手。然后让我们一起讨论一下我们是否认为球员更专注了。”

你所做的是把关于反馈是否有效的讨论推迟到尝试反馈之后。我们都遇到过这样的人，他对每一个好的建议都有一个理由，说这个建议不会奏效。那不如我们建立一种文化，即“先试试，立刻马上试，然后我们再看”，这有助于使行动成为一种习惯，从而避免总是借用聪明的辩解抵制反馈。

关于反馈的一个反常的事情是：接受者从反馈中得到的价值往往随着我们花更多的时间给予反馈而减少。我们说得越多，接受者们对每个词或想法的关注就越淡，也就越是推迟了立即尝试的机会。经济学家可以把这描述为花更多时间的“边际收益递减”。也就是说，这并不总是简单的少说一句话的问题：在表达复杂的主题时，你不可能总是很快表达完。重要的是花费的时间与产生的价值之比，你花费越长的时间讨论某件事，那么事后做好实操来巩固理论就越重要。但在所有条件相同的情况下——并非总是如此——更快速的反馈通常是更好的。

在詹姆斯·比斯顿的一个训练视频中可以看到快速和集中的反馈。他最近在纽约州奥尔巴尼与黑狮联队有一节课程。他的课程主题是使用“第三人传球战术”来对抗低位防守。在相对较早的一轮反馈中，詹姆斯只是想让他的球员养成改变传球力度的习惯：第一次传球，直达目标，必须利索快速。第二次传球可以慢一些，从而让球员们理解传球的选择。然后进行第三次传球，第三次传球是一个穿插球，球速必须要快。在第一轮比赛中，球员们进行了3个传球，但节奏的变化不够果断。他们能否做到这一点将是以后成功的关键，因为他们将练习读懂防守者的动作并相应地改变传球模式。

当视频片段开始时，詹姆斯给球队叫了暂停。他的反馈很简单。

> ……然后停住！在接下来的一分钟里，我希望你们专注于传球的力度。第一个球直达目标，第二个可以稍慢一点，然后第三个球也要快速直达目标。好吗？专注于这个传球节奏，踢球！

你会注意到，詹姆斯只给了球员一件事做：改变传球节奏。而且他只说了一次，仔细斟酌了自己的反馈语言。没有多余的言语，詹姆斯让球员们立即尝试传球练习。事实上，从“停住！”到“踢球！”只有18秒的时间，所以一种一心一意专注的文化在球队中弥漫开来，但詹姆斯在放球员们回去比赛之前，用他的最后一句话提醒他的球员，他们的思想应该关注哪里。他说：“专注于这次传球的节奏。”当然，这样的一句话虽然有效果，但仅靠一句话并不能让球员们保持专注。如果詹姆斯希望球员们专注，詹姆斯自己就必须保持专注。因此，他在比赛现场的反馈以一致的语言强化了他在比赛暂停期间提出的一个观点。他一次又一次地提供简短的反馈提示，提醒球员们注意他提出的观点。他说：“触球和传球！”或者提醒球员们重点是节奏：“专注于这个传球。”这就是一个保持注意力的练习。

（作为一个有趣的附带说明，视频中詹姆斯在大约6秒钟的时候设置了他的手表。他在给自己计时，以帮助理解和提高他自己的反馈速度。）

最后一点是，他使用了一致的口头命令。这是詹姆斯训练中的一个例行习惯。他说“停！”和“踢！”所带来的反应是即时且普遍的。在暂停期间，球员们的思维会开小差，或者聊别的东西，这样做可以避免浪费时间，也锁定了重点。像这样强大的常规化训练语言，我会在第五章“团队文化建设”中进一步讨论，但这对保持反馈环境的专注度至关重要。这就像是一个维持着旋转势头的飞轮。球员们都很专注，所以比赛中暂停是如闪电般快的，这就为球员们保留了能量，使他们在踢球的时候保持精力和注意力，这种注意力高度集中的状态可以延续到下一次暂停，只要暂停快到足够将球员们的专注力转移到比赛中。

这听起来很简单，但简单的事情往往很难做到。最近，我向教练们展示了约翰 · 伯迈斯特的大提琴课和詹姆斯 · 比斯顿的训练课视频。一位俱乐部主任举起了手。“我同意你的观点，”他说，“但我怎么才能让我的教练们不再说那么多？这才是最大的问题。我看着他们，他们一直不停地说话。就算球员们不听了，他们还在说。”

提高“语言经济效益”——用尽可能简洁的话语表达——的技巧是更好地计划所要表达的内容。当我们不清楚自己想说什么的时候，我们就会用太多的话语来表达。执教时在脑子里想如何就球员的执行问题做出指导，这会导致语言不准确，而且由于我们是边说边想（因此分心了），我们更有可能重复两到三遍，因为我们希望能完善口语语言或确保口头语言表达清楚想法。而且我们更有可能在不确定要说什么时说太多东西。因此解决方案是：对于训练中的每项活动，提前写下那些你希望看到球员执行的重要事项。对一些谈话要点打上草稿，你可以用它来表达你想在训练中解决的关键问题，这样你的语言表达就已经完成了一半。詹姆斯在研究“向前一向后一穿透”的节奏时，可能会随手记下一些东西，比如，“击球、触球、击球”，或“触球时与防守距离拉大一点”或“触球时引诱对手，穿越式的触球应该给对手造成威胁”。这将有助于詹姆斯在当下使用精确的语言，使他记住要点的同时也变得更加耐心。通常我们不停地说话是因为我们在某一时刻记住了一些重要的东西，不想忘记这些重点。你需要边观察边做笔记——“记得强调‘抬头观察’”——也可以帮助克服忧虑，从而确保你在口头输出反馈内容和时机上更加自律。

第二种提高速度和注意力的工具是配备秒表和一个语音记录应用程序。像詹姆斯那样为你的反馈计时（或请同事来做）。设定一个时间目标，并尝试加速。或者录下自己的声音并回听。我向你保证这会很尴尬，因为你会听到很多不相干的内容。我经常发现抄写我在某一次反馈中所说的内容，然后把我说的每一句多余的话都画掉，这有很大帮助。每周做两到三次，然后持续几周。几周后，你就能逐渐学会给出清晰、有效的直接口头反馈，你语言的经济效益也会有所提升。

我在执教中最喜欢的一个词是“暂停”。它在开启比赛暂停时特别有用。就像这样：“暂停。让我们回到基伦拿球时。”比起“停下”这个词，我更喜欢这个词，因为“暂停”意味着延迟是暂时的，运动员们很快就会再次回到比赛中。这个词能保持他们的注意力，因为停顿在他们的脑海中可能被定义为是快速的事情。使用这个短语会提醒我们，运动员想要比赛——如果我们说“暂停”，我们应该尽可能快地完成我们的反馈。但是，无论你用什么词来启动和结束你的暂停，都要保持一致！每次使用相同的短语来开始和停止，这有助于运动员养成自动的、一致的回应习惯，这样你就能立刻输出反馈。事实上，我认为向运动员解释这一点很有帮助。“当我说‘别动’的时候，你就应该尽快停下来，这样我们就可以快速地谈谈，然后再以最快的速度继续比赛！”停顿结束时一致的语言也同样重要。反馈的速度会因为重复而变慢。一个教练提出了一个想法。然后他重复了一遍，有时他还会再次提出。现在，每个人既渴望着赶紧开始比赛，又忍不住分心了。造成这种不必要重复的原因之一是没有一个标志给反馈一个清晰的结束信号并显示反馈已经完成。这就是一个节奏的问题了。养成使用“开始！”或“踢！”的习惯，就像一个标点符号一样，让你在完成反馈任务时更能果断地把这类词语放进去，从而帮助你避免进行不必要的言语重复。

反馈应以解决方案为导向

提供反馈的目的是帮助运动员变得更好。有时这意味着提供激励或启发式的反馈。有时，它意味着捕捉到运动员们的正确做法并帮助他们理解如何以及为什么要坚持这个动作。但最常见的是，反馈意味着帮助他们看到如何以不同的方式来改变结果。也许这听起来很明显，但不需要观察太多就知道做好这一点是一个持续性的挑战。

假设有一名叫卡洛斯的球员。他是一名后卫，他正在训练中挣扎着，因为他在防守对手带球时反应很慢。他失去了平衡，最后努力猛冲，试图挽回局面，但其实这只会使事情变得更糟。作为他的教练，你注意到的第一件事可能是这个明显的错误，所以第一个冲动可能是叙述它。“卡洛斯！不要这么跑！”这里语言就很重要，因为在描述你看到的训练时，你描述的是不要做什么，而不是要做什么，如果告诉卡洛斯应该采取什么行动，或者观察什么来做出更好的决定，会对他有更大的帮助。“保持你的位置，卡洛斯”会稍微好一点——这句话能提醒他留在进攻者和球门之间。然后说：“只有在必要情况下才去抢断。”这可能会给他一个可以使用的经验法则。但理想情况下，一个好的教练会做得更进一步。因为好的教练可以帮助卡洛斯认识到，他的问题是他站得很直，在进攻球员做出动作的那一刻，他必须做出两个动作：首先他必须蹲下以加载肌肉；然后他必须做出反应。如果他能一开始就蹲下，他的反应会更快。他必须弯曲他的膝盖，把臀部位置压低。还得把自己定位在略微偏离进攻者中心的位置，身体向外倾斜，内脚略微向前，以刺激进攻球员横向移动，减少不确定性。或者他需要更多地了解眼睛要往哪里看才能尽可能可靠地读懂对手的动作。也许他需要做这些事情中的好几件，但他肯定不可能同时进行所有的工作。那么先做哪些事情呢？做教练其实有点像做医生，要寻找原因而不是症状。一个好的医生不会告诉病人“别咳嗽了！”或“你得把你的血压降下来！”因此，如果你听到自己告诉球员要改变他们的某些行动上的问题——“不要这么跑！”——还不如试着找出该行动背后的根本原因并使用准确的行动来解决这个问题。

一般来说，具体的通常是更好的。也就是说，一个能帮助接受者解决问题的准确行动比描述一个预期结果更有用。预期结果只是描述了更好的执行过程会带来什么，但这很少能帮助人们变得更好。

预期结果

问题描述	预期结果	精准行动
速度太慢	我们需要快速往前踢	保证第一次触球是向前的
不要低着头	卡洛斯，让队友在你的视线里	放低臀部，扬起下巴

对问题和预期结果的描述往往是真实但却没有用的。我们通常假设球员知道如何完成这些结果，而他们往往不知道，为了克服你想要避免的东西——“没有人支援！”或者你想要发生的结果“获得空位！”——教练必须寻求根本原因，从而向球员们解释如何解决问题。

在指导时可以加入更精确的例子，用以说明在技术上应该怎么做——“把球从这个角度带回来，这样它就不会在你的脚下了”，或者更清楚地说明如何做出决定——“如果持球的球员没有受到压迫，我们必须拉开距离”，或者提出要留心观察——“你必须在接球前检查你肩膀的位置。”

最近我观察到音乐老师约翰·伯迈斯特在与青年乐团的音乐家们一起工作时也是这样做的。他们正在演奏乐曲。要求是整个乐团精确地演奏一个音符，起初他们没有做到。一个差一点的老师可能会说一些真实但无用的话：“我们得同步啊！”或“我们必须保持一致！”但约翰就像医生一样，他看到了症状，并寻求治疗的原因。他们已经学会通过观察他们面前的乐谱来把握他们各自的角色。但现在，作为一个团体，他们需要调整他们的视线，把注意力集中在指挥上。约翰暗示乐团成员再演奏一遍，他说：“当这一节结束时，确保你们的眼睛注视着我，而不是乐谱——是我。”一次两次地使用这个方法，最后演奏以完美的齐奏结束。约翰已经寻找到了根本原因，而不是仅仅告诉他的病人（乐团成员）要让症状消失。

但是，你怎样才能做好这件事情呢？我问了几个教练，他们的建议集中在持续观察的重要性上。通常情况下，如果仅仅是观察其他教练如何做，我们很难聚焦在我们想学习的内容上。专门听取他们的反馈意见和他们提供的解决办法可能会有帮助，拍摄或记录自己的执教也是如此。一位教练告诉我，他开始录制课程或半场谈话，这已经是一个突破了。他建议："花点时间看看自己说的话，再观察一下球员们的反应。下次再进行类似的训练时，你如何能使这些信息更加具体？"另一位教练告诉我，偶尔教一些比日常教的更年轻的球员是有帮助的。这样一来你可以少做假设，从而解释得更多、更清楚——这是很好的练习。还有一位教练建议观察另一项运动教练的执教过程，再观察一个你熟悉的运动的教练。看看哪些教练给出的反馈信息会对你有帮助？哪些没有？归根结底，关键是要约束自己，看清症状，问自己为什么你看到的这些问题浮现出来。为什么，为什么，为什么。

比赛时的指导和反馈

这里有一个你会感兴趣的理论：随着运动员获得反馈情况的强度增加，运动员获得有效反馈的机会在减少。竞争越是激烈的环境，教练就越有可能描述问题或喊出一些真实但无用的语句。例如：

"太慢了！"

"必须有人盯防他！"

"我们不能在那里丢球！"

"我们必须要有组织！"

很具有讽刺意味的是：情况越是紧急，这种反馈干预的作用就越小。我会在第六章进一步讨论这个问题，但是有一个很好的经验法则：在比赛期间，只使用训练时编码的语言来描述你以前教过的东西，才可能提高成绩。你会希望在以下时间段提供这种指导：当工作记忆的负荷最小的时候；当球在界外的时候；当他们在场下的时候；等等。那是进行战术调整和提醒的时候。在现场比赛中，反馈大多是让球员分心的，比赛之后就更没有用了。

“使用训练期间编码的语言”让我想起了一个很短的视频片段，视频中是传奇的英足总教练迪克·贝特。

主题是防守性地压缩空当。在这之前发生了什么？贝特已经解释了如何收缩，在什么角度，以及什么时候收缩空当。然后他解释做该动作时的身体姿势：你必须放低重心，以便能够在对手有不可避免的动作时做出快速反应。在这一阶段的练习中，球员将这些动作编码记入了长期记忆，所以他们会自动完成该训练而不需要使用工作记忆，他们所有的认知能力都可以用于读懂对手的下一个动作。当球员们进行这一动作时，迪克仍然会每次都使用同样的短语：“冲出去，放低重心！”他几乎只使用这句话。你可能会问，这重要吗？

他是在对具体的动作进行“提示”编码：一个最多只有几个字的、简短的、令人难忘的短语，提醒球员做一些教练确信他们知道的事情。将这句话与动作绑定有几个好处：

1. 在训练中，贝特可以用这句话来提醒球员在执行任务之前应该关注什么。贝特需要在球员们行动之前，而不是之后，把这句话叫出来。这种提醒提高了球员们做正确动作的概率。在行动之前给出反馈，比事后试图用反馈来修正行动要有效得多。

2. 如果球员在训练活动中遇到困难，这句话也可以让他有效和高效地提问。“当我说‘冲出去，降低重心’时，我希望看到的具体行动是什么？你的脚应该怎么做？你的膝盖呢？诸如此类。”所有这些细节在他的球员心中都被归纳为“冲出去，放低重心”这一口令主题。这不但可以帮助他们更快地解决问题，还能帮助他们把概念和动作更清楚地联系在一起。

3. 这句话很短，而且很有黏性，贝特可以在教授过后——可能在比赛中——使用该短语来提示球员该怎么做，且不会加重球员们的工作记忆负荷。说这句话的速度很关键——它必须只能是用来提醒球员他们所知道的东西的记忆装置，而不是解释球员们不熟悉的东西。在一场比赛中，每增加一个字都会削弱成功的可能性，教练甚至可能会把它缩短为“出去，趴低（out and down）”。如果词语足够短，教练就可以用它来激活运动员的记忆，降低分散注意力的风险，并提高成功的可能性。

4. 你也可以想象这在整个俱乐部中可能是多么有价值。如果每个教练都使用这句话，一旦有人教了这句话，他们都可以在未来几年内用一句话激活球员的知识，并持续多年。

我把贝特的这段视频给吉姆·德里格斯看，他是阿勒格尼学院（Allegheny College）的前男子篮球主教练，他立刻就明白：

“我身边最好的教练们创造了一种共同的语言，这在他们的教学中发挥了作用。这些短语无论对球员还是工作人员来说都很重要。有时，我们花了几个小时思考我们的语言。如果你没有计划好反馈的语言，那么你在课程中实际做的事情的效果就会被大大削弱。”

吉姆说的都是真的。这也是比赛中执教更有成效的关键之一，只有那些你的球员已经烂熟于心的短语才有可能在比赛中帮助他们。

对一些读者来说，提供更多以解决方案为导向的反馈可能听起来像青年运动，就像大家青年时期学习运动时做的事情，而当球员长大成人后，“真正的沟通”才开始出现。这就是为什么我在序二中提到的西雅图海鹰队教练皮特·卡罗尔的视频如此具有启发性：他的视频揭示了以解决方案为导向的反馈是他球队哲学的关键部分，因为以解决方案为导向的反馈使他们在精英阶段取得更大的成功。以下是卡罗尔的原话：“作为教练，我们真的很守纪律，因为我们总是谈论我们想看到的东西，即期望的结果，而不是谈论哪里出了问题或犯了什么错误。我们必须按纪律办事，并始终使用我们的语言来谈论下一件能做对的事情。我们必须只说我们想看到发生的事情，而不是其他东西。”

描述解决方案是球队执教理念的一部分。通常来说，它的效果是使球员感受到他们在接受球队的培养和支持，但对海鹰队来说，对解决方案的描述是最大限度地提高个人实力——即使是在备战比赛的时期。

积极的反馈框架

假定现在有两名球员：阿尔贝托和贝尔纳多。他们在训练中经历了几乎一模一样的互动。他们各自的教练都在一场小型比赛中吹响了哨子，并指出了他们必须改善的地方。他们都被要求再次执行训练任务，要做到张开髋部或视线抬高，或踢边路而不是中路，或是踢球而不是削球。

阿尔贝托不喜欢在球队面前被批评。教练的话感觉对他来说像是一种指责，一种判断，仿佛教练们暗示他在某些方面做得很糟糕了。当比赛继续时，他脑海里有一部分在想：“为什么当我踢得很好的时候教练不说点什么？他只是想揪我的错。”

而贝尔纳多十分感激能有机会改进自己的技术。他认为通过反馈自己知道了如何实现自己的目标，尤其是当反馈来自一个相信他能成功的人。这些反馈表明教练对他有信心，尽管反馈那一刻的目的是改正一个错误。比赛继续时，贝尔纳多主动打开髋部，将球传给边锋，开始反击。他想：“啊！果然，建议是有用的。”他很高兴。

现在把这个类似的互动乘以1000次——两位球员都得到同一个反馈：必须用另一只脚，我们必须在这里给对手施更大的压，或者你必须找到快速传球路线。但每次阿尔贝托都会感到不满，而贝尔纳多则乐于接受学习的机会。阿尔贝托想：“你为什么告诉贝尔纳多快速传球而不是告诉我？”而贝尔纳多则认为：“谢谢你帮我找到快速传球的路线。”想象一下，一个由阿尔贝托组成的球队和一个由贝尔纳多组成的球队：一个是球员看到他们的队友勉强地听着教练的反馈，并嘟囔着找借口。而另一支球队的球员看到队友们都聚拢在一起以便更清楚地听到教练的话，并且毫不排斥地进行学习。新加入球队的球员观察这些反应，并模仿他们队友的做法。紧接着一种队内文化就此出现了。两支球队在一个赛季中得到的反馈内容可能完全相同，球员开始时的水平也不相上下，但有人对贝尔纳多足球俱乐部将蓬勃发展，而阿尔贝托竞技队则停滞不前有疑问吗？很快，那些不了解内幕的人就会讨论贝尔纳多俱乐部是如何招募到更好的球员来为其效力的。也许他们还会把它归结为一些社会学特征：来自该地区的孩子们是更好的运动员，他们更有毅力，更渴望成功。

一个成功的反馈，不是只包含技术层面，也包括了球员接受它时透露出的态度和心态。但是要达到这个效果不仅仅与个人性格、球员成长的家庭和文化有关，更与群体中的大趋势相关。球队和俱乐部文化可以使得球员接受社会化的影响，使球员们对反馈做出有效的反应，其影响程度比大多数人意识到的还要大，但这种倾向必须通过无数次细微的、往往不引人注目的互动才能建立起来。你在演讲中告诉球员们，他们必须抓住机会变得更好，并接受成长型思维，这可能会有一些作用，但作用可能远远小于十几次互动的影响，在这些互动中，球员感受到了成就感的冲击或你在比赛中对他们的信心。建立积极的学习思维需要我们在进行其他任务时也留心关注反馈中的语言。我把这个主题称为“积极的反馈框架”。

“积极的反馈框架”这个短语常常使教练认为它更多是指对球员的褒扬，但其实不是的。不过教练经常被告知表扬是值得探究的并需要看到其弊端。表扬的“原则”，以及通过表扬培养球员对反馈的接受能力，是教练和教师最常得到的建议之一。人们会告诉你可以使用“赞美三明治”：先夸球员一件事情，然后提出批评，再夸他们另一件事。人们还会告诉你，赞美的次数需要是批评的5倍。尽管意图良好，但这种建议是很无力的。

这类反馈的一个缺陷是假设赞美等同于积极性。反馈中的积极性其实并不是提供更多的好消息，而是以激励和鼓舞球员的方式提供他们需要的信息，并传达我们对他们能力的坚定信念。而更多地表扬球员并不能达到这个目的，具有讽刺意味的是，赞美、表扬还可能会起到相反的作用。我在这里花点时间来简单解释一下原因。

赞美无疑是强大且有价值的，但它也有点像你团队中流通的货币。太多的赞美容易导致通货膨胀。如果你把每场比赛的反馈都描述为“真棒”，那么很快这个词连带着你的赞美就会变得毫无意义。当所有的都很好时，那就没有什么是好的。如果你想成为一名伟大的运动员，需要学习很多东西，所以如果你每次告诉某人如何变得更好之前都需要赞美他5次，那你很快就会遇到麻烦。

所谓的“赞美三明治”也好不到哪里去。因为你觉得必须用赞美来掩饰批评，是在假设球员们并不想知道他们如何可以做得更好，因此“赞美三明治”更像是教练必须欺骗球员听的东西。换句话说，这种反馈预设了球员是脆弱的，以这样的方式对待他们只会让他们更加脆弱。此外，大多数球员最想要的是如何变得更好的真相。关键不在于给予更多赞美，而在于以不同的方式描述训练中的问题。

对事不对人

当贝尔纳多的教练告诉他如何做得更好时，贝尔纳多听到的是教练对这个球员的信心的表达。这就是优质反馈的灵魂。我们想说，“我相信你”和“那样你可以做得更好”。令人雀跃的是，这两者结合在一起并不难。第一步是将批评性的评论作为对一个行动的判断，而不是对一个人的判断。

比如说，想一想“你不”（You don’t）这句话。

“当你丢球时，你不努力去重新获得球权。”

（“You don’t work hard to regain possession when you lose the ball.”）

将这句话与同样的说法进行比较，但用“你没有”（didn’t）代替“你不”（don’t）。

“当你丢球时，你（刚刚）没有努力去夺回球权。”

（“You didn’t work hard to regain possession when you lost the ball.”）

“你不”（don’t）这个词是对人的评价。你做的这件事是你一直在做的事情。它把一个错误全局化，暗示它是一个人持久的缺陷，甚至也许暗示了丢球是故意的行为。

而“（刚刚）没有”（didn’t）这个词则评判了一个行动，一个一次性的事件。它留下了一种可能性，即球员们通常做得没问题，但在这个例子中没有做到。但这只是一个瞬间，我们可以迅速解决这个丢球的问题。

但是，正如一些读者可能已经注意到的，即使是“没有”（didn’t）也是侧重于问题而不是解决方案。现在接着比较一下。“当你丢球时，你没有努力去夺回球权”到“当你丢球时，你必须一直努力去夺回球权”“当你丢球时，你必须使出全身解数去夺回球权”，或者“当我们丢球时，我们必须努力去夺回球权”，或者“即使重重困难，我们必须努力去夺回球权”。

我上面分享了这句话的多个版本，以强调不同的语句以不同的方式巧妙地塑造了反馈文化——例如，频繁使用“我们”一词强调了群体责任和精神，或使用“总是”一词强调了坚持的重要性。

学习者都想知道如何才能变得更好。当我们不能向他们展示如何做到这一点时，我们就失败了。关键的一点在于，如果我们注意到语言里的微妙变化，我们就可以让球员对他们的比赛质量负责，描述他们必须添加到他们技能组合中的技能并设定一个卓越的高标准。我们可以使球员感觉到，我们是在培养他们，而不是摧毁他们。语言的使用习惯是队内文化建设的一个长期工具。

积极的反馈框架是注意语言和语气潜台词的艺术。做一些细微的调整——把“你不”变成“你没有”——可以改变我们的反馈在当下时刻所产生的感觉。从长远来看，也可以提醒球员，我们之所以给他们批评性的反馈，是因为我们希望他们成功——他们的目标也是我们的目标。当你能够以一种球员们感到尊重、激励和鼓舞的方式提供批评性的反馈——这是你做错的地方；这是你必须做得更好的地方——球员会学到更多，也会加强跟球员之间的关系。一旦这种情况开始，就会有一个附带的影响：表扬就没有了限制。表扬的主要作用不再是“平衡”批评性的反馈和令球员感觉更好。你可以开始使用表扬的最有价值的功能：帮助球员了解要重复什么。这是我稍后会继续讨论的一个话题。我们已经说明了要把批评集中在狭义的具体行动上，而不是广义上的批评。以下还有几个主题，可以有效地为批评构建积极框架：

● 利用挑战来谈论抱负

运动员的天性是好胜，他们想证明自己能做到。他们渴望成为伟大的人物，渴望成就一番事业。如果把批评变成一种挑战，或者挖掘他们对成功的渴望，就可以很好地利用运动员的这种特质。

在你的反馈中增加挑战性的一个简单方法可能是加入这样一句话："看看你能否。"如"现在，看看你能不能做个一脚触球"，而不是"必须一脚触球"。或者你可以用一个问句，"你能一脚触球吗？"

如果要谈抱负，你可以把它变成"像你这样的球员应该能一脚触球"。或者"你现在已经足够优秀了，可以尝试一脚触球"，甚至是"以你现在的水平，你可以开始尝试一脚触球"。或者你可以让这个抱负与团队目标绑定："我们要成为那种能舒舒服服就可以完成一脚触球的球队。"

正如你所看到的，言语上有很多变化，虽然年轻球员和年长球员的抱负听起来非常不同，但这其实是一个适用于所有年龄组的概念。

U10青少年队：现在让我们看看是否能像梅西一样，进行一脚触球。

职业运动员：这个周末，对手会对我们进行猛烈的逼抢，我们必须要踢得更快。让我们再试一次，看看我们是否能以更快的节奏来完成好每一次触球。

不约而同，这些例子的主题都是教练的语言借用了球员对胜利和成功的渴望，并将这些更大的目标与要求球员们做出的改变联系起来。

我并不是说每句话都需要这样做。如果你能说"看看你能不能一脚触球"，而不是"一脚触球"，那很好。但当然，"你必须一脚触球"比"你从来不会一脚触球吗？"或"你为什么害怕一脚触球？"要更好。但是这些积极的短语可能会被过度使用，而到底什么是过度使用取决于你所交谈的运动员。是否有可以直言不讳、不用迁就球员的时候？是的，这两个想法并不是对立的。直言不讳和咬文嚼字是协同工作的。你建立了一种"我在这儿支持你呢"的文化，由于你建立了和球员之间更稳固的人际关系，你直言不讳地传达反馈时就会更有效。

这里还有几个例子。我加了一些针对例子的讨论内容，以帮助大家指出一些短语的潜台词，这样你就可以根据你自己的风格和训练环境来调整或使用它们。

“现在，艾莉，你能更快速地完成吗？”

- “现在”一词巧妙地将艾莉已经做对的事情归功于她。因为如此，我们已经准备好接受更多挑战。
- “你能吗？”把技术任务变成一个挑战，一个她自己可以回答的问题。
- 比较级“更”暗示艾莉在第一次练习时至少是有一点速度的。将“你能更快地完成吗？”与“你能快速地做吗？”相比较我们感受到：后者意味着球员不够敏捷，而前者是聚焦在让球员变得更好。

“约翰，触球可以处理得利索一点。”

- 在观看哥伦布机员青年学院的凯尔文·琼斯的视频时学到了“利索处理好它”（Clean that up）这句话，我觉得它很有力量。这句话提醒球员约翰，他正在通往成功的路上，他的触球是正确的，只是现在需要磨炼细节。

“现在，玛迪，你能提高一个级别的难度，从你的左边切入并射门吗？”

- “你能把它提高一个难度吗？”对玛迪的练习难度加以肯定，并鼓励她尝试达到更高的目标。这句话暗示着成就感。
- “用你的左脚切入并射门”也很重要——别忘了反馈还是要以解决方案为导向。球员们指望我们帮助他们看到精确的行动来面对挑战。

“现在，玛迪，我希望你能像克里斯滕·普雷斯那样，用你较弱的一只脚射门。”

- 这里的语言将玛迪与她梦想成为的球员联系起来，并暗示她训练任务。这意味着要求她做的任务是一个世界级的球员应该考虑的事情。

“这很好，肖恩。但当你进入一线队时，你必须更快地做到这一点，所以，让我们现在就开始训练吧。”

- “这很好”意味着球员的动作不是错了，而是可以更好。
- “当你进了一线队”：这是一线队球员的一项技能。我认为你足够好，总有一天会升到一线队。

“这很好，肖恩。但如果你要在一线队踢球，你就必须做到更快，所以让我们现在就开始训练。”

- 给肖恩增加了一点责任感。一方面表明要进入一队是有挑战性的，另一方面表达了对他的信心，而且指出这项技能会让他大有不同。

“很棒，孩子们。但如果你们中的一些人有一天要在一线队踢球，你们必须更快地做到这一点，所以我们现在就开始训练吧。”

- 重复使用“很棒”和“如果你们要进一线队”这两个元素，但将表达对象从个人推广开来，使它指向整个团队。

“孩子们，如果你们中的一些人有一天会在一线队打球，那你们必须做到更快。现在给我看看你们能有多快。”

- 重复使用充满信心的表达——你们中的一些人将进入一线队。试问谁不想成为这些球员中的一员？现在立刻行动是达到目标的第一步。
- “现在给我看看你们能有多快”，在挑战中加入了马上就需要球员们完成的训练内容。

“你在抢断方面做得很好，德文。下一个层次的练习是赛后还要与队友加强联系从而控制住球。”

- 这种反馈结合了对德文做得好的方面的认可，同时也说明了德文可以做一些事情来使这个技能获得更大的成功。
- 让你的球员乐于接受挑战并提供愿景，这样做的另一个好处就是可以激励他们不要害怕犯错。

凯尔文·琼斯

我们一起面对问题

我在前文中提到了我曾观察过凯尔文·琼斯工作时的样子。对我来说，他是一个积极的反馈框架大师，上面的许多短语都是从他的执教中偷学或改编的，所以我想分享他自己对教练执教语言的一些想法。今天，

他是哥伦布机员队的学院主任，与精英球员一起工作。

对我来说，“我们能不能”这个短语回想起来，其实加强了一个认知，即你不是一个人在战斗。这不是你一个人的事。我们是在一起的。我和你在一起，所以你应该对承担风险感到舒适。不要害怕。而且你不是唯一一个有这些问题的人。这很重要。

语气和如何措辞也很重要。球员们在那里是为了获得乐趣，同时他们也是在学习如何竞争，而“我们能不能”这句话，我希望能够提醒球员们，他们不仅是在互相竞争，也是在和自己竞争。你能把这个完成得更快吗？这句话可以提醒他们：测试一下你的极限，看看对你来说什么才是更快。

回到正负反馈比例的话题上，就我自己而言更多时候是在给予球员们纠正性反馈。我的意思是，如果传球不好，这是事实，球员们需要认识到这一点。但同时表达为“你可以做得更好；我知道你可以做得更好”，这种表达就不是指责也不消极了。

当我使用“解决它”这个短语时，我希望它能作为一个口头表达来提醒球员：这在你的控制之下。这是一件可以解决的事情。

语言的经济效益有用。你说得越多，你就会开始失去你的球员们。清楚地表达你想要什么，然后使用确切语言，这会使一切更顺畅。

在休息时，我可能会把反馈说得更详细；但在（现场）执教时，我希望自己清楚我需要他们做什么，并让他们思考如何在当下解决这个问题，比如就是调整好第一次触球或调整好传球。我希望球员们能专注于他们所控制的东西，并且我相信他们可以做到。

情绪稳定性也很重要。这件事得从两方面看。这一直是我反思的一部分，想到自己在边线上对他们生气，对他们大喊大叫，因为他们已经搞砸了比赛。在大多数情况下，这种情绪释放并不能帮助到球员，反而会加大他们的压力，因此他们的比赛质量甚至可能继续下降。关键是要找到需要你强硬或严厉的正确时刻。这些时刻之间相隔较远，而且不是很常见。你可以不通过大喊大叫的方式，而是用说或做某些事的方式来表达出你期望的表现。

例如，我们有一个全新的14岁队员的青少年组，他们确实刚刚学会如何训练。我们在演示抢圈训练时，年轻队员们用脚上的错误部位来踢球，用脚趾来传球，甚至还尝试使用脚后跟。练习质量并不好。于是我走过去，开始问他们问题："我们需要使用脚的哪一部分？为什么？我们应该用哪个表面来传球？为什么？"他们知道答案。我就说："所以，你们需要改善你们的抢圈训练。这还不够好。"我并没有大喊大叫。我试图不苛求年轻球员们。我希望他们理解他们的教练并不是在生气，而是"对我这么一个球员来说，考虑到我自己的目标，训练效果确实是还不够好"。

当我退役后第一次进入教练岗位时，我经常是大龄孩子们的助理，在这样的工作角色中，你会更了解球员，往往比主教练更了解年轻球员们对主教练的反应。这也让我意识到：你必须始终能够设身处地为球员们着想，了解他们是谁，以及他们在训练中的处境。

● 假设最佳情况

早些时候，我曾讨论过，在提供反馈时，将人与事情区分开来是多么重要。要告诉约翰他必须更快地完成射门，但如果告诉约翰是因为他懒惰才失败，那就没有什么效果了。教练应该描述的是解决方案，而不是暗示球员们的性格缺陷。作为教师，我们要尽可能一致地传达我们对学生的期望很高，我们要求学生们每天都要有卓越的表现和努力，但同时我们也深深地相信我们所指导的学生：我们能看到他们最好的一面；当他们挣扎时，我们对他们的信心也不会动摇。这不仅能建立教练和球员间的关系，也能激励球员承担学习所需的各种风险。如果你尝试了几次，结果还是不理想，那我也不会批评你或放弃你。我会要求你再次尝试。你对运动员的期望越高，你就越应该提醒他们，你认为他们有能力。当他们挣扎时，你的第一直觉是认为这是正常的，他们很快就会成功。做教练意味着你要传递复杂的信息，包括别人可能觉得矛盾的想法，在同一时间和单一时刻表达这些信息是一个困难的挑战，但这仍然是成功建立一种要求运动员做到最好的文化的秘诀之一。

正如我们已经研究过的那样，对一个做错事的运动员谈抱负是一个有效的方式。“像你这种水平的球员必须能够带那个球，而不是抛球。你再试试吧。”当你教运动员如何做得更好时，假设他们是最好的就是另一种来显示你对他们充满信心的有效方式。至少，它可以避免将球员的错误不必要地归咎于消极意图。我希望这一点是显而易见的：告诉在禁区边缘迟迟不出来封堵射门的约翰，说他是因为“懒惰”，这就很明显是一个假设。当然约翰不会很快忘记这一点。此外，也许原因更复杂。也许约翰不确定该怎么做，或者不清楚谁该承担射门的责任，或者他不明白你到底想让他以多快的速度完成防守。事实上，如果你想一下，或许约翰未能完成防守的一些可能原因恰好证明了约翰有成为一名优秀球员的思维和认识。也许约翰防守慢是因为他对位置和防守队形很重视，总是对舍弃中场位置非常谨慎。也许他担心过度防守而暴露在对手的切入点上。是的，他应该进行防守的。毫不含糊地告诉他“冲出去，放低重心”，但同时也要认识到他的错误可能是由过于勤奋、有责任感或其他一些你希望球员体现的特质共同造成的。

比赛中充斥着无数有好动机然而却做错的事。勤奋也是一种罪过——球员没有做好某件事情，因为他们担心自己不在状态。热情也是一种罪过——球员们接受了你给他们的想法，因此想要过于频繁或过于积极地使用教练的反馈。在一个情况复杂的比赛中，有一些错误是由于球员的无私、可塑性和责任感造成的，可塑性是指他们过于努力地去做你所要求的事情，责任感是指把某些机会给了队友。

因此，想象一下，如果约翰偶尔得到的反馈表现了比赛中的复杂性。“我知道你想护住中路，约翰，但在比赛中，你必须更快地断掉他。”或者：“我很欣赏你总是试图保持我们在后场的状态，但在这里，你必须要绝对果断地封堵防守。”假设最佳情况意思是承认球员们可能做了你想纠正的事情的正当理由并在你的反馈中加以描述。

这里还有一些例子。

- 我知道为什么你想踢边路，艾莉，但这是一个需要踢中路的情况。
- 我明白为什么你想在那里踢边路，艾莉。这一般来说是没问题的，但在这里有机会踢中路。为什么这样更好？（通过什么线索我们得出了这个结论？）
- 我很高兴你们想往前踢，孩子们，但场上线索表明，这不是一个正确的决定。
- 向德安德烈传球是可以的——因为你们考虑的是控制住球——但我希望你们考虑一个更好的选择。
- 我很欣赏你在后场规避风险的本能，但这是一个一旦让出空间就会伤害到我们自己的情况。
- 好的，很高兴你在考虑长传球，但让我们看看在这种情况下的队员人数。
- 好的，尽管你的触球令你自己失望，但我很欣赏你试图寻找传球切口的时候所做出的努力。

在每一种情况下，教练都会赞赏个人或团体的一个行为，这个行为反映了一个有思想的球员正试图将球队所重视的想法融入训练中。教练应该希望如此并赞赏这种精神，这将有助于确保它继续下去。每一次的纠正也是对教练和球员关系的一份投资。当他们做错的时候你提醒纠正他们，你的第一直觉是，必须得有一个很好的理由，而不是“又来了”或“那个孩子”。承认正当理由才能建立队内信任。而防御——当球员们向教练解释自己的失误，即使只是对自己解释，都需要工作记忆的负荷。减少这种情况可以帮助球员更专心地倾听反馈。

你可能会注意到的另一个好处是，这些例子往往会告诉球员他们应该考虑哪些因素，无论他们是否都考虑了。你告诉约翰，你很高兴他在防守时总是想着保护中场，即使他现在必须果断出球，你也要给其他队员一个双面的提醒。尽管你希望约翰能更积极一点，但如果有更多的球员像他一样考虑到自己在场上的责任，那也很好！你要提醒他们：在防守时，一定要考虑到保护中场。现在你已经提醒了他们：始终要在阵型等防守重点与攻击性之间取得平衡。约翰在这个练习中需要更多的攻击性，但阵型仍然很重要。防守就是要不断权衡这些因素。

假设最佳情况的另一个好处是，它让你以不同方式思考球员们做事情的原因。假设善意的错误可以帮助你看到更多已经存在的积极思维。假设球员犯错多是因为愚蠢，这是偷懒的做法。这当然不是真的，尤其是当你教球员如何思考的时候。站在球员的角度考虑，要求自己想球员所想，理解他们做决定时的艰难，这些会使我们成为更好的教练。

我并不是说所有甚至大多数的反馈里的纠正都应该包括点出球员们一些行为的正当理由。与其他任何工具一样，这种方法很容易被过度使用，那样会浪费时间，也是在暗示球员不能讨论错误。在不给予积极反馈的情况下讨论失误可能会使这一反馈方式成为新的“赞美三明治”。当然，也有可能是约翰有点懒，就是需要更努力一些。我一会儿再来谈这个问题。

你使用多少这个反馈方式取决于你的风格、你的球员和实际情况。但假设最佳情况这一方法是强大的，因为它让你展示出你对所教球员的信心，并提醒他们你的第一个假设是，他们都是有能力的，也就是说，他们会做正确的事情。因为球员内心挣扎的时候就是他们最担心别人可能会放弃他们的时候。这也是告诉球员我们对他们充满信心最有力量的时刻。在别人可能表示怀疑的时刻，教练们反其道而行，建立起一种与球员们之间的信任，这是长期学习关系的核心。

但是，如果到最后，约翰容易偷工减料，而且还是没有断掉对手的球，只是因为他不够努力踢球吗？你可以说，教练与球员的关系就像一个银行账户。在一个持续的时期内定期进行小额存款是保持关系繁荣发展的关键。而如果提款——一个诚实的、可能很难听的、直言不讳的时刻——也经过证明是必要的，初始余额越高，账户所能维持的诚实度就越大。在这种关系下，你可以把约翰拉到一边，因为你认为他实际上是在一个持续懈怠的状态，他的成功面临着风险。你说，“我认为你没有做到最好。我认为你可以踢球踢得更努力一点。”并让他坦然地听到这个信息。这种反馈可以成功地帮助约翰，换句话说，约翰与你的其他互动已经证明你相信他并希望他成功。

● 传达反馈时合理的匿名

最后一个反馈工具可以让你以一种创造积极气氛、建立信任和鼓励自我反思的方式来提供批评性反馈。这个工具在你向一个团队提供反馈的情况下非常有用。你可以清楚地表明你观察到的球员在训练中执行不正确的地方，但不需要指名道姓。这是我在观察达拉斯足球俱乐部教练克里斯·海登的训练时注意到的，他说：“我看到我们训练当中的一些人做得很好，他们快速进步，试图达到那个要求（*展示理想的动作*），而我们中的其他人在做动作时相当随意（*展示不合格的动作*）。”这种反馈要求每个球员进行自我评估并将自己的动作与模范动作进行比较。事实上，这就是匿名反馈的主要好处。现在，团队中的每个球员都会尝试稍微改善自己的动作，以努力确保他们属于第一组人——包括那些动作符合标准的和那些不符合标准的人。如果他们没有全力以赴，不是一定要告诉球员，你必须努力做得更好，也可以让他们私下再自己去纠正，并且鼓励他们问自己“这是我能做到的极致吗？”进而把这一过程内在化。

有趣的是，你可以采用不同程度的匿名方式。也许鲁本需要调整一下他的动作。在你说“我们中的一些人”的时候，给他一点微妙的眼神接触就可以提醒他，他可能特别需要进行一些自我评估。但这也提醒了他，你是故意地不公开点他的名。理想情况下，你应当建立一种让球员们对在团队面前讨论自己的错误感到舒服的氛围。但是当你还未建立起这种氛围或者与那些难以适应这种方式的球员在一起的时候，使用匿名的反馈传达可能是有用的。这里还有几个例子：

“我看到大家的防守动作有不同的完成度，从这个（*示范好的例子*），这是麦肯齐的样子，到这个（*示范不好的例子*），这可能是其他一些球员的样子。大家要做的是确保你看起来像第一个例子。开始。”

“暂停：我们中的一些人正在抢断以创造空间，而另一些人进入空间的速度不够快。步伐也没有变化。你处理这些细节的方式是向我表明你想在星期六得到几分钟出场时间的方法之一。我不打算淘汰任何人，我只是想让你们知道我在关注什么，以便你能确保检查自己的训练状态并以最高的训练标准要求自己。”

整合：克里斯·海登训练中的积极构架

我最喜欢的精彩足球教学视频之一是达拉斯足球俱乐部的克里斯·海登的视频，这是2013年我在美国足联的同事分享给我的。海登所使用的积极反馈框架要素很多。

“你的动作再迅速一点，大卫。”

“大卫，看看你能不能动作再利索一点。再快一点！”

- 克里斯在这里给了大卫两次建设性的反馈，所以我假设球员的最初反应是不够的。第一次，克里斯假设最佳情况——“再迅速一点”——和他的反馈出发点一致，并表达出大卫是能够进步的。
- 第二次，“看看你能不能动作再利索一点”，采用了一个给予球员挑战的方式。你可以听到克里斯第二次反馈的微妙差别。此外，大卫的名字出现在开头。也许克里斯是要确保大卫能更仔细地注意这些反馈。也许，鉴于大卫的名字在第一次反馈中被放在后面，才导致他没有听进去，因为他不知道这个反馈是针对他个人的。

“告诉他，告诉他。太晚了，马丁。告诉他。告诉他，就是现在！好极了。”

- 这个指令很简洁，表达出其紧迫性和重要性，但却仍然保持了对解决方案的关注。在他给了马丁最初的指令后，然后跟进反馈，让马丁知道他是否成功了。当马丁通过使用克里斯的反馈表现得更好时，他马上就知道了。当然，克里斯很注意保护“好极了”这个词的力量，他并没有过度使用“好极了”一词，这样他的表扬就能将影响力持续下去。

“看看我们能不能踢一个快速组合。本杰明，在你配套跑动时，确保你正面对着下一个传球。调整自己的方向，使你正面对下一个传球。这对你来说很容易。”

- 另一个以“我们”一词作为反馈框架给队员提出的挑战。本杰明的重点是体态，教练清楚地用语言描述了解决方案——“面对下一个传球”——这听上去像是提前已深思熟虑过了。
- “对你来说很容易”这句话似乎是在提醒本杰明自己的整体水平。像他这样的球员很容易就能做出这样的调整——这是一种假设反馈，假设球员处于最佳状态。

● 最后的思考：语气和示范

我们已经谈论了很多关于语言和用词的问题。但在聆听优秀教练的反馈时，我相信你会体会到我在聆听凯尔文、克里斯和马特时听到的东西：他们的语气恰到好处。建设性的反馈总是坚定而清晰的。不需要黏糊糊的好听的话语，但愤怒和失望的情绪往往不会有多大的作用。足球是一项竞争性的比赛。可能有一天，你必须对一个球员提高嗓门，或者在语气上咆哮一下。但在我看来，大多数的教练都太严厉了——也许这让他们觉得自己对球员们要求更高，认为高标准和严厉是相辅相成的，但值得思考的是，在反馈中引入强烈的个人情绪其实对球员来说是一种分心。当你对一个球员咆哮时，你的球员就会想：“教练对每个人都是这样喊的吗？甚至是他最喜欢的球员？为什么被骂的总是我？”当你更凶一点的时候，球员会开始想：“他喊的时候是不是像我父亲？他是不是认为我不够努力？”所有这些思考都是在分散球员们的注意力，情绪化的表达将注意力和工作记忆分配给了学习以外的东西，而学习正是你希望球员思考的问题。

你也要注意到硬币的另一面：伟大的教练都很小心，不把所有事情都判断为“真棒”。他们可以自由使用积极的强化手段，但使用时很小心。“好”或“做得好”往往比“伟大”或“真棒”更具有说服力。过多的赞美会让人觉得你对球员的成功感到惊讶。

示范性的反馈

在一个简单的反馈中——“试一试这样”——“这样”往往可以通过演示（有时甚至更有效）或“语言模型“来表达。这对你来说可能不是一个启发，因为大多数教练经常使用示范作为反馈的一种形式。当然示范有1000种变化。

- 试一试这样。
- 更像这样。
- 注意这个（展示平庸的执行能力）和这个别（展示精英的执行力）之间的区的。

为球员示范一个动作往往可以规避工作记忆的局限性。有证据表明，如果能将视觉沟通和语言沟通精心结合起来，那么相应的工作记忆也会发挥更大功效[③]。运动员可以从一张图片中吸收更多的信息，而不是只用语言。事实上，我和我的同事们经常在研讨会上给那些正在教授练习动作的老师们提供反馈，他们可能正在练习通过示范给出积极反馈框架。我们可能会让一个小组暂停然后说：“现在尝试一下这样……”

③这本书的插图作者奥利弗·卡维廖利也是一流的作者，由他编写的《教学中的双重编码》（*Dual Coding with Teachers*）是一本可以了解教学中视觉应用的起步读物。

之后，我们经常注意到，研讨会的参与人员复制使用了示范的多个方面，而不仅仅是我们试图演示的那部分。我们建议研讨会参与人员在语言上进行转变，但突然间我发现我们的面部表情或身体语言也出现在参与人员的练习中了。人们在示范中看到的东西不知不觉中进入了他们的意识，而他们没有意识到这一点。这当然也提醒我们，示范作为一种反馈形式的力量以及有意性和计划性的重要性。（做一个附带说明：我们现在在研讨会上研究我们的反馈示范，并经常进行排练，以确保反馈能很好地传达我们想要传达的内容。这是一个值得教练学习的好方法。练习和完善她和她的助手想在培训中提供的示范。）

在大多数情况下，我在这一章中对反馈的讨论是假定教练们会将所需动作的示范作为他们口头反馈的一部分，也就是说，他们是通过视觉和语言两种方式来表达反馈的。有趣的是，约翰·伯迈斯特和詹姆斯·比斯顿会把给予口头反馈时的说话节奏模式化，他们的语言也是有不同层次的。

不过，示范——向别人展示如何做某事的演示——和反馈一样，是一种看起来很简单的东西，但却容易被忽视，因此现在也是进行改善的成熟时机。这是凯蒂·叶兹、艾丽卡·伍尔韦和我在《练习的力量》中写到的一个话题，也是我在第二章中提到的。这就是说，一些关于示范的简单思考在这里可能会有帮助。

本章内容中我讨论过的限制条件也适用于以下的反馈：一半是语言，另一半是示范的反馈；甚至大部分是示范的反馈。

我们可以了解到，快速集中地使用口头反馈，对于管理一些限制条件来说至关重要，这些限制可能是通过工作记忆和注意力来学习的。而做这两件事能够建立一种使行动立即在群体中复制开来的文化。示范动作或场上定位也是如此，需要快速和集中，并且让球员们立即尝试。

示范应该更多地关注解决方案而不是问题，正如我们在第一章中提到的那样。从观察中学到的大部分东西都是在不知不觉中习得的。当你向球员示范某个技术的时候，给他们展示一下技术的实质。在我们的执教过程中，我们希望的是把优秀的细节变成一种常态。偶尔将一个不那么完美的动作与一个理想的动作进行比较是有好处的，但大多数情况下，花时间向球员展示错误的范例，不如把时间花在帮助他们看到和设想理想目标上——我们希望那个目标能够一直在他们的脑海中不断浮现。

同样地，示范可以是积极的也可以是消极的。不善于管理自己情绪的教练，他或她的情绪很容易使自己的示范充满唾弃、讽刺或嘲弄的意味。正如我们的话语一样，我们希望我们的动作示范能彰显我们对球员的信心。

最后一点：要使示范发挥作用，需要做到两件事。

1. 示范必须展现出正确的事物。

2. 运动员们必须看到示范。

第二件事似乎是自然而然的，但其实不是。球员们站在一边“看着”示范，却没有在脑海里处理示范中真正有价值的东西。他们没有注意到，或者他们正努力但却不知道该把注意力放在哪里——有研究告诉我们，注意力是相当有限的，由于习惯问题人们无法看到眼前的许多东西。因此，如果你要做身体防御姿态的示范，如果你告诉他们什么是最重要的，你就可以提高你的球员们观察示范时的效果。如果你说“当我示范时，你们注意我的脚”，他们就会看你脚的位置。如果不是这样，球员们的注意力可能在几样东西中的任何一样上。这听起来很简单，以至于很容易被球员和教练忽视，所以我再说一遍。在你示范之前，发出指令告诉球员们要观察什么以及观察哪里。这个概念被称为“明确指令”。

201级反馈

在给予反馈时，使用正确的语言是很重要的，但运动员在聆听反馈过程中所学到的东西，只有一小部分是在他们听我们说话时得到的。真正的学习应该是在他们尝试使用我们的反馈时发生的，所以有效反馈最重要的特征之一就是反馈能够引起或允许运动员们之后的自觉行动。如果反馈的结果是运动员们使用教练提供的建议，并且定期反思这些建议，使之适应新的情况，学会评估他们自己的比赛和表现，并因此而稳定地提升，这就是好的反馈。如果发生这种情况，运动员就会相信通过教练自己可以变得更好。一般来说良好的反馈可以帮助运动员相信教练的执教。

有一个我和我妻子丽莎的小故事可能有助于强调反馈方面的一些挑战。说到洗衣服，丽莎和我有不同的理念。对她来说，每件脏衣服都必须放在篮子里。只有完全在篮子里的衣服才算作“在篮子里”。这个概念几乎也没有什么处于中间的灰色地带。

而对我来说，“在篮子里”这个词就很灵活了。当我在决定是否真的该把衣服放到洗衣机里时，可以把衣服放在不同的地方，放多长时间也无所谓。根据任何合理的解释，挂在篮子边缘的衣服显然仍然是“在”篮子里，因此也算符合规则。如果衣服掉在地上，但其显然是为了把它扔进篮子里而不慎掉了出来，也不算违规。简而言之，当涉及洗衣服时，丽莎是一个严格遵守“规则”的女孩，而我只是一个有“规则意识”的人。

这就偶尔会导致我们之间的分歧，甚至是冲突，而事实是，在我婚姻生活的大部分时间里，我一直在实施“行为改造计划”——尽管没有什么效果吧。通常情况下，在丽莎试图提高我的“洗衣前准备活动”水平的互动中，她会要求我走到我们卧室的衣橱门口，她在衣橱口给我一些口头反馈。“亲爱的，”她说，“你看看这个洗衣篮，有什么问题吗？”

丽莎提供反馈很有技巧性。她让我把注意力集中在一些感知线索上，而这些线索应该是可以触发我自己做出决定——“地上的衣服”代表着“我应该拿起地上的衣服并放在洗衣篮里”。但事实是，我并不想捡起我的衣服。就把衣服散落在地板上，情况紧急时再捡起来不是容易得多吗？我很快就意识到，如果我想继续按自己的想法做事，就必须使用一些策略。幸运的是，我意识到了一个好的态度才是关键。

当我妻子说，“你看到了什么”？我说：“这是我要洗的衣服，亲爱的，那些衬衣散落一地的样子真糟糕！它们甚至都没有靠近洗衣篮！”

“那你看到你的牛仔裤耷拉在洗衣篮边缘的样子了吗？”她会继续问，我说：“看到了，那也不好。我得把它们放在篮子里。不然看起来很乱，篮子也很难拿起来，把东西放进洗衣篮确实很困难。但我会做到的。”你必须承认，很少有丈夫像我这样进行自我批评并乐于接受妻子的反馈。

为了强调这种看法，我说：“我明白，亲爱的，我完全明白。”然后我向她重复她反馈中提出的关键点：“牛仔裤必须得全部放在洗衣篮里。地上不能有东西。”当我这样重复时，我直视她的眼睛，巧妙地点头以强调每一个要点。我经常以“这真的很有帮助”或“谢谢你告诉我”来结束妻子的反馈。

然后，第二天，我又会把我的脏衣服扔在地上，一遍又一遍却不改正。

几乎从任何角度来看，我都很善于接受反馈。我没有防御性地对待反馈；我认真倾听；我表明我在听，并且理解；我还会说谢谢。

但这个小故事表明，接受反馈与使用反馈是不同的，我在这方面很糟糕，因为我并没有改变我的行为。我未能将好的反馈和建议付诸行动，而是继续坚持自己的不良习惯。事实上，正是因为看起来很容易接受反馈，才更容易自满。我一边谦卑地接受反馈，一边又忽视反馈，并选择在得到反馈后什么都不做。

如果这还不明显的话，其实运动员们也一直在这样做。（顺便说一下，教练其实也是如此。）因此，当我们谈论可塑性时，我们的评估应该更多地关注人们如何使用反馈而不是如何接受反馈。如果我们想更好地提高运动员们的能力，我们必须"关注反馈后的行动"。我们必须引起有效的行动。201级反馈就讨论了这样做的方法。

统一的反馈

运动员在听到反馈后没有充分思考的一个原因是教练经常告诉他们，他们的反馈不是很重要。说白了，很少有教练故意说自己的反馈不重要，但很多人无意中就这样做了。想象一下，一个教练在训练中叫了暂停。球员们正在组织后场进攻。这位教练读过本章的第一部分，知道要把注意力集中在一个反馈的点上，所以他让球员停下来，说："暂停。当我们在后场组织进攻的时候，我们的传球速度必须更快。像这样的传球（示范动作）太慢了，而这样的传球（示范动作）会让对手迅速移动以进行防守，这就会暴露出他们阵型中的空位。让我看到你们的这些传球狠狠踢进空位。"这位教练在快速和集中反馈方面做得很好。

然而，随着他的球员继续训练，教练开始评论个别球员的表现："脚得更快点，亚当！""这个决定做得好，卡洛斯！""能进行低位传球吗，马可？""凯文，用另一只脚接球！"等等。

单独来说，这些反馈可能是有效的，但作为一个整体，这些反馈还是缺少一些关键的点。几分钟前，教练停止了整个训练，告诉球员们传球的力度非常重要。但是，暂停结束后，其他十几件事情分散了他的注意力，教练似乎不再考虑传球力度的问题了。他的现场反馈中也没有一个是关于球员们的传球速度。因此没有人知道球员们的传球速度是否有进步，或教练是否看到球员们在努力，或他们的传球现在是否快到足以暴露出对方防守中的漏洞。更糟的是，他的话表明刚刚暂停时的指导已经完全被忘记；仅仅几秒钟之后，教练的注意力就已经转移到了其他地方。短期的信息表明，对教练来说，传球节奏的问题并没有重要到需要他维持对这一要点的关注。如果教练一直这样做，更广泛的意思是他在暂停期间告诉球员的事情没那么重要。而如果这点对教练来说不重要，对球员也就不可能重要了。

但是，如果教练在暂停后给出的现场反馈听起来更像是这样的："是的，我们想要的就是这样，路易斯！""传球，传得更用力一点，大卫！""有进步，达尼洛！""我喜欢这个节奏，但别把球弹起来。""好的，先生们，现在有了我们需要的传球节奏。"在第二组例子中，教练要求自己关注球员是否使用以及如何使用他刚刚给球员们的反馈，而且他已经设法暂时忽略他观察到的大多数其他事情。

反馈上的这种改变有两个好处。第一个是即时的。球员们会一直收到关于他们是否有效地做出所需改变的反馈。这有助于他们了解自己在完成任务方面的情况：我正在努力提升，但我做得对吗？我是否有进步？我做得足够吗？还是太多了？球员们更加关注目标和进步程度的做法会加速他们学习的进度。大卫踢球时稍稍再加了点力气，他以为也许他已经达到标准了，但听到教练告诉他，他有了进步，但必须继续进一步提高自己的力度。他就能继续专注于执行教练的指令，现在大卫需要思考的就是达到适当的球速需要怎么做。同样地，路易斯也立即知道他的改变成功了。他的努力让教练看到了变化。路易斯接下来可以专注于使之变成一种习惯，或者——如果教练说："是的，这就是我们想要的，路易斯！现在看看你能不能把它打成这样。现在看看你能不能做到让对方接横传"——路易斯继续完善传球的其他方面。

更宽泛地说，教练已经对他教学要点的重要性进行了强化。当教练给出反馈时，他注意到运动员事后是否关注反馈本身——他们是否使用了这些反馈和建议，而不是只是点头表示理解一切——这有助于他们养成持续关注反馈的习惯。运动员在使用反馈的有效性上又得到了反馈。教练就是在球员间建立一种反馈后跟进和拥有自我意识的文化。

现场反馈的一致性也有别的表现形式。如果球员专注于一个想法，但实践起来还是有困难，教练可以帮助回顾教学要点。“球传得再快点，孩子们。我们还没达到这个标准。”如果球员似乎忘记了反馈的重点，教练只需要像詹姆斯·比斯顿那样提醒他们“专注于这些传球”！如果他看到球员们成功完成了反馈交代的任务，教练就可以开始描述过程中的下一个步骤。“是的，就是这样，路易斯！现在让我们把球传到合适的队友那里！”或者“现在脚下假动作再多点！”在这种情况下，掌握了第一个反馈要点就可以继续推进新的反馈要点了。

教练是否仍然能看到亚当的脚步和马可的决策方式中他想纠正的地方？能。如果他提到上述的一两件事是可以的吗？可以。不是说暂停后的每一个评论都必须回到刚才的教学要点。我也不建议教练在每次球员触球失误时都要指出来。如果是新的失误且有一定难度，就给球员一些空间来让他们自己思考。但是，保持暂停期间的反馈和暂停后的现场反馈之间的高度一致是十分重要的。这表明，教练在持续关注球员们是否将反馈应用于实践活动。反馈后的后续行动，即“后续行动”才是最重要的。当球员们执行力强的时候更是如此。这是一个告诉球员们“是的，就是这样！我看到了进步！”的时刻。你现在做的事会帮助你成功。如果球员没有使用我们团队中共同讨论的建议，我们应该问的第一个问题是：我们是否已经清楚地告诉球员，我们十分重视这个建议并期望他们按照这个建议执行。调整现场反馈就是实现这一目标的最快方法之一。

由于统一的反馈的目的之一是建立一种重视执教要点的文化，音乐老师约翰·伯迈斯特告诉我的一些内容值得在这里分享一下。他在观看自己与他的青年管弦乐队的视频时（这段视频在第四章“检验学习成效”中会再次被提及），他注意到了这样一个时刻，他让乐队停下来，要求进行配合方面的反思。“在这之前，我们在配合协调方面做了很多工作，”他说，“然后我们转到了渐慢这一符号上，但我想传达的信息是，一旦我们提出了任何建议，我就会一直关注着大家是否执行了建议中的内容。每一个人都要负责任。因此，如果我们在那节课上谈到了那一点改进方法，而我没有在演奏中听到那一点，我就会停下来解决这个问题。”把这一点应用到统一的反馈上，就给了我们机会思考统一现场反馈的问题，统一的现场反馈不仅仅要与前一次暂停时发出的反馈相一致，也应与当天训练的任何暂停中的内容保持一致，与在训练中形成的逐步积累的知识保持一致。

这里的最后一个提示，来自我最近观察到的一位大学教练的训练。在他的训练中，我们讨论了在暂停后持续关注执教要点的重要性，但他觉得很难。所以他打算在之后的现场比赛中加强他的执教要点，但现场有太多要观察、要点评的要点了。他根本就忘记了自己要强化什么。在中间喝水休息时，我们想出了一个主意。这位教练有随身携带写字夹板的习惯，我们决定让他在每次暂停的时候简要地在写字板上写下他的执教要点：后卫必须保持距离以避免被对手切开。这将是一个有趣的记录，这是他教过女孩们而之后要持续追踪的内容，写下执教要点也让教练能够跟进自己的后续行动。每次他向球员们反馈他们是否保持了距离时，都会在自己的写字板上打上一个钩。“距离不错，艾莉！”是一个对钩。“保持距离，西德妮！”也是。他必须在写字板上打上五个钩，之后才能再次给球员们喊暂停。这一方法帮助教练养成了持续关注的习惯。

塞夫 · 伯纳德

“每个人都必须知道球员最重要的一件事”

华盛顿神秘人队的球员发展总监塞夫 · 伯纳德也对反馈统一性研究颇深，他甚至认为一致的反馈比教练在一次训练中给予的反馈更具有协同性。

多年来，在追踪球员个人发展以及团队发展时，我们意识到我们不可能同时做10件事。说起来似乎很傻，但这就是会发生的事情。如果我们有10件想要完成的事情，我们就必须确定优先级并做出决定。这就是我运用“3件事法则”的地方。我努力将清单中的10件事情缩减到3件要专门为球员做的事情，而且看下来往往只有一件事能够成为我们反馈中的重点。

每个球员都需要有一件最重要的事情，他们需要在这件事上得到持续的提醒和鼓励。而当你有多个教练时，每个教练都必须知道每个球员最重要的那一件事。

也许有一个球员，我们一直在努力解决她利用身体左侧得分的问题。她需要在她身体非优势的一侧使动作变得更加流畅和自信。这就是她最重要的那一件事。因此，也许她会在训练前提前来进行15分钟的额外训练。在训练开始后，我们开始练习新的进攻性打法。接下来，我们进行热身。然后在小组中做一些防守掩护。紧接着是短间隔竞争。

比方说，当我们进行5对5比赛时，她在得分位置上拿到了球，并奋力从右侧射门。尽管左侧有一个空当，但她要从自己身体的右侧射门。这就是对她的考验，也是对我们作为教练员的反馈的考验。如果我们不及时对她反馈她最重要的这一件事，作为教练员，我们就辜负了她。我们应该一直关注她的这件事。反馈干预也应该是针对她的弱项展开。这就是作为教练我们需要控制的部分。我们需要有意识地去确保我们干预和纠正的事项是每个运动员的痛点。这种信息传递的一致性对学习过程至关重要。

在我们的训练环境中，如果球队允许出差，我们每周都会聚在一起开会讨论球员的个人发展。这就是我们与特定球员的3个痛点保持一致并同步的机会。针对球员的痛点，我们是否在解决问题上有所进展？如果答案是肯定的，那很好，我们可以谈谈他们下一步的发展。

如果答案是否定的，就需要谈一谈如何改进我们的方法，或将我们的重点转向另一件事。

通过缩减要点的过程来获得一些反馈是非常有效的事情。对我们来说，要么3件，要么更少。而且，一旦你进入一个有许多教练的教练环境，你就越需要得到一致的意见（这与“达成一致”不同）——不仅仅是在一个实践中，而是要持续地问：“我们到底应该如何推进这个主题（球员痛点）？”

是纠正而非批评

这里有一个可以说是无效反馈的例子，但这种反馈很常见，要改变它也很容易。一位大学教练在8对8比赛中喊了暂停。中场球员珍娜在对手施压下接到了一个来自边路球员凯蒂的短距离横向传球，在有机会拉开空间并转换场地的情况下，她却在压力下回传，浪费了一次机会，表现出她对球队比赛模式的错误理解。

“不是把球传回到压迫中，珍娜！”教练说，“切换进攻点。我们必须打开局面，找到切尔西。”或者她采取一种不那么直接的方法，她可以问珍娜问题：

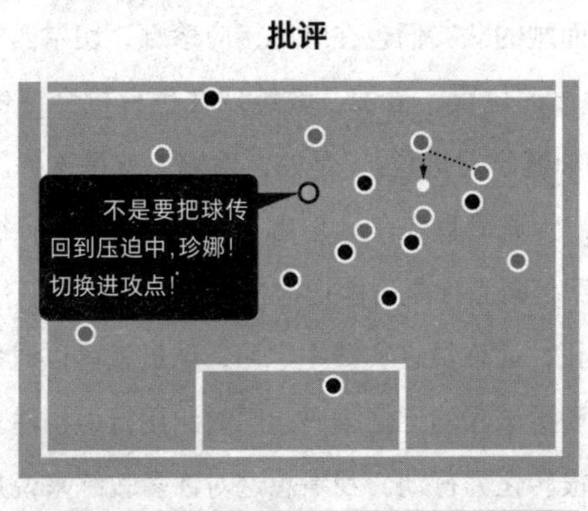

“你在那种情况下有什么选择？这种情况下，我们想往哪儿传球？”

无论是陈述还是提问，这两段反馈现在都是批评的例子。反馈的目的是告诉珍娜（或使珍娜认识到）她在这一情况中应该或可以做什么不同的事情。要使反馈发挥作用，需要把批评变成纠正，要给珍娜和她的队友们一个机会重放这个动作并重新做一遍，最好能立马就重复并且要做得更好。

如果学习是长期记忆中的改变，那么纠正可以让珍娜对正确的任务执行进行编码：执行时珍娜感觉如何，她在任务执行时（或执行前）会看到什么视觉线索。这种纠正方式建立了珍娜对解决方案的肌肉和心理记忆。纠正还为珍娜增加了一个立即应用批评中提到的抽象概念的机会，并将理论变成实际。

教练可能会这样做，首先给珍娜反馈：“我们必须转换进攻点，我们要拉开距离，找到切尔西。”然后教练补充道：“把球传给凯蒂，让我们试试从凯蒂那里转换进攻点。”或者，教练可以使用如下的问题：

教练：珍娜，停一下。你在那个位置有什么选择?

珍娜：我可以横传给切尔西。

教练：行，这么做是为了什么?

珍娜：为了拉开空间。

教练：很好。把球传给凯蒂，让我们看看你的表现。

这两种情况都让珍娜对正确的任务执行建立了更强大且更丰富的记忆。她把答案在场上自己做了出来，而不仅仅是描述这个答案，她还把各种细节都加进去。珍娜试了一下，找到了第一次触球时的角度。珍娜发现她可以用假动作来掩饰她的行动，而她的队友们也在练习接应珍娜。切尔西学会了在看到珍娜接球时略微调整自己的位置。当然，教练现在也有机会提供统一的反馈，以帮助珍娜和队友们加速学习进程。“是的，珍娜，就是这样。就在那里拉开距离！”或者“是的，传球简直完美，珍娜”，或者也许是“很好，珍娜，但让我们再试一次，让我们看看你是否能把这个假动作再做一下”。

把批评变成纠正，让球员在实践中学习，球员就可以对什么才是“正确的执行”进行更有力和更深入的记忆编码。同时纠正行为也建立了一种文化，在这种文化中，语言被转化为行动。我猜想这对许多教练来说是显而易见的，很少有人会在原则上对它提出异议。所以值得一问的是，为什么我们不经常这样做呢？有两个原因映入脑海。第一个是时间压力。有这么多东西要教，这么多事情要做。因此，我们很想在有限时间内覆盖更多的内容：说出来一件事，然后继续下一件事。这也是正确的，我们想让球员们踢球。但请教练们记住，大部分的学习是在以下情况下产生的：运动员使用我们语言描述反馈的时候，而不是我们说出来的时候。增加纠正的步骤似乎比较慢，但最终会变得更快，因为你会发现自己重复得越来越少。衡量我们在某件事情上花费多少时间的真正标准不是我们所使用秒数或者分钟数的总和，而是我们所使用的秒数或分钟数总和除以时间所产生的学习量。是的，作为教练，你总是想要一个更快的暂停，但同时也是塑造球员们记忆的这么一个暂停。

导致我们跳过“立刻就做”这一步骤的第二个挑战是冲动：在没有想清楚意图的情况下，就给予反馈。我们在实践中看到一些困扰我们的事情，然后冲动地喊了暂停，把我们看到的东西反馈给球员。我们在说话的时候大脑还在处理这个信息并且还没有想到我们想要的行动。有趣的是，很多关于冲动决定的研究表明，一两秒钟的时间延迟就能让你更具策略性。如果这是真的，你可以在一个笔记本上先写下你在训练中观察到的、想要谈论的事情。这在很多情况下可能会有所帮助。

我想我们把执教要点直接说出口的原因是我们担心自己会忘记它们，所以我们马上就喊了暂停来谈论这些要点。至少如果我们把它说出来，我们可以说服自己我们已经解决了这个问题。把事情写下来可以缓解我们会忘记这些要点的焦虑情绪，并提供自律且更一致的方式表达更少的事情。延迟一两秒钟来写下笔记，就足以减缓这一过程，让有意图的反馈取代冲动反馈。

对于年轻的球员，你可以把纠正分解成一个序列：“好的，让我们把球传回给凯蒂。珍娜，当你接球时，髋部张开，这样球就能滚过去。（示范：珍娜这样做。）好，你看这样做第一次触球，你就可以把球传给切尔西了，对吗？所以，让我看到你第二次触球时把球传到切尔西的脚下。（示范：珍娜这么做。）很好。现在试试全速跑动，把球回传给凯蒂。防守球员，你保持不动，直到珍娜第一次触球为止！”这就让珍娜可以在较简单的情况下慢慢排练基本传球动作，然后在她有机会成功练习好她的动作之后，在一个稍具挑战性的环境中进行实践。

詹姆斯·比斯顿

使用二元反馈（作者：詹姆斯·比斯顿）

在讨论培训时，道格和我决定测试一下大卫·伊格曼的《隐藏的自我：大脑的秘密生活》一书中的一个想法，我们称之为“二元反馈”。

这个想法起源于第二次世界大战，正如伊格曼所说，当时，英国有极少数人能够听出飞机越过英吉利海峡时的声音，在他们看到飞机之前，就能根据其引擎的声音判断出飞机是英国的还是德国的。很明显，这种信息的价值很高，他们希望有更多这样的人。但这样的侦察员们无法向其他人描述他们所听到的东西。他们无法解释，他们就是能做到。那么应该如何训练一个人也能获取这样的听力技能呢？

有一个非常简单的事情就可以做到：一个侦察员将站在一个受训者旁边。当发动机的声音变得清晰时，受训者就会猜测：英国的还是德国的。侦察员会简单地说“是”或“不是”。这个培训的成果或许助推了日后人工智能的发展。随着时间的推移，大量的二元数据，即某件事情是或不是，足以帮助大脑学习一些它无法解释的事情。

作为教练，我们经常要求球员做一些难以察觉的任务，特别是在运动学习领域，我们希望养成高效动作的习惯，但一个球员却在自己不知不觉的状态下做错了。如果一个教练只是站在球员旁边，当球员们任务执行正确了，就说“是”，当他们执行错了，就说“不”呢？这样他们会不会在没有干扰和暂停的情况下快速且有效地学习？于是我决定在我训练的一些球员中尝试二元反馈这一方法。

我在3种情况下进行了测试，所有这3种情况都涉及高速的复杂动作，这些动作很难描述，也很难让球员意识到他们是否做了这些动作：一种脚步模式，一种防守时的“坠步”，以及一种着重于何时进行扫描的意识训练。

对于许多球员来说，当你向他们展示脚步动作时，他们的第一个想法是尽可能快地执行这一练习，而很少注意到促使脚步练习最终成功的精确性和技术细节。他们学会了这个技能，但没有达到将这一技能迁移到比赛中并取得成功的程度。在一个案例中，一名球员经常不能在拉球转身和脚底拉球中间把脚放下，这就导致他在接下来的动作中失去了平衡。简单地告诉他尽量不要在动作中间放下他的脚，并不是特别有效。一天下午，我将我的反馈意见完全集中在他是否在转身和拉球之间把脚放下了这点上，并且只说“有”或“没有”。在第一轮练习中，有很多次反馈都是“没有”。去改变球员一个看似简单的习惯确实是令人沮丧的，所以我开始要求他以更慢的速度执行第一部分：“如果把球往回带得更慢，你就会有更多的时间把脚放下来以保持身体平衡。拉球动作放慢了，但整体动作其实是快了。”突然间，“没有”开始变成“有”，而且这种可量化的进步其实对球员是一种激励。每一声“有”都增强了他的信心，而且随着“有”的数量越来越多，球员的速度也开始增加。通过对这个简单的“有”和“没有”数据流的反应，这位球员很快就能在一个基本上无意识的运动中重建自己的脚下习惯。

在第二个案例中，我想帮助一名球员克服一个习惯。他的习惯是在防守受到压迫时，他转身向后跑时会加一个多余的脚步动作。该运动员的多余动作使他的反应变慢并且将他的身体推向了错误的方向。对防守队员来说，这是一个微小但至关重要的缺陷，也是在一个复杂的动作中的另一个无意识的微妙习惯。我想知道二元反馈是否能对他有所帮助。我们再次缓慢地开始。我仔细观察他多余的这一步，并简单地告诉他“是”或“不是”，来反馈他是否执行得正确。“是”意味着“你没有多迈这一步”。即使答案是“不是”，我也会小心翼翼地保持自己的语气不受影响。我们都知道，打破一个习惯将意味着很多的“不是”。有时，我只是在说这些“不是”的同时微笑，以表明我充分理解对球员们来说改掉一个习惯有多难。练习的进展依旧是先慢后快的。他一开始很挣扎，然后就有了“是”，这位球员开始取得飞速进步。我也开始在更复杂的条件下测试他的技术。很快，新的简化动作就成了该球员的新习惯。

在第三个练习中，我想尝试使用二元反馈改善球员的目光“扫描”时间——他在接球前从肩膀看出去检查对手的能力。要让球员以正确的时机进行可靠的目光扫描是很难的，但要评估球员是否真正处理了他在目光扫描过程中看到的东西就是难上加难了。训练头部的旋转很容易，但要教给球员随头部旋转而带来的感知和认知却很难。

我首先把一个iPad放在三脚架上，在球员身后以3秒或4秒的间隔闪烁蓝色、红色、黄色或绿色。球员在接球前会用目光扫描iPad，并喊出他看到的颜色。这将使我能够评估球员是否真的在以有意识的方式处理他身后的东西，还是仅仅是头部转了一下。二元反馈是对此的回应——颜色说正确意味着“是”；颜色不正确意味着“不是”。然而，我很快意识到，在这种情况下，二元反馈并不那么有效，因为它只是确认了球员是否正确地看到了灯光的颜色。这就突出了关于二元反馈的一些重要内容：当它帮助球员们感知他们无法感知的东西时，该反馈方式的效果最好。在我的反馈下，球员的行动没有任何改变，他已经知道他是否正确地感知到了光的颜色。我的二元反馈并没有改变他对自己动作的理解。

因此，反思一下，二元反馈对加速技能的获取是有好处的，特别是在当你想提高对某些无意识的事情的早期认识的时候，但这需要大量和快速的反馈，以及对单个动作反复进行的近乎禅宗般的专注力。在短时间大量练习中，这一方法效果最好。我建议这个反馈可以交错进行：用几分钟的时间来完善一个动作，然后再去做别的事情，经过一段时间的遗忘后再回到这个动作上。

反馈应用的时间

当我们给运动员提供反馈时，教学就发生在我们谈话的过程中，但大部分的学习发生在运动员尝试应用我们反馈中所描述的方法时。这就意味着我们要把注意力转移到我们谈话结束后发生的事情上，从而确保我们为运动员提供纠正、应用和扩展理解的机会，因为暂停后比赛会继续。我们希望在应用反馈时有尽可能多的变化和类似比赛的环境，这样运动员能够延续他们的理解和学习。为应用反馈创造时间和空间很明显却很有挑战性。因为我们很难设计一个环境，以合适的方式呈现应用反馈的机会。有时教练们忙于教学，而没有考虑到运动员们的学习。

我最近看到一位教练在训练中的一个暂停做得很好。女孩们在一个由三部分组成的格子里比赛，3对3+1，黑色对绿色。黑队和绿队的每个球员都固定在其中一个三分位上，但+1的队员可以去三个格子中任一个。像下图展示的这样：

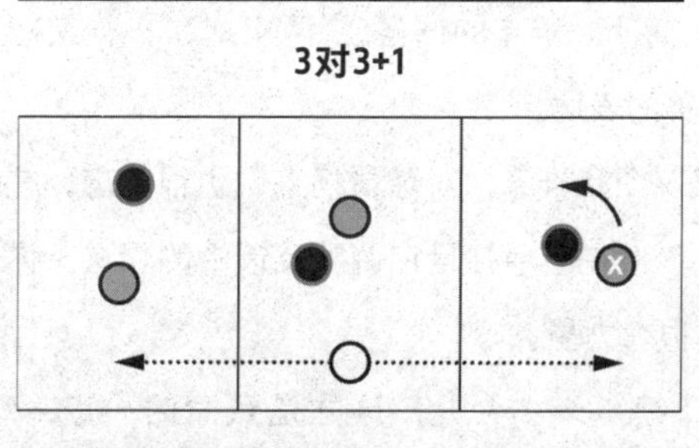

这种队列设置使球员必须创造空间并与她们的防守球员分开。如果她们这样做了，她们就会实实在在地得到球权。有一次，中立球员持球，绿色球员控制球，标有“X”的球员试图在她的防守者身后做一个环形跑，以获得空位（如图中箭头所示）。后卫很容易就防住了她，她并没有成功。

教练在此时暂停了比赛。“为了在这种情况下获得空位，”他解释说，“你往往要跑两次：一次是为避开了防守队员，一次是为了球。”然后这位教练向女孩们展示了如何进行第一次跑动（为“防守队员”的跑动），然后扭转方向回到他所腾出的空间（为“球”而跑）。然后教练让她试试这个方式。尽管防守队员知道女孩要避开自己，但时间的不可预测以及教练所做的如何在防守队员的盲点上跑动的展示，使女孩成功获得了空位。女孩接到了球，然后她们就走了。

从我（教学）的角度来看，这是一个几乎完美的暂停。教练强调的技能是复杂的、重要的，并且适用于各种场合。这一技能指导了球员们的无球跑位，而无球跑动的训练机会比带球跑位的训练机会少得多（但这两种跑位同样重要）。

一个优秀暂停的基本要素为：

- 速度快，从比赛暂停到继续需要大约25秒。
- 暂停反馈只集中在传达一个想法上——不会对球员们的工作记忆带来过多负荷。
- 运用了纠正，而非批评。球员们有机会演练所需的行动，而不仅仅是听教练讲述。
- 运动员们能够立即应用这个想法。
- 使用清晰、简明、难忘的语言。“两次跑动：一次避开防守队员，一次为球。”完美的表达。

这些要点不仅仅令我难忘，对球员们来说也很难忘。在教练说“开始”之后，你可以看到女孩们在应用并且在调整反馈中的想法。你可以看到她们动作上的变化。这一幕很有力量。

但这一幕只持续了一小会儿。这才是致命的一点，对我来说，这也是教训。

不到一分钟后，教练喊了另一个暂停来讨论不同的主题，即“两次跑位”。第二次暂停在教学和主题方面也做得很好，但第二次暂停的效果是将第一次暂停的教学内容从球员的工作记忆中抹去。现在女孩们在比赛中想到了第二次暂停，于是她们停止了第一次暂停里的动作练习。刚刚开始的探索和学习还没有完全扎根于女孩们的脑海和动作上。她们需要更多的时间来养成两次跑位的习惯，理解这一习惯，并持久地将这一习惯编码在记忆里。

她们本可以花更多的时间来尝试如何突破防守队员的盲区，用假动作使防守队员失去平衡，进而意识到有时你真的必须通过快速改变身体语言来推进你的第一次进攻，比如说，有时实际上是三次跑动：假跑/假回防/继续第一次的跑位，等等。

在使用和应用一个想法上花时间对学习是必要的。如果我们想提高学习效果，我们的目标必须是保持对一个想法的专注，如果我们真的想加速学习进程，就必须先专注于这个想法，然后让球员开始忘记这个想法，之后再回来重新操练这个想法。停顿的时候才有教学，但只有当球员们持续使用暂停中讨论的想法时，学习这一步骤才会发生。保持球员们对这一想法的专注有时意味着在教学质量很好的情况下先不要继续教授下一项内容。在理想情况下，应该更多地关注无球时的比赛节奏和走势。

教练员在这里要考虑的实际行动如下所示：

- 延长每次暂停后的比赛时间，以确保运动员得以应用这个想法。
- 提醒运动员他们正在做的事情——“女孩们，让你的防守队员失去平衡。改变比赛节奏和方向”——这样她们就会继续寻找机会使用反馈中的想法。
- 在相当长的一段时间（10分钟、12分钟或15分钟）内，多次的暂停教学都集中于同一主题上（或加一些新的变化）。
- 在训练快要结束的时候再来讨论这一教学主题，进行回溯练习，并在接下来的一两节课中再次回顾这一话题，即使回顾时间很短暂，那也是为了将这个新习惯刻入球员们的长期记忆。

做到以上几点需要自律。一个好的教练可以在90分钟内教出比球员所能吸收到的还要多的东西。我们必须对我们谈论的内容有所挑选。我们必须知道在执教时什么才是最重要的，并专注于教授好这些重点。

如果我们采取一些措施让球员更加有意识地抓住机会对反馈加以运用，他们就不会错过这些反馈，这对球员们也会大有裨益。稍后，我将讨论以约束条件为基础的执教方式——比赛的规则和结构可以专门设计成有意促使某类型的事件发生频率更高，从而让球员从比赛的经验中学习，在这种情况下球员们所需的明确的教学或反馈内容则少得多了。这种方法对专家级别的球员可以产生更好的学习效果，但只要稍加调整，也可以为训练早期阶段的学习者所用来更好地运用反馈。在练习中，教练可以根据她提出的反馈增加一条规则，并把这个新规则向运动员们说清楚。这样运动员们就会更加注意到这个规则为他们创造了使用反馈的机会。例如，让我们回到珍娜身上，她把球传回到了压迫中，而没有转换进攻位置。珍娜的教练可能会对规则进行修改。“在接下来的5分钟里，除了一个防守队员之外，所有的防守者都必须保持与球在同一侧”或“在接下来的5分钟里，当我们改变进攻位置时，所进的球算双倍分数”或“在接下来的5分钟里，球必须从球场的一侧传到另一侧，然后我们才能得分”。

这些条件上的变化会使球员们转换场地时有更多的机会和（或）奖励。教练们肯定可以提出比我在这里使用的更为复杂的约束条件的例子，但这些条件背后的核心在于，暂时改变比赛规则以激励运动员使用你的反馈，这样做可以提高反馈应用率。

同样地，在接下来的比赛中，用一个你可以使用的口头提示，来让运动员意识到有机会应用你的反馈，这也十分有用。例如，珍娜的教练可以说：“在接下来的5分钟里，如果你听到我说‘好’，就表示有机会冲出压迫，如果你听到我说‘好’，就表示你们要寻找机会改变进攻位置。”或者“当你在一个狭窄空间里持球，队员人数也少了时，我会喊‘压迫’。当你听到这句话时，我希望你们能寻找机会改变进攻位置。”当珍娜的教练反馈中的想法自然而然出现时，球员会意识到并使用这些想法，珍娜的教练通过上述表达增加了球员们应用反馈的可能性，但她并没有改变比赛规则。第一种情况下的前提假设是，使用新想法的机会可能不会自然且频繁地出现，以至于选手们在暂停后没有足够的机会去尝试应用这些反馈。第二种情况的前提假设是，应用反馈的机会可能会出现，但球员们可能无法识别到应用的情况。两者的共同点是尽全力实现反馈后的应用，使运动员们更有可能从应用反馈中受益——从而使理论到行动更加协调一致。

对这种执教方式的一个常见异议是，过度的控制可能会扭曲决策。也许切换进攻位置并不是在特定情况下冲出压迫的最佳方式。加一个口头提示或具体的约束条件（如“你必须在进球前切换位置”）会不会改变球员们的决策，从而导致球员过度使用特定的一个想法？当然会。约束条件的概念是教球员如何以某种方式解决问题，给他们提供做这件事的经验，而不是让教练们总是使用这一方法。只要对这一点保持警惕，这种执教方式的风险就是可控的。如果仅几分钟的强化会令你的运动员不断痴迷地寻找在每一个可利用的情况下应用反馈内容，作为教练员你肯定得到了你的团队的高度关注和跟进，并且你的做法肯定是正确的。教授运动员其他应对压迫的方法是很容易的，然后可以与他们一起讨论——或者让他们选择哪种方法在特定情况下是最佳选择。

还有第二种方法能使学习者识别并理解应用反馈的机会，那就是要求学习者学会在下一次暂停时反思自己的行为。假设珍娜的教练试图采用这样的方法：当她想让学员认识到改变进攻位置的机会时，她会喊出“压迫”。在下一次暂停时，她可能会先说：“好了，大家伙。我叫了‘压迫！’三四次了。”然后开始向他们提问：你能转换位置吗？为什么我们在换位置时很挣扎？这有什么困难的呢？当我们成功换了位置时，我们是如何做到的？要求运动员以这种思考问题的方式进行反思，可以使他们把学习放在最重要的位置上，并提醒他们思考的目标是让他们注意到应用反馈的机会。

另一种在真实环境中得到更多应用反馈的机会的是使用我们在序二中提到的回溯科学中的间隔和交替的概念。也许如果珍娜的教练希望她的团队能够继续寻找并最大限度地增加改变进攻位置的机会，她会继续教授其他话题，然后在15分钟后再回到这个改变进攻位置的想法上来。“让我们回到远离压迫的打法，并确保我们仍然记得这个打法。”或者在第二天的训练中，她突然喊出“压迫！”并看看球员们的反应效率。短暂的延迟和其他话题的干扰将使球员们更努力地记忆该做什么和如何去做。把反馈重点系统性地应用于整个训练过程中的一个简单方法就是，把暂停中谈论到的最重要的主题和执教要点记录下来。如果你有一个随手可得的反馈主题清单，就会更容易回想起清单，并将这些要点和主题零碎地分散在你的教学中，以确保球员们能在长期记忆中反复习得。

缩短循环的时间

在《练习的力量》一书中，凯蒂·叶兹、艾丽卡·伍尔韦和我讨论了来自医学界[④]的一个令人惊讶的挑战：随着时间的推移，放射科医生在看X射线和其他扫描片时的能力会下降，而不是提高。你可能会认为看数以千计的扫描所积累的经验会大有裨益，但有一点是缺失的：放射科医生在看了典型的乳房X光检查并作出评估后，通常在几天或几周甚至几个月后才能知道他或她当初的评估是否正确，那时他们几乎不记得该病例的细节以及他们为什么要这样分析该X光片。由于决策和反馈之间的延迟如此之长，放射科医生相当于在黑暗中操作，因此并没有提高。

④参考乔舒亚·福尔《与爱因斯坦月球漫步》（*Moonwalking with Einstein*）一书。

事实证明，对于反馈来说，速度是一个关键因素。当你越接近你想要的改变，它对你的影响作用就越大。事实上，反应的速度往往比反应强度要重要得多。如果你迅速干预，说“不是那样而是这样的，再试一次”，你就不用之后用说话或喊话来表明自己的观点。如果在训练中，球滚到了界外，而你自己也许有点沮丧地说：“大家伙，我们本来在中场有球，但我们传回压迫了。我再说一次，我们需要……”解决方案可能是不要等球滚到界外。相反，作为教练我们应该在更接近初始事件的时候给予反馈。

在上一节的例子中，珍娜的教练可以通过以下方式来缩短这个时间循环：将她的反思问题环节安排到更接近运动员应用反馈的时刻。所以，也许在她第一次喊“压迫”，运动员试图改变进攻位置时，教练可以立即让他们停下来，这样教练和队员们就可以一起研究这个挑战和问题（见本章后面的“301级反馈”中的“展示问题”），或者进行细微的调整。然后，她会在行动中提出一些她的问题，例如：“这里有什么挑战？你要怎么做才能克服该挑战？是的。继续。继续注意‘压迫’这个词。踢！”然后，在她对球员们的学习效果做更广泛的分析之前，也许会让球员们自己尝试几次冲出压迫。如果她们成功了，教练可能会多给她们几次机会来应用这一踢法，但如果她们在训练中有困难，教练可能会再次尝试让她的反馈更贴近最初的行动。“暂停一下，女孩们。我在那里大喊‘压迫！’但我们始终无法将球带出我们所处区域的一个原因是我们接球的技术……”

还有一些与快速反馈概念有关的好消息。就是让给予反馈的时间尽可能贴近导致犯错的根本动作，会比后来给予更广泛的反馈来迅速改变动作更好。我们可以等错误发生三四次后，球员们感到沮丧、注意力开始涣散，立马实践反馈的机会也溜走时，通过连说3次来强调该问题的重要性；或者我们可以在第一次就抓住它，快速地提出建议，说“看看这样是否有帮助”，让球员们重新开始行动，然后集中于用稍微不同的方式踢球。我们介入给予反馈的速度往往可以确保我们完成反馈撤出的速度。

我在这里想起，一些教练将暂停分为两类：自然暂停（球出界）和教练发起的停球（“暂停一下，大家”）。区分二者的意义不大，除非你规定，否则教练不要使用第二种暂停，因为它不自然且会中断比赛或练习。对我来说，这个原因有漏洞。我认为人们提出这个说法是因为他们觉得训练中的暂停出现得过于频繁。在这种情况下，解决方案就是减少暂停的频率，但如果某个问题或者战术值得花时间谈论，那么暂停的时机就很重要。在球员还能研究感知线索的时候，让反馈更接近引起反馈的事件是很重要的。如果你等到球出界后一会儿再喊暂停，球员就不太可能记住当时出界的具体细节。因此他们更不可能将解决方法与最初的问题联系起来。而且，重现这个场景对教练来说会更困难。正如我在下一节所讨论的，这也许是缩短反馈循环的唯一最重要的原因。在视觉上重现最初的情况可以让你的运动员看清问题，在感知和行动之间建立联系。如果你想解决问题，你就必须关注着它。通过反馈迅速介入，你就可以简单地重现当时的情况。

如果可能的话，使反馈更接近刺激源是一个很好的经验，但是缩短时间循环并不是一个硬性规定，而是最能与其他因素平衡的方式。例如，立即做出反应要求你能迅速地确定语言框架。是否值得花时间把反馈语言打磨好？你是否想收集更多的数据？你是否想和助理教练讨论你要如何谈论或给球员展示解决方案？是的。当然在训练前对可能出现的错误进行规划和思考（见第四章）也是至关重要的，如果你花点时间规划一下这些内容，即使是现场反馈的效果往往也会更好。

缩短时间循环的另一个风险是，可能使你更冲动，更倾向于看到一些问题就立刻介入阻止训练，而这些问题并不是核心问题，或者作为教练介入得过于频繁。一项有关感知的研究告诉我们，计划很关键。管理我们在训练中所看到事情的最好办法是事先想好我们期待看到的最重要的事情和最有可能影响球员表现的错误。我们的优先事项序列大多是提前制定的。因此有一个熟悉且一致的例行程序来处理比赛或者训练中的暂停很重要。教练应该能够在关键时刻说“暂停”或“停止”或“别动”，但也要有能力让球员马上停下来从而使团队能快速和无缝地进入反馈环节。如果你要打乱球员们的位置，然后再让他们回到原位置上，这就是在浪费时间，而且使得反馈的时间拉长，并且当你告诉凯利要到中路去，卡拉位置要靠里一点时，这会分散你的注意力，你的语言和反馈的清晰度也会受到影响。在最后几页中，你会读到指导渐退效应——在学习的后期阶段，专家级别的学习者会被过多的反馈所干扰，同样在一些有精英运动员的环境中，最好让一个错误发生多次后再去解决它。

因此，让反馈尽可能接近引起错误的动作是首选，但这也可能会被其他因素所抵消。也就是说，这一做法的好处可能在技能掌握方面最为明显——当我们想让身体掌握一些动作时，速度的好处是最显而易见的，在这种情况下，就值得考虑一下二元反馈了。

“努力执教”和“寻求胜利”

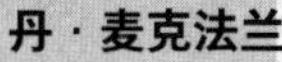

丹 · 麦克法兰是来自北爱尔兰贝尔法斯特市阿尔斯特橄榄球队的总教练。该球队是欧洲顶级职业橄榄球队之一，经常参加欧洲冠军杯。麦克法兰描述了他和他的员工培养球员的两种平行方法，这一方法使他们能够平衡教练组的要求和个人的需要。

我们的很多训练涉及以比赛为基础的训练方式。每场比赛的主要焦点通常是在进攻或防守方面。根据不同情况，一个教练将负责比赛流程和训练目标。比方说，防守教练是贾里德 · 佩恩，贾里德想改善在使用拉克技术时（Ruck）的间隔问题，然后用防守线压迫速度来诱发进攻中的变化。所有“暂停”（为执教而喊的暂停）都由贾里德负责。所有对球队的指导都由贾里德完成。这是他的训练而且他有优先权。球员们需要专注于贾里德的观点。

然而，橄榄球的性质意味着，当一队在防守时，另一队则在进攻，而且往往是长时间的进攻。我们希望确保球员在任何时候都能得到发展，我们把我们的理念称为“努力执教”，在这里，这个理念意味着在比赛中其他教练要专注于发现对单个球员进行指导的机会。这需要教练进行大量的跑动和思考。

这里有一个例子。前锋教练罗迪 · 格兰特可能会在贾里德的训练中专注于观察击球/拉克技术中的进攻动作。然后，罗迪在比赛中会移动到进攻的后面。比方说，罗迪发现了凯文没有对提示做出反应或加速，导致他到达击球点的速度有点慢。罗迪可能会喊出“凯文快速进攻”。这句话是我们在训练中一贯使用的一句话。这句话暗示凯文在他上一次拉克技术中进攻时速度太慢，但重点是我们训练的动作。解决慢吞吞的问题的方法是“加速进攻”。

进行干预反馈的细节和时机是非常重要的：

- 首先，干预反馈必须是即时的，但既不能干扰球员“投入比赛”，也不能干扰贾里德教练，因为后者有优先权，所以教练必须理解给予干预反馈的时刻。
- 第二，干预反馈必须明确使用球员的名字，否则凯文可能不知道这句话是在说自己。通常情况下，凯文只需要回过头，用一秒钟的时间就可以接收到罗迪教练的反馈。
- 第三，反馈语言必须准确和简短。这方面的关键是有一个专属于队伍的执教语言；在这个例子中，就是“快速进攻”，队员们知道这句话意味着对扑搂的提示做出反应并快速赢下与对方防守球员的纠缠，从而达到击球的目的。如果干预反馈是即时的，教练不需要说“你上一次拉克太慢了”，因为这个意思已经包含在解决方案的话语中。
- 第四，但也许是最关键的，罗迪现在必须着手尽可能快地在中断训练后进行“寻求胜利"”的反馈。在他的指导中，他着重关注让凯文表现出良好的“快速进攻”。一旦罗迪看到凯文做出了这种表现，他就会说：“是的，凯文，进攻速度不错。”这就完成了干预反馈的循环。这既能帮助凯文知道他的进攻做得更好，也表明当我对你提出要求时，我会注意到你是否达到我的要求。根据我的经验来说，这个反馈过程在队伍内部有着广泛的影响。即使教练的执教要点是针对个别球员的，旁边的其他球员也会听到这种干预反馈，同时其他球员也一并加强学习了“快速进攻”的重要性。

当另一位教练正在教授不同的比赛内容时，此时进行指导对教练来说是一项困难的任务。这很像打球，真的。他们必须仔细理解比赛环境中的线索，如贾里德是否要说些什么以及球员在那一刻是否分心。并且当运动员在进行复杂的比赛时教练们需要尽量采取影响较小的干预反馈。在这个意义上，干预反馈对运动员的要求也很高。他们必须能够在一个系统中流畅地进行比赛，同时也要关注他们所收到的反馈里的小细节。这要求虽然很高，但这也是成为一名精英运动员的意义所在。

可复制的赞美

大多数人都认为，赞美是激励人们最有力的工具，可以使他们对自己感觉更好，并鼓励他们更加努力工作。至少这似乎是人们使用赞美的方式。训练时，你可能会听到教练这样说，“好，莎拉。是的，爱沙。很好。很好，大家伙！我太喜欢你们的表现了！”

正强化——告诉某人他们做得很好——确实可以对运动员产生这种效果[⑤]。但赞美作为一种教学工具时威力更大，因为赞美可以帮助运动员知道要复制什么行为，但在训练中这一强化巩固的作用没有得到充分发挥。运动员总是能完成好一些任务，但却不能继续保持，是因为他们没有认识到他们在这些任务上已经做得很好了。或者他们没有看到这一次的任务完成与做其他任务时的区别。事实上，有时运动员们甚至不知道他们已经做了什么。一个善于观察的教练可以通过在适当的时候进行具体的正强化来改变这种状态。当运动员第一次成功做出某个动作时，教练可以简单地描述出这个成功，这样他们就能理解，并能复制这一次的成功。“是的，就是这样，露西”与“很好，露西”相比，前者可以更清楚地表示你在观察一个具体的动作，而不是表扬露西的努力。这是个很微小但却很重要的区别，在此基础上你可以进一步帮助露西意识到她做对了什么：“是的，露西。第一脚触球踢得很好！”或者你想让露西更具体地看到她的正确表现：“是的，露西。我太喜欢你这第一脚触球，让我们远离了压迫！”也许你甚至想把它变成一个暂停。“暂停一下。大家伙，露西刚才踢得很好很利索。第一次触球几乎是出

⑤但过度使用赞美也会减弱赞美的作用。

现在她身后。但她像我们一直在努力练习的那样打开了空间（演示），这使她能够护住球。让我们看看我们所有人是否能在比赛中多做几次像露西那样的第一脚触球。”或者也许你可以暂停下来，问一些问题，甚至你还在故弄玄虚要求球员们分析露西的动作是成功还是需要改进：

——露西，你刚刚在那儿的第一脚触球是怎么做的?

——我往后踢了。

——为什么?

——卡亚跟上来了。

——你的第一脚触球是向后踢的，这样你就能护住球是吗?

——是的。

——是的，就是这样。很完美，你为我们保住了球，而过去我们常常丢球。这一点做得非常好，希望我们大家都能看到你的完美表现。

成功，尤其是球员的第一次成功，是一个极其重要的执教机会：通过大声赞美球员的成功可以帮助球员意识到并且理解自己的优异表现，教练这么做很有可能使球员复制这次优异的表现。毕竟，如果你做了一个相反的暂停——比如说，如果你看到露西接到球后的第一脚触球落到了冲上来的防守队员的控制范围内，然后你说：“暂停。露西，第一脚触球很稳，但现在试试能不能转动你的身体，让第一脚触球落在你的背面，这样你就可以护住球。”露西可能会怀疑自己是否能按你说的做到。但在这里，露西已经做到了。所以她的任务仅仅是复制这个完美触球，也许可以稍稍调整一下这个触球。露西已经知道她能顺利完成教练反馈的这个触球方式。

赞美的另一个隐蔽的好处是，偶尔利用暂停来研究球员的优异表现，就像我们研究训练中的问题一样，可以改变球员对暂停本身的情感反应。当球员听到哨声或“暂停”一词或我们用来暂停比赛的任何信号时，球员们会体验到一种闪烁的情绪，这种情绪在暂停期间一直存在。当然，有些球队的球员在听到停止的信号时，会准备好应对自己的消极情绪。也许是因为这些球员们想要不受干扰地比赛，但也可能是因为他们知道不论是谁拿着球都会挑他们在球场上犯的错。即使有着最好的积极应对措施和对错误的正常认识，利用暂停来指出球员们的优秀和成功，这可以非常有效地建立运动员对反馈的积极回应。

重复表扬需要注意的一些关键要素：

- 当你在表达“这个踢得好！”或“那可太棒了！”的赞美时，问问运动员是否明白“这个”或“那”指的是什么，这种提问是一个很好的直觉检查。如果你确定露西知道你在夸她的第一脚触球，那没问题。如果你不确定露西是否知道你在夸她什么，在表扬后面加上“因为”或者“当你……的时候”这类的词语十分关键。
- 别因为沉迷表扬而忘记了重点是要告诉运动员要复制哪个成功的动作或者战术。事实上，有时你可以用简单的方式来更直接地表达赞美，例如，就像这样一句话：“就像这样！”这比在表扬中加了6个“真棒”更简单明了。与此相关的是，如果你过度使用你的赞美之词，这些溢美之词在展示球员成功方面会逐渐失去意义。你在训练中的第24个“真棒！”可能对运动员来说就没那么令人难忘了。
- 要让运动员不断复制优异的表现。之前我提到了一段约翰·伯迈斯特教他的学生安娜拉大提琴的视频。如果你再重新读一下，就会注意到约翰在安娜拉对颤音时的反应。

约翰：拉得漂亮！再做一次。

（安娜演奏）

约翰：就像这样，再来3遍！

（安娜又拉了两遍，边拉琴边喃喃自语）

这些表达——“再做一次。再来3遍，就像这样！”非常有说服力，因为这些表达提醒我们，做对了就是掌握了一半。我们有时会认为，如果运动员们成功完成了某个技能，这个技能就会突然成为他们掌握的技能的一部分。但实际上，他们必须一次又一次地重复做才能真正掌握。如果可以的话，为什么不多增加一个立即感受成功的机会呢？

- 如果你能快速表达赞美的话，可以偶尔增加一些教学细节。除了“是的，就是这样”和可能的“现在再做一次”之外，你还可以添加一些技术性的指导。例如：“是的，就是这样。你能做到这一点是因为你的身体姿势。像这样（示范）。来，看看是否能再做一次。”

- 让表扬尽量简短和温馨。正面反馈的最大的问题之一是我们忘乎所以地告诉球员们他们做得有多好，因为夸人的感觉很好，或因为我们想让球员们感觉到我们有多兴奋，所以我们会过度谈论或重复表扬。这样一来就弱化了我们语言的力量，而在探讨迅速、集中的反馈时我们说过这正是我们要警惕的。而且，当我们过度赞美时，我们有可能听起来很不真诚。所以赞美要表达得简单且迅速，不要太依赖“真棒”。

信号和噪声：科尔和库里

停下来指出球员们需要复制的成功似乎是一件小儿科的事情，但表扬在所有层面上都很关键，在某段视频中我看到金州勇士队的主教练史蒂夫·科尔对球员斯蒂芬·库里的做法。在这个视频里发生的事情是，库里在训练中遇到了一些麻烦。但科尔希望库里加强对正确动作的感知，所以他坚持这样的训练。从长远来看，这些练习会使库里和球队获得成功。比赛过程中产生各种情绪反应是比赛的一部分，而各个级别的运动员倾向于被情绪影响并做出过度的反应。我一次投篮没中，即使投篮角度没问题，这次失误也会影响我对整场比赛的看法。或者反过来说：我从一个不对的角度投篮结果居然投进了，突然间我就开始从各个奇怪的角度进行疯狂投篮。作为一个教练，你希望球员看得更长远一点：如果我获得了空位，然后像第一次那样出手投篮，球十有八九会进。我的失误投球投进了，这很好，但我也不应该犯傻以为这是正确的投篮方式。

每个行动都是由信号（有质量的决策或执行）和噪声（具有随机性的个例）组成的。教练能做的最重要的事情之一是帮助球员更关注信号而不是噪声。什么才是能促使我长期成功的行动，而不去管这个单一时刻的偶然结果，这就是科尔在视频里所做的。他在帮助库里——是的，即使是斯蒂芬·库里——看到信号：当他在场上打出快节奏的球时，他并没有完全意识到伟大的事情（因为他的经验和感知是比较主观的）正在发生并将持续发生。这将有助于一个对自己比赛感到自豪的运动员管理比赛之外的情绪，专注于前方的比赛。这就是教练应该有一个明确的比赛模型的另一个原因，这个模型不仅仅与比赛分数有关。要能够说出"这是我们的打法"（特别是当这种方法是基于对比赛的深刻理解时），这可以让你关注到更稳定的信号。如果教练在球员们拿下比赛时表扬一个动作，却在输球时批评同一个动作，球员们往往会对此感到反感。在许多情况下球员们是正确的。在一个以分数作为唯一决定因素的比赛中打球，判断你所做事情是否正确的唯一因素是记分牌，这一点本来就令人困惑。

301级反馈

给予运动员反馈的长期目标是使运动员在未来逐渐减少对反馈的需要。我们希望运动员学会在不需要我们告诉他们怎么做的情况下也能做出强有力的决定。即使没有教练在那里，我们也希望运动员们能够理解比赛，而不仅仅是打比赛。我们希望运动员们通过自己的理解帮助队友也变得更好。反馈的第三个阶段是要让运动员自己去思考，这样他们就会形成理解和自主性。因此，这一反馈阶段非常注重问题的提出。

提出正确的问题可以使运动员们自己寻找答案，并且可以确保在训练场上时他们的大脑是"开启"的状态，无论他们从事的是何种运动。但作为一个教练，提问是最难做到的事情之一。更重要的是，让运动员思考并不像仅仅向他们提出问题那般简单。

使用问题作为反馈的一种形式——去提问而不是去告诉——可能对运动

员来说是获益匪浅的，但这并不意味着提问没有缺点，也不意味着提问总是最好的教学方式。事实上，滥用问题——当你只是想告诉运动员换一种方式做某事却依然假装提问，或者问一些没人回答的反问句——这些都很容易让运动员忽视问题，降低提问的效果。问题也可能很耗费时间，可能提问后是长时间的沉默，是运动员们乱猜一通，是拖慢节奏的冗长的答案，是完全不相干的答案或者是必须组织语言重新描述一遍问题。从时间分配的角度来看，这使得提问的代价可能很高。选择正确的提问场景，保持对提问节奏的意识，以及最重要的是确保优质的问题设计，这些都是你在提问这一方式上取得成功的关键。例如，如果你是一名教练，你会给出很多反馈。在一种情况下，简单、快速并且直接的反馈可能会在下一次开放式提问环节为你赢得更多的时间。这不是一个非此即彼的事情。

认知科学家约翰·斯威勒告诉我们，新手和专家的学习方式是不同的，并建议教师思考一种叫作指导渐退效应的东西。当运动员是某件事情的新手时——可能是学习某项运动的新手，也可能是学习某个概念的新手——他们的工作记忆很容易超负荷，这可能导致他们无法将学到的东西迁移到长期记忆中。专家的处理速度更快，而且是更大的信息块，所以他们的工作记忆不容易超载。专家们需要更多的挑战。这就意味着我们教授新手和专家的方式应该是不同的。斯威勒说：“学生们最初（即当他们更多处于新手状态时）应该得到大量明确的指导。”这可能意味着尽量少地使用问题而更多地给予他们指导性反馈。一旦学生积累了更多的知识，明确的指导对他们来说就不那么奏效了，过多的指导甚至会干扰专家级学生专业知识的进一步拓展，所以“明确的指导在此阶段应该逐渐淡出，取而代之的是解决实际问题[⑥]”。这大概会涉及更多的开放式问题和更多的基于约束条件的学习，在这样的学习状态下，学生们会尝试去解决问题。那么一般来说，我们应该在学习过程的早期更多地使用指导性的方式，后期更多地使用询问性的方式。首先，教练应该通过反馈详细地向运动员们解释团队正在努力执行的原则。这就是指导性方式。然后，教练应该开始询问运动员如何做，为什么做，以及在什么时候使用可能

⑥引用自2019年8月5日澳大利亚《教师》（*Teacher*）杂志的采访。

的原则调整。越是面对精英水平的运动员，你可能会看到更少的问题和更多的解决实际问题的情况，其中教练会刻意设置一些比赛规则或设计——“约束条件”——来模拟运动员们会遇到的问题。

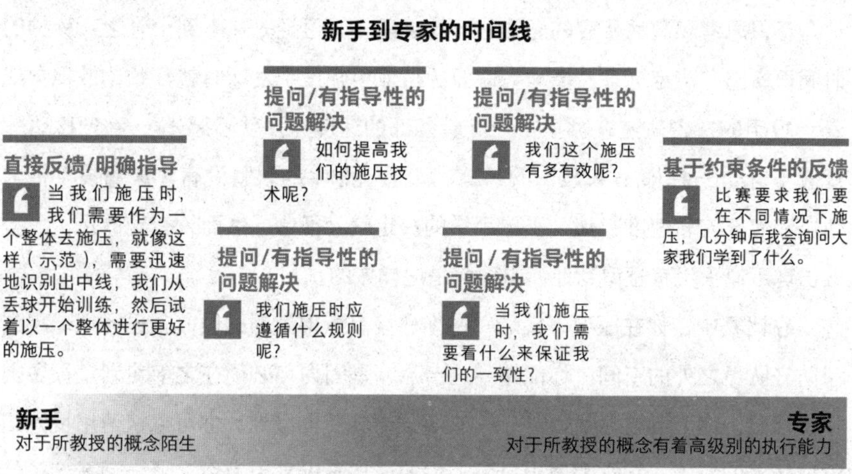

新手到专家的时间线

直接反馈/明确指导

当我们施压时，我们需要作为一个整体去施压，就像这样（示范），需要迅速地识别出中线，我们从丢球开始训练，然后试着以一个整体进行更好的施压。

提问/有指导性的问题解决

我们施压时应遵循什么规则呢？

提问/有指导性的问题解决

如何提高我们的施压技术呢？

提问/有指导性的问题解决

当我们施压时，我们需要看什么来保证我们的一致性？

提问/有指导性的问题解决

我们这个施压有多有效呢？

基于约束条件的反馈

比赛要求我们要在不同情况下施压，几分钟后我会询问大家我们学到了什么。

新手
对于所教授的概念陌生

专家
对于所教授的概念有着高级别的执行能力

当然，这些都是大趋势。优秀的教练仍然绝对会向新手提问——“当我们试图施压时，可能会出什么问题？”——并对精英的专家级运动员进行直接指导。这一点尤其需要考虑，因为虽然一个运动员可以是专家，但一般来说，他们在一些知识技术领域可能仍然还在新手的程度。

如果有一个简单的方法可以改善你在运动场上的提问环节，那可能就是养成事先规划好重要问题的习惯。当然，你可能不会完全按照你的规划使用这些问题。但是，如果你不是当下一时兴起提问，你就更能就重要的话题提出高质量问题。没有什么比一个没有明确答案的问题更浪费时间和动力的了。

强调感知

加强运动员决策质量的最有力方法之一就是提出问题来塑造运动员们的认知。正如我在第一章中所讨论的，运动员目光所及之处以及他们看的东西往往是强有力决策的核心。有时，就所有的意图和目的而言，运动员看的东西其实就是决策。当你没有收集到正确的信息时，你就会做出错误的决定。当我们用“我看到”这样的短语来表示“我理解”时，我们其实比我们意识到的更接近事实。

当要求运动员快速观察时，正确观察的挑战就会成倍增加。通常在大脑启动有意识思考和激活相应的感知和行动之前，就已经先在不到十分之六秒钟的时间里做出“决定”了。棒球大联盟的击球手在投手发球时就开始读取视觉线索：投手的挥臂轨迹在哪里？他旋转髋部的速度有多快？感知—目光移动—变成了行动—挥棒—有意识的参与。如果击球手的眼睛没有注意到投手挥臂轨迹和髋部旋转速度，那么击球手做的决定就会很糟。然而，有趣的是，大多数击球手似乎没有意识到他们击球前是这样做的。

在比赛中，你在压迫下接球，在你还没有意识到的时候，就已经把球踢到了防守队员之外的空间。你能做到这一点，是因为你必须在之前看到过很多类似的情况，你不自觉地就知道——在哪里寻找空间踢球。你可以快速用目光扫过球场上的范围，并立即做出反应。你的成功不仅是因为你在那一刻看到了什么，更是因为你多年来看到并注意到的东西——这些是关于看向何处和关注什么的无数个平凡决定的集合。

作为一个教练，以下有一些你需要知道的与感知相关的重要事情：

- 我们所看到的是主观的，很多在我们眼前的东西我们其实没有看到。
- 或者说，我们可以看到一些东西，并对其做出反应，而没有意识到我们已经看到了它。
- 我们不知道自己在感知方面的绝大多数行为和习惯。例如，我们在踢球时很少意识到自己在看向何处。
- 令人惊讶的是，专家在表现时看的东西比新手要少。在许多方面，专家的专业体现在他们知道该向何处看。
- 我们所认为的错误决策往往是感知上的失误。
- 运动员的感知主要靠的是视觉，但也不完全是这样，听觉和感知也是有关联的。

如果说专家们的专业知识是在很多方面知道要注意什么，那么用我们的问题来引导运动员知道要看哪些东西，带着什么目的去看，什么时候去看，就能给他们提供工具来收集更好更多的信息，从而做出更好的决定。在谈到如何训练观察能力时，肯定是带有一些猜测的：教练员能否通过使运动员的无意识行为转化为有意识的来教授这些知识？就我所知，没有人知道。

可喜的是，我们现在可以研究和了解精英运动员在踢球时如何使用他们的眼睛。有一段克里斯蒂亚诺·罗纳尔多在带球晃过后卫时的视频就很有启发意义。例如，C罗佩戴眼球追踪眼镜的显示C罗的目光是如何从后卫的髋部转移到到膝盖到脚再到膝盖的。这是他观察后卫的过程。有类似的研究显示出了篮球投手在投球时眼睛看向的位置。但告诉运动员“看对手的髋部、膝盖和脚”或“看篮板后面”就是另一个问题了。也许我们可以通过对运动员进行正确的引导来使他们变得更好。也许我们可以干预大脑系统，让大脑处理信息的速度慢下来，进而把一个无意识的过程变成有意识的。

我认为这一方法值得尝试。不出意外的话，其上升空间是巨大的。几乎每一个精英运动员之所以成为精英，都是因为在他们的学习过程中，偶然的事情或人使他们在所有这些年的发展训练中养成了在正确的时间看正确的地方的优良习惯。那我们能不能把偶然性拿掉，帮助所有的运动员都有这样的运气？我们能否通过在训练中提出更多以感知为基础的问题来使运动员看到更多信息？我认为我们可以。

在这里我特别想提出4个问题。当然我相信其他教练们会想出更好的问题。

● 你看到了什么？

这个问题——在暂停时使用，或者是研究录像的时候——要求球员描述视觉领域。因为他们不可能描述所有的东西，他们必须确定描述时的优先次序，这能让你了解他们注意到的东西以及对他们来说哪些是重点。

有一个中后卫迦勒，当一名带球的对手球员在中场三分之一处进攻时，他没有封锁住对方。你停下来，问他：“迦勒，你看到了什么？”一个理想的答案也许是“防守时没有施压”。如果你得到的答案是这个，你的教练工作就很容易了，因为迦勒知道他应该寻找什么。现在你可以加强感知与行动的结合：

“那接下来你该怎么做？”

如果你问：“迦勒，你看到了什么？”而得到的回答是：“我们位置不对”“中场没有援助”或“我不知道”，你现在知道问题是迦勒不了解作为一个中后卫踢球时要看什么。现在你知道你必须帮助他找到信号。“在这种情况下，中后卫要注意的重要事情是……”或“观察他的髋部，看他是否抽回腿，从此你能首先判断出他在打长传……”问句“你看到了什么？”是诊断性的，换句话说，这个问句帮助你了解球员视野中他认为重要的是什么。值得记住的是，在许多情况下，教练在他们的问题中揭示了重要的感知性线索。如：“斯图尔特有空间和时间，可以打前锋。你应该怎么做？”当教练在问题中加入提示，那么能回答上这个问题的球员就能知道解决方案。但这与自己能够发现问题是不同的。要使迦勒成为真正独立的中后卫，你必须帮助他自己去看自己在球场上的位置和职责。

- **你的眼睛应该看向哪里？你应该看什么？**

这个问题也提醒迦勒主动看的重要性，并评估他对需要看的东西的理解。然而，这些问题比“你看到了什么？”更有针对性，因为这些问题要求迦勒归纳出具体的线索或原则（如果我们作为一个团队已经实际讨论过这些线索则最好）。这些问题也可以有多个答案，因为迦勒可能自己要注意多件事情。对于“你应该看什么？”一个像样的答案可能是：“持球的球员和我正在关注的球员，看他做什么。此外，我还在用目光扫视，看是否有其他球员试图将我和另一名中后卫分开。”这样我就可以跟他谈一谈时机的问题或者帮助他提高效率。“迅速用目光扫视判断压迫大小，然后你可以看……”

- **从哪儿得出……？**

这个问题是一个更明确的讨论线索的问题。你可以问，“如何看出是争球还是施压的？”或“你怎么判断如何跑动？”如果球员的回答是“通过观察后卫的朝向”或“观察第二个后卫位置是否太松”，这样的回答就是一个已经学会观察比赛本质的球员的标志。在许多情况下，向迦勒提出这类问题至少和问他“你应该怎么做？”一样好。这些问题从观察开始，直到帮助球员弄清楚如何做出决策。当教练已经教给球员各种首选方案，然后进一步要求他们自己决定使用哪个方案或者问他们如何修改这些方案时，这些问题是最有用的。在一个好的团队中，比赛的原则和比赛模式应该是团队所有人共用的知识。感知问题要求球员学习如何在方案之间做出决定和调整。

相反地，如果你正在考虑并教授球员们视觉线索，你也可以训练你的球员利用视觉来欺骗对手。一旦你开始问“怎么才能知道该往哪边踢球？”而答案是“防守者的方向”，那么就表明你的球员知道对手会看到什么，你就可以利用这一点训练他们。你的后卫也可以操纵视觉线索；你的前锋们可以假装跑动，他们看起来像在休息，然后突然开始行动，他们假装看向远方，实际上他们在等待防守队员目光飘移的时刻。

乔·马祖拉

感知、自我意识和反馈

乔·马祖拉是NBA波士顿凯尔特人队的助理教练。他认为，给予反馈的长期目标是减弱反馈在球员未来发展中的必要性，所以培养球员自我意识，也就是感知的另一种关键形式，是马祖拉工作的重中之重。这甚至与球员任务完成的质量有关。“在一场比赛中，”他告诉我，“球员要对自己的投篮技术进行调整，而我无法在这点上帮助他。”

一旦与球员明确了合作关系，重要的是要向球员展示某一技术完成的样子。我的第一步是尽可能多地获取录像视频资料。这样做的关键是要找到一些与球员有直接联系的例子。也许是他最喜欢的球员的视频，或者是他打球榜样的视频。关键是视频中要含有我们打算教授的动作。这个动作是球员本应该完成但目前对他来说仍有一定难度的。“这里有四五个视频，里面展示出了我们队员可以使用的一些动作。”这就是为什么我们要在这个动作上仔细钻研。这能提高球员们对该动作的意识和注意力。一旦我们看完视频，接下来就是找一个关键词或短语来命名该动作。这样我就能迅速将其应用于球员训练中，并能缩短反馈时间。

如果我想更有技术含量一点，我可能会拍摄一些最好投手的视频，然后说：“这里展示出了这些投手们是如何使手臂保持直线，以及如何在把球投出去时也保持直线的。”在努力提高自己的过程中了解应该关注什么是很重要的。

首先我经常告诉球员，我们并不担心成功或失误或任何结果。我们关注的是确保你的辅助手在你投篮的过程中一直朝着篮筐的方向并且保持直线。

我还试图帮助球员们了解如何进行自我评估。在一个例子中，我把乒乓球拍绑在一个球员的辅助手上，以确保辅助手始终保持直线。然后我说：“乒乓球拍会给你反馈。如果你的辅助手保持笔直，你就不会看到球拍的内部。如果你看到球拍的内部，那就说明你没有达到我们的要求。”即便有外界的约束条件，我也想让球员知道他们应该关注什么。我们的目标始终是促进自我意识的发展。因此球员必须知道他做了什么，以及他在下一次打球时需要调整哪些细节。

我试图帮助球员理解他们将要看到的反馈。我说：“你将从失误中学到反馈。”如果我们谈论的是手的位置，我可能会说，“投篮左偏或右偏表明你的手没有放在球的中间。只要你的球投出去的线是直的，如果是与距离长或短相关的失误，目前都是可以接受的。是的，我们想每一投都中，但是让我们首先通过减少左偏或右偏的情况控制失误，并将每一投都投直”。或者“如果你的球迅速落地并滚出了罚球圈，说明你的投篮是一个低弹道。如果你的投球向上飞过去了并在罚球圈周围弹跳，那说明有了一个合适的弹道”。球员们必须理解这个想法:“你将从失误中学到反馈。”

我经常使用二元反馈的想法来帮助球员磨炼自我意识。既然我们有了投篮概念，我们就直接去投篮。我只说是或不是。“是”和“不是”并不是指的成功或失败。投篮是否进球并不重要。“是”意味着你投篮动作中所有技术细节都是正确的。“不是”意味着技术细节还有问题。让我们从每个位置都要投10个“是”出来。

同时我也给了球员自我纠正的空间，我认为这可以加速教学和成长。到最后，我希望球员能自己发现自己的问题。有时，我会做一些所谓“完美投篮”的训练。我说:“在不同点位上想投多少投多少，逐渐找到完美的投篮感觉，当你对这个感觉熟悉了，舒服了，再换一个位置继续投。”

最后，我尝试不断地拍摄视频。这样我就记录下某个球员的一系列视频，包括他展示出某个技能、正确理解技能、在比赛场景中执行技能等，他自己也能看到。我们也可以回过头来将该球员的片段与我们最初研究的球员片段剪辑到一起，使球员们能够更加直观地看到其中的相似之处。

展示问题

最近，我在美国职业足球大联盟学院观看了一节训练课，一群教练正在参加一个高级别的教练执照课程。该课程的主题是“创造和利用人数优势”，这是一个需要复杂决策的话题。教练要求球员们尝试做很多决定，但他们并没有成功做到。教练会让球员们围成一圈，并问一个问题:“我们在那里做得怎么样?”但“那里”具体指的什么并不清楚。教练指的是前4分钟或前5分钟比赛中的哪个或哪些时刻呢?即使教练能够清楚地确定一个时刻，并使每个人都扎实地记住这一时刻，球员们都会从不同的角度，以不同的准确性和客观性记住。克里斯蒂安可能没有发现克劳迪奥在空当中的机会，对手阵型可能是不平衡的，但回过头来看，向克里斯蒂安描述他没有察觉到的东西几乎是不可能的。

缺少了什么？小组解决问题时需要什么？在大多数情况下，反馈是这样开始的："克里斯蒂安，几分钟前你拿着球，克劳迪奥在你的右边，在中场球员之间的空位上，然后……"反馈也可以这样开始："克里斯蒂安，我做了一个梦，梦见你拿着球。然后……"这两种反馈带给克里斯蒂安的效果相差无几。

要帮助球员解决问题，必须把问题本身展示给球员们。细节很重要。如果你想解决一个问题，首先对球员来说问题必须是清晰可见且以相同的方式展现的，对每个人都是如此，这样球员们才能理解和分析该问题。因此，最重要的事情是去重现球员正在讨论的情况，以便球员能够理解和分析。在我们开始理解感知的核心作用时，这一点就显得更重要。例如，如果没有一个具体的情境让我们感知，那就很难用好基于感知的问题。但如果教练可以暂停一下，重现一下当时的场景：克里斯蒂安带球，克劳迪奥在空当上。突然，教练可以说："克里斯蒂安，你看到什么了？"这样一来一切都不一样了。教练和克里斯蒂安现在可以就决策的原因和时间进行真正的对话。

展示问题还有助于加强球员的责任感和精确性。比方说，何塞在压迫下拿球，他的中场伙伴迪伦和萨尔的支持位置不太好。何塞是在一个孤岛上。他失去了球，反击开始了。这对迪伦和萨尔来说是一个未能解决的问题。他们自己在场上总是隐身了一般，且没有给队友何塞提供有效的支持。"暂停一下，"你说，"当何塞拿到球时，怎么没有中场队员在合适的位置接应呢？"

"我是准备着接应的。"迪伦说，尽管事实上他在一名后卫后面。从教学的角度来看，你现在卡住了。迪伦的记忆——或他选择记忆的东西——是不同的。因此教学过程卡在了这里，除非你能重新创造当时的场景。这样才能帮助迪伦看到，他的动作还有待改进。然后你可以问："何塞，你能把球给迪伦吗？"或者"迪伦，何塞怎样才能把球送到你现在站的位置？"通过这种方式展示问题有助于问责，也有助于球员动用感知——否则迪伦无法说服自己你要求他站的位置比他之前的位置好。

与迪伦不同的是，萨尔并不防守。萨尔想知道该怎么做。但告诉他"你必须从防守队员后面冲出来”是非常抽象的。怎么做？具体到哪里？如果你能告诉他位置以及如何决定，这将会对他帮助更大。在两个球员身上取得进展的关键在于重现现场。何塞在这里。后卫在这里。你在这里，萨尔。现在让我们来谈谈我们如何做才能改变结果。

能够做到这一点的一个关键在于该方法普通但重要：提供一个一致的提示，告诉你的球员精准地停在他们原来的地方。为了使这个方法发挥作用，你需要让球员们知道你使用它的原因。你要解释的是，当你说“暂停”时，球员们应该努力保持他们的位置。比如你可以说，“这个细微却关键的地方，可以使我们变得更好。我们让暂停更有用、更快速，这样我们就能从暂停中学到更多东西，踢更多的球，一次比一次更成功。我们尽可能快地停下来。不要试图为自己打掩护，一点点调整自己的位置。重要的是要完全按照原来的样子去看”。

因此，使用一个简单一致的信号来给比赛叫暂停，并让球员们练习对该信号做出反应。练习几次，以确保球员们对该信号反应机敏。并且在这个问题上提供反馈，凸显它的重要性：“是的，很好。每个人都在那儿立刻停止。谢谢你们。”或者：“记住，当你听到信号时，马上停下来。我们必须在这方面做得越来越好。”这可能看起来很普通，是一个很容易被忽视的步骤，但花点时间把这个反馈系统做好，你就可以在节约时间和提升球员专注力上有百倍的回报。

也有一些时候，为了展示一个问题，教练必须重新创造一个不存在的情况。思考一下黑狮联队的主管史蒂夫 · 弗里曼的一个观点。“如果我必须重现某一情景，我就让球员们去重现。”史蒂夫告诉我。“我问他们，‘好吧，球从哪里来？第二个后卫在哪里？你的支援呢？’这迫使球员们在比赛中带着意识并仔细观察这些细节，否则他们就无法重现比赛时的这个场景。”史蒂夫还有一个关键看法，也是本书的另一个主题，即共享词汇——每个人都必须知道第一和第二后卫指的是谁，这样你才能继续问他们的位置。事实上，通过共享技术性词汇可以推进共同研究一个问题的过程。当你说“暂停，你在这里看到了什么”时，理想情况下，球员们都知道你教过的概念，那么在答案中使用这些概念可以帮助其他队员听到和使用它们：埃斯特班在线间。我们在边路有点超负荷。如果球员们描述的战术概念仅仅是在进攻时拉开空间是有好处的，那么这个讨论就不太可能被重复。

最后一点：我刚刚描述的两种方法——提出以感知为基础的问题和展示问题——在协同作用下效果特别好。通过再现问题并问运动员“你看到了什么？”这是有非常大作用的。这一点在试图让运动员看得更远的时候尤其如此。我曾与苏格兰国家橄榄球队的教练组讨论过。他们意识到，当球员看不到比他们眼前的视野更远的东西时，往往会做出错误的决定。只看对手的前锋位置做出的决策和看到后卫后再做出的决策相比，前者就没那么正确了。但后卫在20码外，前锋在8码外。许多球员都是这样的。他们更关注的是以他们为中心、半径为10码或12码的较小视野范围内的东西。其他一切都处于黑暗中。苏格兰橄榄球教练想出的一个解决方案是，用“看远一点”来回应对“你看到了什么？”的初步回答。也就是说，要让球员养成看远一点的习惯。但是，这当然只有在你重现了完整的情景，并且每个球员都在自己的位置时才有效。

参与方式

最近，我观察了詹姆斯·比斯顿教练与一群U19球员的训练。这节训练课程的重点是第三人战术（up-back-through），詹姆斯希望球员们“全力以赴”：集中精力，全神贯注，在精神上的努力程度要与他们身体上的努力程度相当。在最初的训练活动中，他们花了15分钟左右的时间来学习该模式的基本知识。詹姆斯向他的球员提问以评估球员们对概念的初步理解。

通常情况下，当我看到教练向运动员提问时，我会思考提问效果在“比率坐标图”（如下页图）中的位置。“比率”一词指的是运动员与教练所做的认知工作的比例。理解它需要定义两种类型的比例：“参与率”和“思考率”。

如果绝大部分认真听讲的球员都在积极思考问题的答案，也希望自己能大声回答问题，而且这种情况发生在整个训练过程中，那么球员的参与率就很高了。如果球员只是勉强提供一些不假思索的答案，或者仅有两三个人回答了所有的问题，或者如果只是教练抛出问题却没有得到回答，那么这个训练的参与率就很低。参与率由下图中的x轴表示。

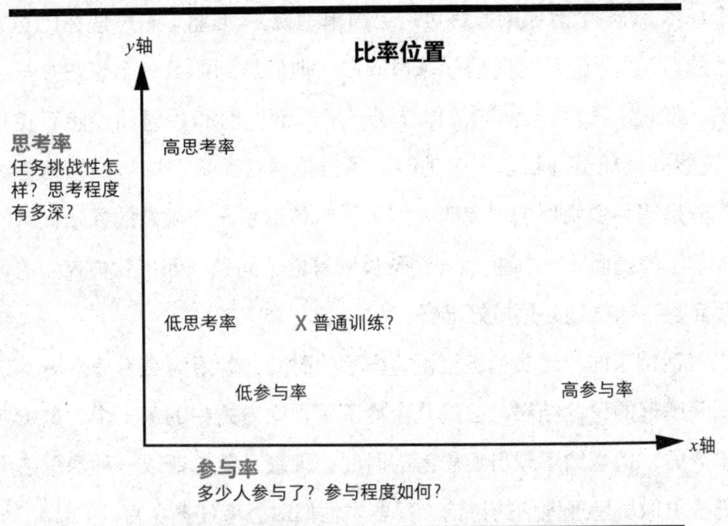

思考率在y轴上表示。如果问题有高度相关性，具有挑战性，并能使参与者运用重要的概念，那么问题的思考率就高。如果球员被问到问题的答案用“是”或“否”就能回答，或答案显而易见时，思考率就会很低。

理想的训练应该是在图右侧的上半部分⑦。这部分有很高的参与率和思考率。遗憾的是，我见过很多接近左下角的训练课程。教练可能会停下来问他的球员“我们在这里要做什么”或“我们有什么选择”。两个或三个球员——也许他们的语言能力很强，他们喜欢回答问题；也许他们是讨好型人格，想要尽量消除一个疑似反问句所带来的尴尬——终于说出那个略微思考过的答案。谢天谢地，总算有人说话了。但剩下14名球员保持沉默，也知道他们不需要回答。他们站在那里，或者凝视着远方，或者无所事事地玩弄着脚下的球，等待着再次比赛的机会。这些球员们知道尽管他们的教练说了很多，但这毕竟不是什么思维游戏而是比赛。

⑦我最初写的应该是尽可能地靠近图右上角的部分，但在某些环节中我们可能要求球员迅速回忆起比赛的关键要点。在这些情况下，y轴上的思考率可能会略低。

詹姆斯的训练属于图中的右上角。视频片段开始时，他问道：“在之前的活动中，我们专注于第三人战术。我想让你们思考的是，你们如何在比赛中使用这个战术。”一个普通的教练可能会简单地说：“谁能想出一些在比赛中使用该战术的方法？”但詹姆斯想让球员明白，他们想到的第一个想法并不一定是最好的。他说：“转身与你的伙伴交谈一下。给你们30秒时间，然后我叫人回答。”突然间，球员间噼里啪啦地响起了讨论声音。每位球员都在回答这个问题，部分是因为詹姆斯的“我叫人回答”这句话是一个微妙的提示，表明他将进行冷不丁的提问——随机点一个球员回答这个问题，而不管被点到的球员是否自愿回答，球员们必须做好准备。

当谈话结束时，球员们甚至没有举手的时间，詹姆斯看着马蒂奥（22号），询问马蒂奥他的讨论结果。这是几个冷不丁提问方式中的第一个。詹姆斯的语气并不严厉。他也给了球员们思考的时间，现在，詹姆斯以一种深思熟虑的方式，既要求球员呈现他们的讨论，又要求他们对思考任务负责。

马蒂奥回答说：“中场球员可以踢到前锋位置，然后回到中场，之后穿到另一个前锋球员的位置。”这是一个还可以的答案，尽管不是特别具体，也没有什么战术意义。马蒂奥没有谈及为什么和什么时候使用该战术。所以詹姆斯继续问下去。“还有什么？”他问道。如果你仔细观察的话，你可以看到另一个球员奎因已经举起了手。詹姆斯叫奎因回答。奎因描述了一名前锋球员如何利用这个战术将一名防守队员拉到前面，然后迅速返回，进入防守队员腾出的空间。奎因举起手的动作很重要。因为举手是一个既定的信号——这在课堂环境中很熟悉，但在训练场上很少见。举手主要有以下三个重要作用：

1. 球员举手回答的方式使詹姆斯可以调节球员回答问题环节的速度，如果奎因不举手而直接喊出答案，那这一点就无法做到了。因此，詹姆斯可以放缓球员思考的过程，使他们对问题可以考虑得更透彻。球员脱口而出给的第一个答案一般都不是最好的答案，但这第一个肯定是训练中最常听到的答案。教练必须得使球员至少有一个答案，否则他们不能进行更深入的思考。

2. 举手的方式使詹姆斯在团队中分散了机会和责任，而不是只有某几位球员一直在回答问题。詹姆斯可以在举手者中选择，也可以选择没举手的球员，进行冷不丁提问。也许詹姆斯想听听他的中场核心球员对该问题的看法。也许他有一个母语不是英语的球员，母语非英语的球员需要多一点时间用第二语言来表述他的答案。限制球员们冲动的答案意味着詹姆斯可以把机会也交给这些球员。当球员们习惯性地喊出答案时，同样的几个球员会争相回答。整体来说，思考率和参与率都会很低。

3. 由于时间限制，球员们中可能有更多的人无法实际回答任何问题——这样的情况下举手可以表明球员们对问题的参与意愿，并发出他们认为自己知道答案的信号给教练。队伍中那一片举起的手有助于在球队中建立起积极回答问题的氛围，但更重要的是手的数量也是一种数据形式：只有一个或两个人举手表明球员可能还是不太了解这个战术概念。

奎因的回答很有力，但也表明了一个可能的问题：自愿回答问题的球员通常比不回答问题的球员理解得更多——这就是他们举手的原因。这意味着只听那些自愿回答问题的球员可能会给你一个错误的暗示。教练可能听到奎因的回答后会想，“哦，太好了，他们已经知道如何用这个战术把防守队员从一个紧凑的空间里吸引出来”，但事实上，“他们”作为一个整体并不了解这些。只是奎因知道。奎因的理解是普遍的还是特殊的呢？

詹姆斯的下一步行动有助于回答这个问题。他冷不丁地继续追问：“还有什么？加内特？”詹姆斯通过提问可以得到比依靠志愿者更好的球队数据，因为志愿者会提供给他一个不准确的球员知识样本。在这里提问加内特就是一种取样：全队整体球员的想法是什么？

他对加内特与对马蒂奥的冷不丁提问略有不同，因为前者是一个“后续追问”，要求加内特仔细听完之前的两个答案，以免重复他们的回答。通过使用“后续追问”，詹姆斯表明，倾听至少与表达一样重要。倾听是思维文化的基础。当他继续构建一种球队氛围时，他可能会使用更多强调倾听的追问句。例如：“加内特，继续就……发表一下看法。”“加内特，如果我们想像奎因建议的那样吸引防守队员的注意，技术上我们需要怎么做？”

注意加内特表达时其他球员的情况。其他球员们的注意力也集中在此类问题上。球员们看着加内特，他们不是在踢足球或谈论《美国偶像》(*American Idol*)。令人印象深刻的是，这段视频是詹姆斯与这个球队的第一次训练。训练已经进行了25分钟，当詹姆斯执教时，球员们已经很快了解到詹姆斯指的精神上的参与意味着什么。

詹姆斯现在将他的问题从第三人传球的技术层面转移到了战术层面。他在训练中的一个主要教学点是让球员改变他们传球的力度。他想确保球员们理解这一点。于是他问道："动作和传球需要怎样做好才能改变传球力度？凯顿？"又一个冷不丁提问。凯顿描述了需要用力向前传球传到第一个球员的脚下，然后再继续力度较小的传球。这是詹姆斯在训练中提到的——一个好的信号。但请注意，凯顿还补充道，"要让防守队员跟着"。他正在将他所听到的之前奎因的回答与自己的答案结合起来。由此说明，倾听和思考已经产生了效果。

詹姆斯继续坚持他的提问，试图了解更多关于球员的情况，并让他们做好精神参与的准备。"基根，还有什么补充的？"他问道。又是一个冷不丁的追问。基根除了听队友的观点来回答"还有什么？"这样的问题，没有其他办法。当基根说完后，詹姆斯对球员的理解和球员们需要提高的细节有了更清晰的认识。准备继续进行训练了。值得注意的是詹姆斯收尾时球员们的能量水平。詹姆斯的提问快速而有吸引力，球员们没有尴尬地站在那里等待或希望有人回答。运动员们身体上是在休息，但精神上毫无喘息的机会。他们的能量水平保持得很高。

这就是比率图右上角的样子。当詹姆斯提出问题时，每个球员都会回答，或者大声地回答，或者在脑子里回答，因为球员们知道他们必须准备好谈论这个问题。他们以一种积极的方式感受到了讨论时自己的责任感。球员们深思熟虑地回答，他们不急于求成，自始至终都在倾听和思考。可以把这个训练和其他那些教练提问然后是沉默或者只有几个运动员喃喃自语地回答几句的训练做一个对比。教练员经常通过简化问题的方式来应对球员缺乏活力和参与度的情况，甚至有时使问题变得多余。"第二次传球应该力度更大还是更小？"这就让问题变得更复杂。这些问题就是尴尬地被抛了出去但无人回答直到教练自己回答他自己的问题，或有某个球员咕哝了几句来打破这种尴尬的局面。每个问题都变成了反问句。没有人愿意回答一个答案已经如此明了的问题。

想在教学中强调思考能力的教练应该能利用等待时间，让球员分享最佳答案，而不是第一个答案。球员们应该能接受冷不丁提问的方式——教练要求任何球员在任何时候回答，并将问题引导给相关球员。教练需要让球员练习相互交谈，就像他们在比赛中一样。如果他们这样做了，他们就能建立一种智力文化，让球员们像在跑动时一样动态地思考。但要做到这一点，教练必须传达这一目的，并将讨论变成例行活动。如果教练只是随性地使用不同的参与方式，那不可避免地会造成部分球员只有很低的思维参与度。

詹姆斯通过事先将参与提问和讨论的要求传达给队员，实现了高水平的精神参与。大多数教练（和大多数教师）都没有想到要这样做。这些教练和教师从不向运动员或学生解释应该如何参与。参与的方式——谁应该回答问题，怎么回答——对学生和运动员来说仍然是云里雾里。但是詹姆斯在他的训练开始时做了一个简短的"公开演讲"，所以回答问题这一目标在球员们之中是清晰透明的。在这次指导中，你可以看到詹姆斯不仅清楚地解释了球员应该做什么，而且还解释了他们为什么应该这样做：

> 今晚训练的主要内容……这需要大家从身体和精神上都能投入到训练中来。我将在整个训练过程中向你们提问——只是为了检查你们是否理解某个概念或者战术。你们不需要大声说出答案。这很重要，因为我希望你们在说之前思考一下你们想出的答案。如果你知道答案，而我做出了这样的示意（举手），那么请举手回答。如果你不知道答案，那也没关系。我们会解决这个问题。我们会一起解决问题。有时即使你们没有举手，我也会叫你们回答问题，好的，因为比赛需要你们一直保持高专注力，所以我有时会提问你们，就是确保你们的注意力仍在训练里。好吧，所以我们从训练开始的第一分钟到最后一分钟都要完全沉浸在训练当中。

这个"公开演讲"詹姆斯讲了大约45秒。他保证球员们都在看着他，然后他解释了他要做什么以及为什么要这样做（比赛要求你一直保持清醒）。他把自己的标准定得很高，但他也让球员们感到即使不知道问题答案也有安全感（我们会解决的；我们一起解决问题）。当你把詹姆斯所达成的参与度的优点乘以数百个，这可能是一个教练所能花费的最有价值的45秒。这45秒塑造了球员在训练中的心理方面与身体方面的要求。而且他立即开始实践他所讲到的东西，所以球员们理解他的意思，因为他们马上就开始培养这种习惯。詹姆斯的方法将成为球员们训练方式的一部分。值得一提的是，如果没有人回答一个问题，那么即使这个问题是世界上最好的问题也毫无成效。而且说实话，球队整体对詹姆斯的做法很满意。没有人喜欢无聊的感觉。詹姆斯所倡导的做法确实更难，但对球员们来说更有趣，更有吸引力。

在我结束这一部分之前，还要提一下黑狮联队的史蒂夫·弗里曼的一个训练视频，在视频里他使用的工具与我们看到詹姆斯使用的相似。请注意，史蒂夫让球员在功能组（防守和进攻）中工作，讨论一项练习。他正在模拟比赛场上运动员跟队友需要进行的那种沟通。教练如果希望球员在比赛中互相沟通并有效地合作，就应该要求他们在训练中进行此类练习。如果他们必须在激烈的比赛中才能解决沟通问题，就没有理由认为球员们很擅长沟通。球员们只可能大喊大叫、争吵甚至相互忽视。史蒂夫的方法让球员们在训练中练习如何应对挑战。就像任何其他形式的讨论一样，这很容易打乱你的比赛节奏，占用你太多的时间。因此，关键是要注意到史蒂夫是如何谨慎管理时间的，史蒂夫还在练习中建立了许多詹姆斯式的问责制度。

马克·曼内拉

“如果他们要学习，就需要思考”

在第二章中，马克·曼内拉描述了一个小联盟棒球经理的经验，该经理的目标是同时进行反应型和主动型的训练课程。其工作理念是，缩短训练时间，因为这种时间长度的训练会更积极、紧张并且提高对球员认知能力的要求。你可能记得他这样说：“这些人如果要学习的话，就要积极思考。”在这里，马克描述了这位经理如何使用本节中的许多教学工具来实现更高水平的参与度。

经理组织了一次球队会议，与会人员包括直接接受他指导的球员，也包括他的投手和击球手教练带的人，会议目的是要提高上文提到的比率。队员们积极互动，看起来更像是某所顶尖学校里的某个教室里的场景，而不太像是想象中的职业棒球俱乐部。

他使用了几种不同的冷不丁提问技术，从传统的（“看了这个视频，你说我们这里的排列是否正确？何塞，你怎么看？”）到不太传统的“直接提问”（“泰勒，我建议你在接下来的比赛中做好准备……”）。球员们也积极参与，既有轮流发表看法的，也有通过时间更长的小组讨论进行的。在此期间他还让大家在开始轮流发表看法之前进行了20秒的静默思考。

他最喜欢的另一个动作是一个叫作“动作展示一下”的技巧，在这个技巧中，一个球员在这种情况下被要求用身体来表述他口头描述的内容。一个球员可能会说“我试图放低我的挥臂动作”或“我把姿势压低一点”，然后经理就会说“用动作给我们展示一下”，球员就会站起来用肢体语言来表现他口头描述的事情。经理可能会冷不丁地叫其他人观察。“你觉得他的姿态怎么样，卡洛斯？”这无疑加快了球员们的学习速度。事实上，他经常说“动作展示一下”，这已经成为一种习惯。最后，他为球队印制了“动作展示一下”的T恤衫。

这位经理的方法有一个可能想不到的结果，那就是他和他的教练们在普通会议上很少说话，而球员们却谈得更多一点。这有点讽刺。球员们似乎是掌控局面的人——但是他们比大多数球队有着更明确的问责制。教练们想谈论的事情得到了球员们真正的关注，但这使得教练们可以让球员们更多地掌握谈话内容。这一方法如此奏效是因为他一以贯之地使用这些方式。这一结果是完全可以预料到的。球员们走进房间的时候带着自己的脑子，时时刻刻准备好参与会议。他们知道没有人会漫不经心地坐在那里，抱着胳膊，背靠着储物柜。球员们带着注意力走进会议室，身心都准备好，球员们甚至在经理问问题之前就已经十分专注了。

你可能已经明白了为什么在新球员第一次开会之前，给他们解释如何工作如此关键，所以在赛季开始时，这位经理让大家聚在一起，解释他的会议不同在哪儿，为什么不同。经理让会议和之后的训练变得更透明。由于小联盟在一个赛季中会经历大量的人员变动，他确保新球员会听到同一个演讲的个性化版本。如果球员没有带着认真的态度去参加会议（从认知上来说），他们可能会大吃一惊。

顺便说一下，这位经理的工作让人倍感震撼，还因为他的名册上几乎有一半球员是以西班牙语为母语的人。而经理是一个母语为英语的人，但他努力学习西班牙语，以便能够用两种语言提出大部分的问题。经理在开会时所传递的信息是，他关心每个人的进步，他会让每个人都参与进来。

有意图的提问：我经常听到有人建议教练“多问一些问题”而非更多地指导。什么样的问题？什么时候问？如果一个训练计划说，“我将在这里提问”，那可能是不完整的。问题的目的是什么？是的，我们希望球员思考。是的，提问可以让他们思考。但我们希望球员们思考什么呢？问题只是一种手段，而不是目的。

提问的一个隐含目的是让球员在精神上参与进来，使他们成为训练中的积极参与者。但正如每个尝试过的人所知道的一样，知易行难。仅仅提出问题并不能保证能够得到詹姆斯·比斯顿队员那样的参与度。问题可能会悬而未决，或者让运动员感到烦恼，因为问题的答案太显而易见了。如果一个问题不够明确或含混不清，就会大大减慢训练的速度。即使球员中出现了积极的思考，也会花费很长时间，而且还会扰乱训练的进程，以至于仅仅提出问题就是一种纯粹的损失。

能促使运动员以有用的方式思考而不用浪费时间的问题需要技术和规划。

首先是一些“措辞的基本原则”：这是一个基本原则，确保问题能够吸引运动员并让他们思考。然后我将讨论一些问题的类型，以帮助回答“让运动员们思考什么？”的问题。

● 措辞的基本原则

避免有明显陷阱的问题。运动员被问到的相当多的问题要么是反问句——教练并不期望得到答案——要么更糟糕，就是问题的答案过于明显，以至于看起来像是反问句。有明显答案的问题简直是智力杀手。教练们假装提出问题，但其实并没有真正的问题。随着时间的推移，这就削弱了宽泛问题的可信度。“我们为什么要这样做？”运动员们含蓄地问。当每个人都清楚地知道答案时，大声说出来的人就显得毫无头绪，或者说像个傻瓜。在这种情况下，运动员们当然不愿意回答，而那些回答的人则会失去名誉。如果多次要求你这样做，你也会对提问的人产生怀疑。

用“是”或“不是”就能回答的问题很容易有明显陷阱。想象一下一位教练在中场球员带球时给他的U15球员喊了暂停，问道：“我们还应该继续踢中路吗？”我都没有提供足够多的比赛背景来说明答案应该是“是”还是“不是”，但细心的读者，就像在场的所有球员一样，已经知道了这个答案。如果答案是“是”，你会在训练中喊暂停吗？喊个暂停就为了问“我们是否应该继续在中场踢球”吗？

即使这一点还不明显，“继续”这个词也能让人信服。除非答案是否定的，否则为什么要加上这个词？即使还不明显，是/否的问题也只会产生一个字的答案。在如此短且简单的答案的基础上很难开展对话。因此，避免“是/否”类问题是很好的第一步。“在这种情况下，我们想在哪儿踢球？”“我们如何判断应该在哪里踢球？”甚至“哪条比赛规则告诉我们在这里做什么？”可能会更有成效。

“是/不是”类的问题也有缺点，当提问者用一个词来暗示答案时，此类问题特别容易出现“指向性”。在“我们应该继续踢中路？”中强调一下“继续”，之后的回答就会显得更加没有必要。“指向性”也会降低其他类型问题的效果。“我们应该在中路踢还是在边路踢？”是比“我们应该继续踢中路吗？”要好一些，但如果强调一下“边路”这个词（“我们应该在中路踢还是在边路踢？”），答案就很明显了。这个问题可能是关于地滚球的，但只要教练有正确的语音语调，我就能知道正确的答案。

这种情况发生的一个原因是，教练试图问一个问题，而他实际上只是想给出建议。当你想告诉运动员该怎么做，却采用了提问的方式时，这就浪费了时间，并且无法让球员感觉到问题的吸引力和真实性，只让他们觉得问题平淡无奇。从这种问题中很难建立起球员们智力上的参与度。只有在你真正需要的时候才提问，才能使问题变得更好，而且由于措辞很重要，在会议开始之前，用笔记录下一些你会使用的好问题。这样一来你的措辞会更有力，即使你稍微调整或改变了这些问题，你事先花时间想的问题会比你在现场想的问题更清晰。

● 问题的类型

如果提问的目标之一是让运动员在精神上更积极地参与到比赛中去，那么考虑一下我们期望他们如何参与就非常有必要。毕竟，不同类型的问题可以鼓励不同类型的思考，从而产生不同类型的信息。

接下来我将描述一下教练问题的5个目的。是否有别的好问题是没有体现这5个目的的呢？当然会有。是否必须将每一个问题分门别类？也许不用，但大多数好问题可能都会有一个特定的类型。此外，大多数教练（就像大多数运动员一样）都有一些倾向性的东西，他们最可能做的事情通常是有益的，但也可能导致教练错过让运动员以其他方式思考的机会。掌握全面的技能会使教练受益匪浅。对它们进行分类可以帮助教练更清楚地意识到你不太频繁地使用的类型，从而达到更理想的平衡。

发现类型的问题。问题的一个目的是使人们发现解决问题的新办法。“我们如何来更好地处理对方的压迫呢？”“卡罗在接球时还可以做点什么来保证他不丢球？”“发现问题”背后的想法是，当学习者通过自己思考找到解决方案时，他们会更好地记住并相信这些解决方案，而且发现问题的过程会使他们以一种始终关注的心态进行比赛。他们在踢球的过程中，始终保持着对新知识的敏感度。这些都是值得的结果。然而，一些教练却认为发现是提出问题的唯一目的，有时甚至将提出问题的过程称为“发现学习”。虽然提问题的目的是让运动员发现新概念确实有价值，但考虑其局限性和替代方案也是有好处的。一个限制就是，通过经验来发现事物，这一点上专家要比新手做得更好，因为要这样做的能力一定与他或她先前的知识程度有关（有可用的工作记忆来考虑新的解决方案）。这意味着，对于那些没有经验的新手运动员来说，这可能是一个低效的教学工具。如果使用发现类型的问题，新手很有可能给出糟糕的答案，用大量的时间来回应糟糕的答案就非常耗时，而且运动员很有可能听不进去。让运动员给出太多糟糕的答案也会冒着让运动员记住错误答案的风险。研究表明，当在课堂上给出“错误”的答案时，学生记住错误答案的概率往往和记住正确答案的一样，并很容易将两者混为一谈。程度较弱的学生比程度较好的的学生更有可能这样做。这并不意味着“发现类型的问题”对新手来说没有价值，只是由于缺乏强大的背景知识和充足的经验去准确感知关键变量，新手用这种问题学习可能学习效率不会高。

发现式学习的另一个限制是，运动员们想出的解决方案的范围可能比有效的解决方案还要广。我们倾向于认为创新总是一件积极的事情，但事实并非如此简单。在面对对手压迫时，每个人都有自己独特的协调方式，但其实五花八门的解决方案对试图用一种协调一致的方式应对压迫来说是不够理想的。在团队工作中，有时我们希望解决方案是可预测的和可靠的（不需要非常具有创新性），也有一些时候我们希望有狭义的创新（例如，以一种意想不到的方式将球送入8号球员面前的空间），所以除了发现新的解决方案之外，也有必要思考其他解决问题的形式并鼓励运动员使用。

应用类型的问题。要求运动员思考如何实施他们已知的解决方案的问题——“应用类型的问题”——涉及大量令人惊讶的批判性思维和问题解决的方法。一旦你知道解决方案是什么，在实施该方案的过程中所隐含的问题就很容易被忽视。即使我知道我想做什么——比如说突破一个低位防守——这可不容易做到，尤其是面对强大的对手时。事实上，通常要想清楚答案如何转化为行动比想出答案是什么更难。询问运动员如何完成一个解决方案的问题而不是答案应该是什么的问题，对提高比赛表现特别有用——当我想让运动员以一个团队的形式去协调和执行比赛规则或比赛模型的各个方面时。比方说："我们知道我们想要踢边路。我们要怎么做才能做成？"或者"我们知道我们必须进入传球路线，所以让我们使用一些我们知道的无球跑动动作来做到这一点。"应用类型的问题有很多发现类型问题具备的严谨性，我觉得应用类问题其实也是发现类问题，只是使用范围更窄，但应用类型的问题也有一个优势，那就是在比赛模型中运作得很好。职业学校的U18球员可能会被要求弄清楚如何在具有挑战性的条件下实现既定的目的。我们应该做什么是由教练理念决定的，我们如何做到这一点则是对运动员的挑战。

基于感知类型的问题。正如我们前面所讨论的，在感知和行动之间有一种牢不可破的联系，这种联系常常跳过有意识的智力，需要球员本能地知道该看向哪里，以做出正确的决定。如果我们想让球员做出更好的决定，可以提出"基于感知的问题"来引导球员重视他们的视线。你的眼睛应该看向哪里？你能看到什么？我们应该寻找什么？这些问题往往与"我们应该做什么？"和"我们为什么要这样做？"一样重要，而且是同义词。由于前面已经详细介绍了这一点，我只是在此提醒大家，这是一个重要的问题类别。

检查理解类型的问题。在你教给球员的东西和他们学到的东西之间存在巨大的差距——这往往不可避免。这也是本书第四章的主题，但在此我想指出，"检查理解类型的问题"，即用来确定球员知道哪些概念以及这些概念和他们的理解之间可能存在哪些差距的问题，使我们能够迅速发现差距并解决误解。问问球员们："我们在这里要做什么？我们在这种情况下的目标是什么？当我们在这种情况下拿球时对手可能会做什么？"特别是当你觉得自己说得很清楚的时候，你检查后可能会大吃一惊。

构建知识类型的问题。鉴于背景知识对批判性思维和学习持久性的重要性，所以值得提出一些构建球员知识的问题，其目的是通过回溯练习将关键知识编码在球员的长期记忆中。"我们管这个叫作什么？""在我们自己的第三场防守时，我们的比赛原则是什么？""我们要如何在空位接球（边路），为什么？”这有助于加快运动员对记忆中概念的获取速度，并将其作为批判性思维的基础。由于这些问题的简单性，要求运动员回忆概念或术语可能看起来很普通，但绝对很重要，而且令人高兴的是，在很多地方和场合（例如，在比赛前，在回家的巴士上，在场边）都很容易抛出这些问题。

下面再简单举例说明这5种类型。问题的分类并不完善。回溯性练习是为了建立记忆，但也是为了让你检查队员的理解程度。发现和应用之间的界限往往是模糊的。一个问题可以很容易地兼而有之。而且问题之间可以快速组合：1）我们要做什么？（检查理解）2）好的，我们在这里怎么做？（应用）

你可能会问，为什么要分类？因为通过分类，你会开始有意图地提问，开始思考为什么要这样做并且设计出可以帮助你完成任务的问题。每一位教练和每一位教师都曾因为提出的问题不起作用而感到挫败。其中一个常见的原因是你不清楚为什么要提问。如果只是为了“使用提问”，你的提问规则并不严谨，那么你的问题也就不会那么好。如果你知道你提问的目的是什么，你就可以更严格地评估你的问题是否有效。如果你想要让自己的问题达成多个目的，你最好能帮助运动员以多种方式进行思考。而这也许就引出了问题类型的底线：重点不是使用“最好的”问题，而是要意识到5种问题都是有用的，教练需要找到正确的时机使用每一类问题。

- 发现类问题——有哪些解决方案？我们怎样才能解决这个问题？
- 应用类问题——我们怎样才能达成这一点？哪种方案可能是最好的？
- 基于感知类的问题——你应该在这里寻找什么？你看到了什么？
- 检查理解类的问题——我们/你在这里应该做什么？我们现在的目的是什么？
- 构建知识类的问题——我们有效施压的关键是什么？当我们丢球的时候，我们首先要做什么？

数据驱动下的提问

在最近的一次训练中，纽约红牛队的教练和教练教育者琪卡·图卢兹向一群球员提出了反馈。她一直在指导球员使用弱侧跑动来使对手失去平衡，并告诉球员，他们要不间断地练习几分钟，她说："在这期间你们可能会注意到我在做笔记。"

她告诉他们："我将记录下你们弱侧跑动的细节，既包括我们是否在第一时间跑动起来，也包括我们是否能利用弱侧跑动获得一些分数。"她会追踪球员们创造得分机会的次数和他们得分的次数。球员们踢球，教练记录数据，然后教练喊了暂停。

"你认为谁赢了？"她问。黑色队赢了：5比3。但她说："黑色队不仅赢了，他们的弱侧跑动也更有效率。我数了一下有6次机会，这6次机会中你们有5次得到了分数。"然后她开始讲进攻一方的数据："橙色球员，你们之前有7次机会。你们确实创造了很多得分机会，但你们只利用了7次中的3次。"所以，"她问道，"你认为我们为什么没能够充分利用这些机会呢？"在随后的讨论中，球员们对训练数据进行了分析：他们有过机会，他们错过了机会；他们低着头踢球，总是用后背对着对手的压迫。

向运动员展示他们比赛时收集的数据是非常有力的。这些数据提供了可加以分析的客观信息，而不是依赖教练的主观意见——"我们在踢球时都不抬头，所以没法看到后方的跑动"——球员们收到了客观的反馈。教练不再是裁判——问题已经确定了。现在教练是提供解决方案和指导的。

在执行任务时追踪运动员的成功数据这一话题会在第四章再次出现。但正如琪卡所展示的，它会成为一种强有力的方式，使对话更加客观。俗话说：被记录的事情就能被做好。通过跟踪新形式的数据，琪卡使得她的球员考虑更多的东西，而不仅仅是目标。而且当你像琪卡那样开始收集数据时，就很容易提出这样的问题：我们可以提出什么解决方案？数据几乎总是会为更好的问题赋能。

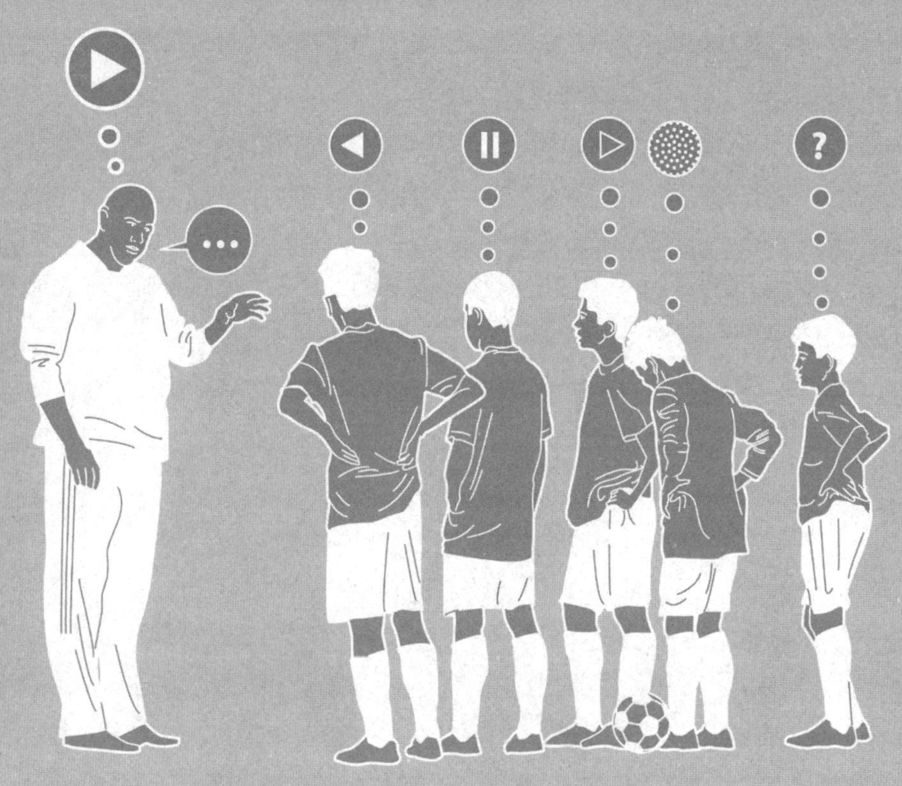

第四章

检验学习成效

> 教师在尽力找出做得不到位的地方，某种程度上学生却在逃避这种探寻，他们掩饰自己的弱项，想要看起来比实际的自己更好一些。
>
> ——杰里米·登克

约翰·伍登是20世纪最伟大的教练之一。毫无疑问，他是最成功的教练之一，他也是最令人钦佩和被引用次数最多的教练之一。教练伍登的故事、箴言和执教原则经常被赋予近乎权威般的地位，并像福音书里的的寓言一样被一遍遍传述。

- 他在加州大学洛杉矶分校赛季开始时教球员如何穿袜子的故事，揭示了我们的执教应该从头开始——也许应该从比我们想到的还要更早的地方开始。
- 伍登应对球员比尔·沃尔顿宣布自己不想按照球队规则理发的故事——伍登赞扬沃尔顿坚持自己的原则，然后补充说："我们肯定会想念你的，比尔"——提醒我们，检验我们是否守原则，就是看我们是否对最好的球员，以及在可能要输掉比赛时依然一以贯之。

也许是因为他在成为教练之前是一名教师，他在教学方面的智慧是实用并且明智的，而且到目前为止，大部分是永恒的。在他所有的格言和谚语中，我觉得最有用的是他对教学（和教练）的定义。他说，教学就是知道"我教的"和"他们学的"之间的区别。无论在什么环境下，弥合这两种想法之间的差距其实就是教师工作的核心，也往往是教学工作的最大挑战。当然，在体育教练的执教中也是如此。

任何教师都试图尽可能提出一个清晰且难忘的概念供学生学习，以便让尽可能多的学生理解它，但无论最初的教学多么好，学习都会被打破。差距会浮现。我们的第一反应往往是试图追责这一差距到底是谁的错，但通常来说，这是教和学时一定会发生的事，特别是在教和学具有挑战性和复杂性的知识或技能时。伍登的格言中最大的洞见可能是可以冷静地假定教和学之间的差距是不可避免的。问题不在于这一差距是否存在，而在于我们如何解决这一差距。他提出，“教学其实不是消除差距，而是理解差距”。教练的工作不是提供一个完美的初步解释，而是寻找和预测运动员的痛点。要成为一名伟大的教练，不仅仅是要对区域联防有深刻的了解，不仅仅能够把这一知识传达给球员，而是还要看到他们在尝试学习时出现的问题。这个过程被称为“检验学习成效”，掌握这个过程既有挑战性，也很重要。这一过程要求教练员改变他们教学的方式，甚至改变他们在运动员训练时的观察方式。

观察的考验

在第一章中，我讨论了知觉在运动员决策中的关键作用。良好的感知不仅是良好决策的必要条件，在许多情况下，感知和决策之间的界限是模糊的。运动员能读懂预示对手将如何行动的第一根苗头性线索，并且已经在实时地对该线索采取行动，我们称其为预测，就好像她知道她的对手可能会做什么，所以她成功防住了对手。或者当关键信息——他们正在逼近！——出现时，她的视线在其他地方，所以她没有做出相应的反应。感知和决定是很难分开的。运动员可能会有一两次幸运，但从长远来看，他们做出的决定永远不可能比他们看到和理解事情的能力更好。

对于教练来说也是如此。教练教导和培养运动员的能力受限于教练在训练中感知他们正在做的事情的能力——这项任务并不简单。我们假定观察是机械性的，你把你的目光聚焦于一个事件，然后意识到正在发生的事情，但事实上，这与事实相去甚远。观察是充满技术性、挑战性和主观性的，你可能会说，这是一种技能。当然，观察也是一个认知过程，远远超过生理过程。虽然很少有人承认，但准确观察的能力是教练的第一技能。

这里有一个小小的例子来表明我的意思：这是一位非常优秀的年轻教练负责的训练中出现的一次暂停。他正在使用传球模式让球员们熟悉延续比赛的动作，他注意到女孩们在等待接传球时通常是静止的。他给她们喊了一个暂停，站在一名中场球员旁边说:“女孩们，当你们看到后卫拿到球时，你们要知道你们将是她主要的传球选择之一，所以你不仅要准备好接球，你还必须要拉开距离，以便抓住机会。这意味着需要你们做出像这样的动作(教练演示了人球分离)，让防守者跟着，然后再回来接球。当我们练习这些传球模式时，我希望看到你做这样的动作。每一次，躲开，然后再回来接球。加油!”

根据反馈的基本规则(见第三章)，这位年轻教练的反馈很有力。他解释了一个想法，清楚而快速地演示和描述了解决方案，然后给运动员一个机会，让他们立即尝试。但是有一件简单的事情他没做，以至于大多数教练都没有意识到他们没有做到这一点。这位教练没有观察。他走到一个合适的位置看球员们的后续练习，他看着女孩们在模式中循环往复地练习，但在他说“开始”后，10个接球女孩中有8个没有做出他所描述的动作，而不知为何他却没有注意到这一点。也许他只是认为她们在做，而且只是看了一半的训练。也许这位教练已经在思考他的下一个教学要点了。但不管是什么原因，他只是在看，却没有看到核心画面。球员糟糕的任务执行情况没有得到纠正，而他下一次喊暂停又是针对一个崭新的细节。

这位教练确实已经教过了，但球员们没有学会，甚至没有做到，真的，不难想象在不远的一个周六，中场休息时，这位年轻教练将带着某种紧迫感也许甚至是挫折感，他说:“姑娘们，我们是静态的。我们已经说过要用我们的动作来创造接球空间。我们必须要拉开空间。”在那一刻，他就是在描述约翰·伍登所表述的差距:女孩们，我教了你们如何拉开空间接球，但你们还没有学会。

运动员不能在比赛中执行他们在练习中所做的事情的原因是多方面的。我在本书的其他章节也尝试讨论了其中的许多原因。回溯练习的变化和间隔可能不够，以至于运动员们在比赛当天忘记了他们在训练中所做的事情。训练环境可能不够复杂，运动员没有准备好在特定条件下执行练习中的内容。运动员们可能没能读懂告诉他们的感知线索:到运用他们掌握的技能的时候了。但在这个例子中，我描述的是更简单的东西，即(缺失)观察的危害。教练要求运动员做，运动员没有做到，就在这一刻，教练却没有看到。

为了弥补学习上的不足，教练可能会说："姑娘们，我没有看到我们之前讨论过的各种动作。让我们再试一次。"也许他可以补充说："我现在要观察你们中的10个人，然后喊'是'或'不是'来表明我是否看到了那个动作：拉开和回来。"也许他可以说："女孩们，我们正在努力做这些动作，我怀疑可能是因为我们尝试做这些动作时已经太晚了。我们试着早一点开始，看看是否有帮助。"也许还有别的原因，但教练只能对他所观察到的错误做出反应。首先，你必须意识到错误，而令人惊讶的是，这个观察过程中出现问题的频率远远超过任何人的预料。

事实上，如果在这一章中我能提供一件事来帮助你更好地教学，那就是督促你抑制住要评判这位教练的冲动。这个故事的某个版本无疑已经在你最近的训练中上演了，无论你执教的是7岁的孩子还是专业运动员，无论你是一个新教练还是一个成熟、受人尊敬的教练。有一部分人不相信这一点，但我100%肯定这是真的。这就是故事中引人注目的部分。在某些情况下，你所训练的运动员根本没有按照你的要求去做，而你却没有看到这一点。如果有人事后给你看一段视频，他们可以很容易地给你指出来。你要求球员以贴地横传结束，你可以数一数有多少人做到了。或者你要求球员们练习使用双脚，然后再数一数他们用几次左脚。在你执教那一刻被隐藏起来的东西，现在会很明显。球员们没有贴地横传，几乎没有人使用他们的左脚。你没有观察到眼前的东西。因此，你不能理解你的运动员和他们学习时的挑战。我们都是这样做的。在某种程度上，我们都是我刚才描述的那种教练。唯一的问题是，我们是否会谦虚地接受这一点。只有谦虚，我们才能采取措施来改进这一问题。

科学告诉我们，我们只看到眼前的一小部分东西，这有各种原因。一个是注意力。我们错过了一些东西，因为我们没有集中精力去看。我们是在被动地看。仔细观察，看看16名运动员在一项复杂的活动中究竟各自在做什么，这是一项艰苦的工作，而大脑的设计只在必要时，在我们强迫它时才会努力工作。更重要的是，"观察"不像教练执教，所以如果我们不把观察看作一项重要的任务，就不可能付出专注于观察所需的努力。在很多时候，我们需要做的是认真观察，但我们却觉得自己需要做的是说些什么，或者摆放一些训练障碍物。

与其说我们在观察，不如说我们在考虑下一步要说什么或做什么，或者谁将在周六上场比赛。但是看得好需要一心一意的专注。我们必须把观察看作一项任务。我们必须强迫我们的头脑积极地去观察。

也有一些技术问题需要克服。例如，你的视觉神经连接到你的眼睛后方离视觉中心大约15度的一个区域，那里没有受体细胞。你的大脑皮层接收到的是一个不完整的视觉画面——你周围的世界。为了补偿，它用它认为可能在盲点看到的东西来填补空白。它使用其他的信息来源——比如另一只眼睛，或者几分钟前你的眼睛看向那里时看到的东西。大脑做得如此隐蔽，以至于大多数人甚至都不知道盲点的存在，但盲点的规模大到令人震惊。我们经常说，我们看到的世界是我们想象中的世界，是暗喻，但这往往也是字面上的事实。

我们的感知是主观的、易变的。我们只是不愿意相信这个事实。正如查布里斯和西蒙斯所说："在任何时候，我们注意到的都只是我们视觉世界的一小部分"，但"我们对大脑的认识让我们无法认同'我们只是看但没有看见'这个说法"。只有当我们解决了第二部分的问题，我们才能解决第一部分的问题。如果我们想在培养运动员方面做得更好，我们就必须更认真地观察他们的学习过程。

让我们回到那节训练课程上，女孩们没有按教练的要求进行自我检查。没有看到我们眼前的东西的技术名称是"非注意盲视"，我看到了教练没有看到的东西，其中一个原因是，我在前一天正和一群教练讨论观察的挑战。所以我带着这个想法走进了训练课的大门。我看到它并不是因为我有特别敏锐的洞察力，我和其他人一样都有可能错过眼前的东西，而是因为我已经准备好了，查布里斯和西蒙斯告诉我们，这是看得更清楚的关键。"有一种被证实的方法可以消除非注意盲视，"他们写道，"让意外出现的物体或事件不那么意外。"

在课堂上观察得更清楚

当我与教练合作，帮助他们提高观察能力时，我经常从德纳留斯·弗雷泽教数学的视频开始。在视频中，德纳留斯面临的问题与几乎每个教练在训练中面临的问题相似。他的教室里有30个学生。他们每个人都在完成两个数学问题。每个问题都有多个步骤。要评估这么多学生在一项复杂任务上的进展是极具挑战性的。但德纳留斯是个高手，所以他处理这项任务的方式是值得借鉴的。

关于德纳留斯如何处理观察任务的一个关键点是，他把他的观察当作数据，因此他以一种有规律的方式跟踪数据。例如，他带着一个写字板并做下笔记。大多数教师不这样做。他们做的是“心理笔记”。但是，想要同时观察到30个在做两个不同问题，每个问题有4—5个步骤的学生是不现实的。从如此复杂的一个数据库中调取的记忆只会是一场灾难，而且前期他为记忆重要数据要付出很大努力，这会削弱他之后的观察能力。观察和记忆都需要工作记忆，而工作记忆的负荷是有限的。除非他跟踪自己的观察结果，否则其中一项任务就会失败。

对教练来说也是如此。任何人的工作记忆都无法记住整体趋势、每个人的长处和短处，以及他们在几分钟前复杂活动中所观察到的重要细节。无论你是否意识到这一点，你将被动地养成某种习惯来对此进行补偿，而这会使你曲解事实。你会锁定在你所看到的第一件事，或者让最近的观察结果把以前的观察结果从你的记忆中删除；你会只记得支援球员位置的模糊细节，或者只记得他们踢球踢得不对，而不是关键的重要细节。人类的大脑很难记住一个7位数的电话号码。大脑不可能记住以下细节：几名球员没有迅速打开空间，你的中场球员跑得太深入，对方倾向于打反击，准备转移进攻点时有四五名球员（哪些？）需要提升他们第一次触球的质量。如果你想把这么多的数据记在脑子里，然后再去分析，看看有什么出乎意料的趋势从而来判断哪个球员的表现更好，那就更不靠谱了。你认为你可以处理这么多的信息，不需要用一些有组织的方式来跟踪信息，但这与对大脑工作原理的理解是不相符的。如果你观察训练的主要方法是做心理笔记，那么你就没有把你观察到的结果当作数据来处理，并且错过了一个可以帮助你的运动员更快地获得进步的工具。

跟踪观察数据的一个方法是做简单的笔记——也就是用一张白纸，写下你所看到的东西。因为这可以解决你工作记忆超负荷的情况，所以很有价值。但是德纳留斯的笔记中似乎没有出现句子和短语，这告诉我们，他不是在做简单的笔记。他提前厘清了自己的思绪，从而为更好地观察做好了准备。如果你仔细观察，你会发现他的学生中最常见的错误是与求余数有关的。他马上就发现了这一点，所以他的“暂停”——他暂停教学并说出我们需要改变什么——是围绕着解决这个需要改变的问题而喊的。这看起来很简单，但其实也是件大事。如果德纳留斯的反馈始终集中在教室里最常见和/或最重要的错误，而不是只针对一两个学生纠结的问题，那么学生进步的速度就会成倍增加。例如，在视频第42秒时，他发现一个学生求得的余数是错误的，他说：“哦。检查一下你的余数”，但只是在写字板上打了个钩。这就说明，他已经预计求余数可能是一个学生犯错较多的问题，并且已经在写字板上留了位置来专门记录学生在求余数上犯的错。换句话说，他已经提前预判到了这个问题，并且他把他认为学生可能会犯的错误列了出来。他用这个错误清单来安排他的观察内容。这个清单可以帮助他记住要找的东西，并使他能够迅速将数据可视化：在“余数”一词旁边有6个可以打钩的地方，德纳留斯上课时就知道自己应该观察什么。

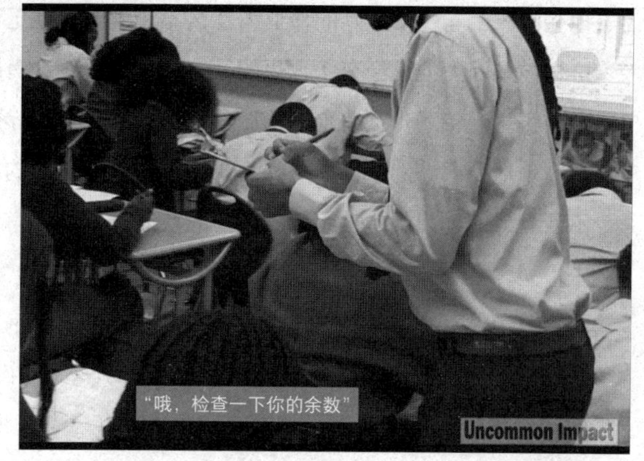

但仔细观察可以发现，德纳留斯的写字板上还写着别的东西。在1分12秒这里，

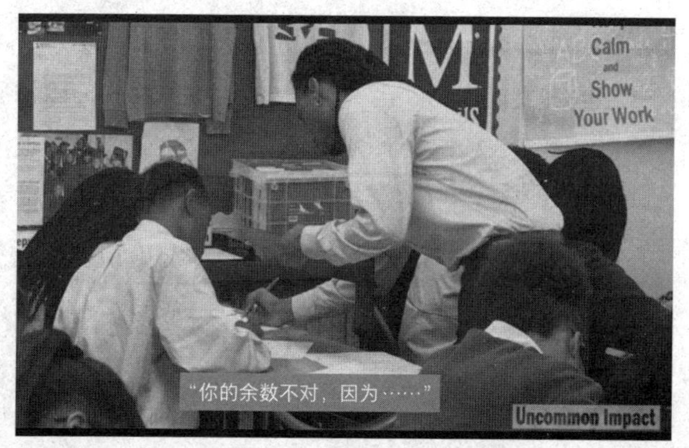

他在向一个学生解释她的作业为什么不正确时，他迅速瞥了一眼他的笔记。他这样做是因为他已经有了理想的答案，即典范，这有助于他更快、更准确地诊断出学生做错了什么。他说："你的余数不对，因为这里的数值不正确。"他能够发现他所看到的学生表现和理想中学生表现之间的差距，因为他有一个可以不断参考的理想版本。所以他不必大费周章地将所有信息保存在他的工作记忆中。只需要看一眼写字板——大约需要一秒钟——就足以提醒他。有了这种支持，他能够在几秒钟内迅速评估每个学生的掌握情况，这意味着他可以在任务时间用完之前完成整个教室里所有学生的评估工作。如果他在每张桌子上都要花10秒钟，那他就永远无法在这个房间走一圈。效率不是一个吸引人关注的词，TED演讲者、教育家和哲学家们很少对"效率"一词大肆宣扬。但效率的确是一个大问题。如果教师没有评估效率，只有少数学生会得到个性化的反馈，而德纳留斯也只能收集到班级里一部分学生掌握水平的数据。这就是发生在大多数教师身上的事情，他们无法接触到每个学生。不是每个学生都觉得自己得到老师的关注了。教师只是在猜测他们班上一半学生的水平。因此效率很重要，德纳留斯的效率很高，因为他总是将他观察到的答案与一个典范进行比较。这样一来，差异就一目了然了。只需看一眼标准答案，他就知道了每个学生是在哪个方面有所欠缺。

在准备过程中，很容易忽视列清单这一步骤。写出你的典范似乎是在浪费时间，特别当你已经是所在领域的专家时。你可能会争辩说，你已经把典范"记在脑子里"了："我知道有效的中场比赛是什么样子的。我不需要把它写出来。"但我向你保证德纳留斯也知道多项式的除法应该怎么做。看一下学生达到典范标准所需事项的清单，可以帮助他观察到所有潜在的差距，并更快更准确地处理信息。科学作家阿图 · 葛文德写了一本书讨论了相关的话题：检查清单。他在《清单革命》(*The Checklist Manifesto*) 中写道："在复杂的条件下，

阿图 · 葛文德

清单不仅是一种帮助，而且是成功的必要条件。”他继续描述了清单在很多专业领域的应用，一些训练有素的专业人士——例如外科医生和工程师——使用精心设计的清单来管理他们的决策，并取得了深远的效果。阿图·葛文德将有效的清单描述为“精确……有效，切中要害，并且易于使用。清单提供了对……最关键和最重要步骤的提醒”。一份好的清单应该是一种示范性的形式，但是是以清单的形式出现，不像其他示范性的事物可能会包含更多的细节描绘。但是无论哪种方式，目的都是一样的：清楚地描述成功的必要特征，并使得对这些事情的观察有迹可循、高效。有趣的是，葛文德认为这种清单工具在两种情况下最有价值。第一，在特别复杂和精密的工作中使用。外科医生和建造大型摩天大楼的工程师使用清单，尽管他们多年来一直抵制清单，但专家在观察时会看到更多东西，远超他们工作记忆的负荷。你知道的越多，就越需要把你要寻找的东西组织好。清单和其他范例特别有价值的第二种情况则是，当你想在一个有很多自主权的大型组织中获得可靠的结果时——比如说，足球俱乐部。如果每个人都就“正确”是什么样子达成一致，就可以在保持自主性的同时减少训练执行中的变数。

用体育术语来说，比方说，你正在努力组织后场进攻。你的训练笔记中包括了你在思考时的一些想法。现在你知道要注意以下事项了：

- 传球：
  - 在地面上
  - 按节奏踢球
  - 传给积极出击的接球队员
- 接球时打开髋部并保持视线敏锐
- 首先寻求突破线路；如果做不到，则快速改变进攻角度——不要都是懒散的横传

这样做后你就更容易注意到执行中的细节，因为你已经提前思考过一遍了。并且如果你开小差了，也能通过一个简单的方式重新把注意力拉回到你要注意的事上。在写下它们之后，你现在可以在观察时对这些细节进行记录或汇总：在“贴地传球”那栏打一个钩。“这点我们一直做得不错。嗯，除马蒂亚斯之外。”你把马蒂亚斯的名字写在“贴地传球”旁边，这样你或助理教练以后就可以和马蒂亚斯一起解决这一问题，但没有必要为单独一个球员的技术问题做暂停。紧接着你还注意到，基克在接球前的视线扫视做得很出色。如果你需要让一名球员展示如何在接球前扫视球场，基克就是你的人选。你在“打开髋部和保持视线敏锐”一栏写上“基克++”。你决定开始有条不紊地观察传球的节奏，并开始在传球节奏一栏旁边为好的传球打钩，为差的传球打×。你看到优秀传球和糟糕传球的比例大约是60：40，你想停下来解决这个问题。“球员们，我希望你们专注于传球速度。必须按节奏传球。我将对你们的传球进行评分。每一个传球都会打分。加油！”球员们可能不相信你会真的那么仔细地观察他们，但现在他们注意到你在每次传球后都会在写字板做个小标记。他们就会变得更加专注于自己的传球。数字飞速上升。你可以看到他们的进步，因为这些数字就在你眼前。“暂停一下，”你说，“孩子们，我没有教什么新东西，只是提醒了你们，你们的传球节奏至关重要。当我这样做的时候，因传球速度太慢而降低效果的情况从40%的发生概率几乎降到了0。这说明了什么？”你问，让他们自己认识到，如果他们保持专注度，他们就有能力做到任何事。

稍后，我还会提到一个非常精彩的视频，是一个教练在球场上使用这一理念的视频。我想先回到德纳留斯视频的后半部分，让我们看看他是如何应对他所收集的数据的。但首先，我想暂停一下，深入解释一些在我们对德纳留斯课堂的研究中发现的教练可以用来在训练中更好地收集球员表现数据的方法。

第一个关键的想法是，你所观察到的是一种数据形式，而心理笔记不足以当作数据。你应该用某种跟踪设施来观察，或者一个可以做现场笔记而非心理笔记的地方。在《像冠军一样教学》一书中，我把这称为“跟踪，而不是观察”，以提醒教师（现在是你，教练），观察并不是一种被动的行为，而是一种主动的行为。你可能会认为，当你“只是观察”的时候，你就不是教练了，但事实上，这是你的工作中最重要也是最容易被忽视的部分。仅仅是做笔记这个动作就可以让你更有意识地感受到自己是如何观察的——观察的专注程度如何？观察的对象是什么？科学已经告诉我们了，我们很容易分心。我们经常出于本能地对眼前发生的事情视而不见。我们的视线会追随明亮和快速移动的东西——例如，足球——其实就是本能地会关注足球，我们的意识会不自觉地被吸引到足球上，而无法留意到更隐晦也更深刻的事，比如比赛的防守方面、无球跑动等。当然，我们作为教练会注意观察球员。大多数教练员可以而且应该更有意识地决定他们要观察什么，并且你可以设计你的追踪器来帮助你达到这一目标。

第二个关键的想法是，如果你能看到你的团队和球员与成功范例之间的差距，如果你能“预测错误”，也就是说，如果你在计划训练时花几分钟时间，专门问自己：“球员在做这件事时最有可能在哪儿出错呢？”然后写下这些球员可能犯错的地方，你就会更有效率。只要你这样做，就会有好事发生。首先，你自己更有可能在这些错误发生时观察到它。这也是查布里斯和西蒙斯告诉我们的：让意外变得不那么意外。其次，你也能够仔细思考如果你预测的错误真的发生了，你应当如何做。而且自然你也就可以更轻松地设计出一个工具来帮助你在观察时更好地收集数据。

最近，我看了一个教练的录像，录像视频内容是一个高级执照课程的一部分。这位教练在被拍摄时习惯于自言自语，这样就让我们有了了解他想法的机会。当他的球员执行一套传球动作时，他会自言自语道："传球动作不够利落。"后来，他又对一个助手重复了这句话："传球动作不够利索，真的不利落。我认为我们不应该继续下一个（训练）。"据他观察，球员们的传球技术还不够熟练，无法达到他的要求。然而，仅仅几秒钟后，他吹响了哨子，并继续进行下一个训练。我怀疑，并不只是这位教练一人会这样做。观察到一个问题却不采取行动是非常容易发生的。你可以说这浪费了观察数据。我们经常会在事后向自己承认这一点：我知道我们没有把它记下来……这就引发了一个问题。如果你知道了，那你为什么不做点什么？这可不是一个反问句。从观察发现差距到改变训练内容，再到做出反应，这个过程绝对不是自动的。我想，答案往往是这样：因为我当时不知道该怎么做。也可能是因为我不想冒着不知道自己在做什么的风险和我的团队一起尝试改变训练内容。也可能因为我非常仔细地计划了训练的后半部分，并且很期待能够教授完整个课程。当然，有些时候，你可能会故意选择不立即解决一些问题，因为你可能希望球员自己寻找方式解决，或者你想专注于教其他东西，但也有一些时候，你应该采取行动，当你知道球员们需要回去把他们的传球动作打磨得更利落，而不是去进行更高级的拓展学习和训练时，但你却没有这样做。你迟疑的一个原因是你担心自己一时兴起所做的改变带来的结果是不确定的，可能会涉及一些教学进程的倒退——比如要移动标记的位置或重新组建小组。改变训练内容可能有助于解决你观察到的问题，但肯定也会破坏目前的训练计划，所以这并不是一个非常有说服力的交易：把做好的计划换成不确定性事件；把你想做的事换成你勉强承认应该做的事。而你应该试着冲球员们大喊："传球动作再利索一点，孩子们。传球动作必须快准狠！"现在你觉得你已经做了一点改变，可以继续做你原计划做的事情了。但是，如果你提前预想了可能发生的错误，你也就会预想到应对错误你要做的事。这样你决定回头去纠正球员的传球动作这件事就不是一件一时兴起的事。如果你知道你要做什么，你就更有可能采取行动。而这些行动也更有可能在训练中发挥作用。

预测错误也有更多无形的好处。其中一点是你可以练习预测球员会遇到什么困难的能力。即使你的预测是不对的，你也会提高自己这方面的能力。而且你正在练习站在球员的角度来看待训练，你就能越来越好地理解那些令他们无法成功的事情。更微妙的是，如果你的计划中假定会有球员们易犯的错误和困惑，你就不大会在球员犯错时或者困惑时对他们发火，也不大会把球员们在错误中的挣扎看成是懒惰或某些缺陷的标志——你会更能想到“因为学习是很艰难的”。相反，你有更大的可能看到解决又一个问题的机遇。这不再是一个追责的场合，当你不再误解和指责球员们不重视时，你就能获得他们对你的信任和信心。

第三个关键想法是“典范规划”，这与“预测错误”有相似之处，但涉及花时间描述理想答案的样子。如果你的脑海中一直有对理想战术的细致描述，你会更清楚地观察到你所得到的和你想要的之间的差距。执行训练任务时的差距会突然变得十分清晰。要做一个典范，你需要问自己：在这个练习中，一个世界级的U14青年队执行这一训练任务时是什么样子的？然后你会把它写下来。写下来的过程会提醒你注意到那些模棱两可的细节；写下笔记也可以帮助你思考细节；也将帮助你更清楚地观察到运动员做得好的地方，因此对于要加强和表扬什么，你就会越来越熟练。此外，写笔记会帮助你准备好用清晰的语言描述你在训练中喜欢的部分，这样运动员就知道他们应该复制什么动作或者战术。做笔记也会帮助你看到球员们缺少什么。同时这也是一个可以和同事一起进行的好活动。你可以就某个话题将你的典范与同事的版本进行比较，比如在进攻三区打菱形中场的打法，或者某个练习，如抢圈训练。我几乎可以保证你同事的典范中会出现你没有想到的元素，反之亦然。这是一个很好的工具，可以帮助你不断加深对比赛的理解。

就这一点来说，纽约红牛队青年教练琪卡·图卢兹有一段视频很有趣，因为她采用了我们看到的德纳留斯所使用的几个工具，但以有效的方式对其进行了调整。

琪卡的训练主题是弱侧跑动。她希望球员能看到并抓住进行这种跑动的机会，当他们跑得好时，她希望他们的队友能认识到这种机会并把球传给他们。所以她设计了一个跟踪器，帮助自己仔细观察。她把她的观察当作数据来处理——为每支球队列出跑动时间，然后再加上跑动时间在促进得分方面的成功率——在这个例子中，把球传给越过球门线的一位蓝色中场球员再把球接回来可以得分。然后她做了一件很棒的事情。她与球员们分享这些原始数据，指出这些数据的意义，然后要求球员们分析该数据。她问道，为什么橙色队通过弱侧跑动创造了更多的跑动机会，但这些机会转化为得分的却很少？信息：分析从数据中能得出什么结论不应该只是教练的工作。球员们对这个问题很是挠头，他们试图把这些数据联系起来。第一个发言的球员是一名中场球员，他在训练中一直低着头，错失了一些机会。他的理解是队友最后把球丢了，队友没有给他回应。然后琪卡又让另一名球员分析，第二名球员给出了更有用的分析。但关键的启示是，数据对球员来说也是需要他们分析并处理的。

根据数据采取行动

让我们回到德纳留斯的课堂上，他通过仔细观察和跟踪观察得来的数据，发现了班上大部分学生正在犯的一个常见的关键错误——换句话说，就是要和学生们谈论的最重要的事情。现在，德纳留斯的计划是重新展现这个错误——使一个有缺陷的解决方案中有问题的部分尽可能清晰可见，以便让学生小组研究其中的问题。如果德纳留斯能让他的学生带着开放性、好奇心和兴趣研究他们的错误，如果他们能在没有防备心或老师责备的情况下反思他们的挣扎和失误，如果他能让这样做成为学生们的一种习惯，那么他将创造出一种难以超越的学习氛围，而他也会使自己的执教生活变得轻松。不是对所有错误，都可以用一句简单的“让我们暂停一下，看看哪里出错了”来回应——比如，刚刚接触一个学习内容的学生往往很难诊断出错误——但这为他提供了一种可能性，即他可以仅仅通过暂停、检查来修正错误，而无须设计一种更为复杂的干预方式。事实上，在理想情况下，对错误分析的舒适和感兴趣的状态会培养出倾向于不断反思的学生。但是，这只有在氛围正确的情况下才会奏效，并且学生也好运动员也好都需要接受这样的观点：做错事往往是做对事的关键一步，他们需要在没有防卫或责备的情况下以开放和好奇的态度研究自己的错误。我把一个团队、一个俱乐部、一个教室或学校里这样的氛围称为“犯错文化”。对于教练来说，这一点是非常重要的。

如果运动员没有试图向你隐瞒他们的错误，那么“我教了”和“他们学会了”之间的差距就更容易被发现和理解——如果他们愿意分享他们的错误，那就更容易了。这种氛围通常不是自然形成的，也不是通过像队内谈话——教练告诉运动员，你们要拥抱错误这样才能成功——这样的形式来形成。最能促进犯错文化枝繁叶茂的方式是“潜移默化”，正如他们所说：在无数个微小的时刻、巧妙表达的时刻——用语言描述错误的时刻和用面部表情和身体语言欢迎错误的时刻。例如，在鲍勃·齐默利的数学课堂上，有这样一个时刻：在观察到他的学生在努力合并同类项时，鲍勃让他们停下，说：“很高兴我看到了我所看到的错误。错误的出现有助于我帮助你们。”他并不害怕把错误称为错误，他只是以一种把错误看成积极行为的方式来传达给他的学生们。

因此，我们值得从这个角度来学习德纳留斯的后半段视频。首先，让我解释一下视频里发生了什么。在视频的1分24秒左右，德纳留斯拿着一份名为费根的学生的试卷。她在算余数时犯了一个错误，这也是班上许多同学的典型错误，所以他要把她的试卷投影给全班同学研究。记住，如果我们想了解错误，关键是要看到它并理解它。但当然，这一刻可能会出大错。这位名为费根的学生可能会因为自己的错误被当众展示给全班同学看而感到羞愧和被排挤。你几乎可以想象那晚德纳留斯可能会接到来自费根家长的投诉电话。但从一开始，德纳留斯就敏锐地关注到他正在创造的氛围。

当他准备研究费根的错误时，他的第一个动作是向全班发出信号，表明他将要做的事情是重要的，需要他们高度关注和重视。他说：“放下手里的铅笔，倒数3、2、1，眼睛看着我。”他所说的“看着我”是指课堂上的期望，即在课程的关键部分学生的眼神要跟着发言者。这有助于他们保持注意力，并向发言者发出信号，表明他们认真对待这项任务。然后，德纳留斯的视线非常仔细地——无形地——扫视整个教室，以确保每个学生都全神贯注地看着他。他很容易就做到这一点，因为目光跟随是一种容易观察到的高度关注的方式。而且他的扫视并不只是流于形式。他发现一个学生还没有准备好。他说“再等一个人”，以提醒学生他需要他们的注意。但德纳留斯没说这个人的名字，以免把大家的注意力从他的任务上转移开。

一旦他确定班上的每个成员都全神贯注，他就开始说：“在我们的几份试卷上，我注意到我们得到了一个错误的余数。”德纳留斯的语言在这里很关键。首先，这是关于这个群体的：我们的试卷上有错误的答案。他正在消除任何认为这一刻可能是关于费根的可能性。这是一个关于我们所有人的时刻，我们都有责任去学习。并且有必要提及当他准备研究这个错误时他的语气。他很平静也很中立，保持着我所说的“情绪稳定”。表明他没有因为这个错误而生气，而是冷静地专注于克服该错误所需的步骤。许多教师在语气方面可能会采取两种备选方法之一。有些人可能会让他们的不耐烦和可能的挫折感表现出来：“大家伙，我们整个星期都在做这些问题。我们真的需要开始应用我们所知道的关于余数的知识。”另一些人可能用抑扬顿挫的语调评论，仿佛在说：“哦，我们犯了一个错误，但没关系。不要难过，不要太担心。”后者意味着，如果没有人在前面说好话铺垫并告诉他们最后会好起来，学生就不能真正谈论错误。学生在错误面前不需要呵护和支持，这样他们才能从错误中学习。为什么要暗示他们从错误中学习是标准程序以外的事情？前一种反应暴露了对学生的挫败感。这是指责学习者的第一个暗示。这可能会分散学生们对自己错误的研究，在他们的头脑中引入一系列无关紧要的问题。他为什么对我们生气？费根不能解余数的题目又不是我的错。但这肯定会向他们传达，他们的错误是不好的，当他们的老师给他们展示错误时，他很恼火。我最好保持沉默。这种语言值得进一步研究，我稍后会再次谈论它。

当他开始回顾这个问题时，德纳留斯说：“先表扬费根，因为她使用了长除法。”德纳留斯的目标是建立一种队内文化，在这种文化中，学习是一种团队的努力，他用鼓掌来使同伴的赞赏和支持更加明显。但他的语言和行动在这里也是很关键的，而且是以更微妙的方式。首先，他提醒费根，她的错误是局部的。因为她的第一反应可能是告诉自己“我把题做错了”，然后也许会举起手来——“我太不会算余数”——但事实上，她并没有把整个问题都弄错，只是弄错了一个关键步骤。这就是为什么不是只说“表扬费根”，而是要加上“因为使用长除法而表扬费根”。这句话表明她的大概念是对的，不需要惊慌，稍加注意就能很快解决问题。此外，帮助她区分她所做的正确的事和错误的事也很重要，因为德纳留斯希望她继续做对题。清楚地描述做对了哪一部分会帮她坚持正确的做法。

我想用一分钟的时间来消除一个常见的误解，那就是教练和教师在建立“犯错文化”时，他们会做什么。建立“犯错文化”就是表明错误是正常的，有研究价值，这样我们就可以帮助运动员避免一些错误的事，比如把责任推给别人，把自己的错误合理化，或掩盖自己的错误——不仅仅是对教练也是对他们自己。事实是：当我们试图学习困难的事情时，错误是不可避免的。因此，当我们犯错时，我们要承认错误，并抓住错误创造的机会，更好地理解比赛。这与那种教练害怕将错误答案或决定称为错误的文化不同——从很多方面来说，这是完全相反的文化。然而，当我与教练员一起工作时，他们有时会对这种区别感到困惑，他们有时会纠结于这种区别。例如，我会与他们分享一些表达，当你目睹一个错误时，就是建立犯错文化的时候：

- “很高兴我看到了那个错误。它让我们发现了我们在周六前必须解决的问题。”
- “我喜欢你的第一直觉是寻找空间和踢边路，但在这种情况下，我们并不想要空间。我们有优势，就想直接发起进攻。”
- “我要求你做的事情是很难的，即使是职业球员也很难做到这一点。但我相信你可以做到。因此，让我们来看看什么地方出了问题……”

这3种说法在某些方面都是不同的。第一种说法超出了运动员的预料，教练居然说很高兴现在看到了错误，并希望能在比赛中避免这个错误。第二种说法对选手对比赛的正确理解给予肯定——但明确指出这个答案适用于不同的情况。第三种说法承认，这项任务不是那种你只需尝试一次就能完成的事情。它使犯错困惑变得正常。但这三者的共同点是，它们都明确指出了一个错误的事实。然而，当我要求教练们想出一些例子时，他们有时会想出一些与之相反的事情。诸如：“这是你可以在这里打球的一种方式，但你可以尝试其他的方式……”这是一种回避告诉球员他做出错误决定的说法。它模糊了正确和错误之间的区别（而不是清楚地强调一个错误，以便我们可以从中学习），就好像这种方法很有用一样——有时是可以这样做。如果两个选择真的是平等的，那么说“这是一种选择，那是另外一种选择”的回答是好的。但是，模糊正确和错误的界限与教球员正确对待错误是不同的。事实证明，要想简单地告诉球员他们错了，而又不影响他们的工作，这是非常困难的。但这正是我们所寻求的——不是一种害怕区分正确答案和较差答案的文化，而是一种我们可以轻松谈论这两者的区别和存在原因的文化。

杰夫·阿尔伯特

进步前有一堵巨大的墙

杰夫·阿尔伯特是圣路易斯红雀队的击球教练。他是一个贪婪的读者，也是认知和生理科学的学生，所以仔细观察和建立一种让人安全奋斗的文化是他工作的核心。

对我来说，教练工作中最重要的事情之一是积极地观察。当我觉得我是真正的教练时，往往是我在自己的房间里研究一个球员在做什么的时候或是在家里看视频了解他的情况，然后设定我想做的第二天的工作的时候。

但对球员来说，所有这些都是看不见摸不着的，所以他们并不习惯。有时他们会问，你为什么什么都不说?

我想在决定我们要走什么路线之前收集所有的证据。我不想做错事。特别是当你是一个新球员时，你正处在走向职业球员，在一个新城市开启新生活的过渡阶段。在这一过程中，我也在了解你这个人。我在观察你在训练和比赛中的表现。我有你的比赛记录、你的统计数据和球探报告。我正试图把拼图拼好。

我无意中听到一个球员在向一个新人选的人解释：“不要担心，如果杰夫不对你说什么，这并不意味着他无视你。他可能知道关于你的一切，关于你挥杆的一切。他只是在等待。”

事实上，等到球员表达了动机和愿望之后，这往往是非常有帮助的。也许他开始问问题或说：我想学习那个人的做法。他已经开始寻找你早就准备好了的信息。

另一件真正有帮助的事情是，让一小群球员在同一个问题上工作时，他们会看着某一位球员进行任务，而教练可以向观察的某位球员提问："你看到了什么？"他回答出问题，回答的同时也是在告诉别的球员："我认为是这样的。"这是在共同建立知识。

棒球是一个关于失败的比赛——这是他们对棒球的评价——所以往往没有很多人愿意贸然进入比赛并冒着看起来很糟的风险。由此也就在进步前放置了一堵巨大的墙。但当球员们意识到了进步的阻碍并谈论进步时，你就不再是一个人默默奋斗了，你们实际上是在共同解决一个问题，有时甚至是有意识地进行试验。从学习的角度来看，这使得击球笼成为一个更安全的地方。

我第一次看到这种做法是在多米尼加共和国。那里的年轻人一直在做这件事。在练习的笼子里，他们或两人、或三人、或四人一起讨论原理。这是文化的一个重要部分。它同时也有建立一种犯错文化的效果。

在职业棒球中，比赛非常多导致休息日不够，你几乎总是在同一天准备比赛，还要提高水平。在练习笼中进行训练时，分配好时间分别"为比赛做准备"和"致力于个人发展"，这会有一些用处。明确训练的目的。3点钟，我们做这个；4点半，换到不同的任务。这就是赛前的备赛方式，这可以让球员把他们正在做的事情分门别类，高度集中注意力，并且让球员可以心里更安心，不用因为当下状态不好就担心今晚无法打球。

德纳留斯的下一步行动是开始一轮问话。他问道："有什么方法可以让我们快速检查这个余数是否正确？"学生们正在做大部分工作，因为他希望学生们能够练习分析自己的错误。当然，发现思维中的错误与知道如何纠正它们同样重要。也就是说，这里的提问是有效的，因为学生们知道足够多的知识来分析错误。如果没有背景知识和共享词汇，这就更难了（见第一章）。如果学生没有在这个知识点上练习过一段时间，德纳留斯很可能要在这个过程中更多地引导他们，或者用关键术语和想法来提示他们应用。

认知心理学告诉我们，新手在观察和感知时注意到的东西远比专家少。他们同样有可能做出不正确的观察，或者难以真正看清问题，所以你准备工作的一部分应该是考虑如果你向运动员"展示问题"，而他们未能完全理解，你又该怎么做。最有可能的办法是，你必须更直接地教导他们。

在视频最后，德纳留斯让他的学生"回到实践中去"——也就是说，让学生们在更多的问题中应用他刚刚复习的概念。如果你读过第三章关于反馈的内容，我希望你会注意到，德纳留斯所给的反馈是快速和集中的：它是关于一个单一的知识；学生理解这一知识点后，然后给学生们机会立即使用它。

我想回过头来谈谈我对德纳留斯情绪稳定性的观察，以及他在提供反馈时有分寸的语气和常态化的沟通带来的好处。他没有对错误感到惊慌失措，也没有刻意委婉地批评，就好像不说好话就不能批评。他很平静、稳重，并以十分冷静的态度提供他的反馈。如果说这个话题与课堂教师有关，那么对于教练来说就更有意义了，教练们也许更有可能在强烈的情绪下提供反馈，而且可能把这样的做法进行美化——如果他们的反馈经常带着强烈的情绪，就会使他们成为更好的教练，这就是教练们如何显示对运动员们的高要求和高期望的，对吗？

据我所知，关于这一点的研究很少，所以我将根据我对教学和学习的了解提出两个论点，我承认这些论点暂无科学理论支撑。第一个论点是，在某些情况下，高度情绪化的反馈要么效率较低，要么可能产生反作用。如果反馈中带有判断、强烈的情绪或挫折感，球员可能会更关注这些方面，而不是反馈的内容。如果你说"再往边路跑跑，凯文"，但你的语气却说："看在上帝的分上，凯文。”“为什么我必须不断地向你重复往边路跑，凯文？”那么凯文的注意力就会从他需要跑边路的事实转移到你对他的训练感到沮丧的事实。他的一部分大脑会问，这公平吗？教练对德鲁也同样沮丧吗？哇，他的脸在吼叫时变得好红。在大多数情况下，你希望凯文思考他的位置，所以在很多情况下，对凯文大喊大叫所造成的分心使他更加无法专注于他需要做出的位置改变。

教练需要一定的权威，这也是事实，在某些情况下，在球员的管理中缺乏权威是一个问题。他们或许未能认识到情况的紧迫性，或者他们没能真正参与到训练中去。因此，我在这里的论点并不是说教练永远不应该提高他们的声音表达对球员们的反馈，当然会有需要这么做的时候。但许多教练过度使用强烈的情感表达了，这也导致了类似于“狼来了”故事中村民对男孩撒谎的反应，你可以称之为紧迫性疲倦：如果你总是大喊大叫，如果每件事都是测试球员是否“真的想这样做”的测试，他们就会忽视你。当强度是一种不同于常规的变化时，它的效果最好。一般来说，如果我的反馈是技术性或战术性的——如果它侧重于学习一些东西——那么我会非常谨慎不要在情绪稳定方面失控。我的同事克里斯·阿普尔提供了这个很好的建议：

> 当我规划一个训练或比赛时，我会计划活动、执教要点、球员们可能出现的错误和我的行为举止。如果是一个基本的技术练习，我会非常坚定且严格，我不会因为球员们在准确度、注意力等方面出现的细微错误而放过他们。我会用我的声音和秒表给球员们压力。如果训练内容是一项复杂的活动或具有挑战性的技术（如传中），我知道成功率会很低，他们会对自己的任务完成效率感到沮丧，所以我需要激发他们的信心并鼓励他们坚持下去。“没关系，面对有组织的防守，组织后场进攻很艰难的，继续吧。”我甚至可能谈论我们在某项活动中预计的失败率。如果我们有90%的成功率，这只意味着防守一方没有把该活动变得足够困难。当我们踢进攻与防守的战术比赛时，我们有意将其设定为有大约50%的成功率，尽可能地模拟比赛。在规划训练过程中了解这些事情是非常有帮助的，这样你可以预测你自己和你的球员们的反应。

换句话说，你的行为举止是学习环境中的一个关键部分。行为应该是有意的、留心的。不要总是试图通过选择令人震惊的强度和压力来加速学习进程。如果你想纠正一个在技术指导困难时总是大喊大叫的教练，那么我要做的第一件事可能是让他或她无论是在训练中还是比赛中都要尽量保持情绪稳定。我想知道我的教练是否有更多的技巧，而不是在另一队在中场控制我们的队伍时，只会使用“强度”“渴望”“努力”来劝说球员们。

我知道有些教练可能对这种指导有一些保留意见。你是说我不应该提高我的声音吗？如果是这样，我如何要求队员的努力程度和比赛强度呢？首先我认为教练对运动员有更高要求是一件好事。但也必须要知道对运动员有更高要求和大喊大叫以及情绪过度不是一回事。有时候，在需要向球员提出更高要求时，如果能适当减弱一些程度，往往效果会更好，至少在某些时候是这样的。有时在非常危急的关头，需要你策略性地“有情绪”地表达，但要确保这是有意为之的，不要把大喊大叫和情绪化美化成高期待。情绪化表达和高期望值是不同的。在训练中，将喊叫作为默认的沟通方式，并作为比赛强度的一种表现，这种方式被过度使用了，其作用也被高估了。

提问也是“检验学习成效”的一种手段

到目前为止，我已经把检验学习成效主要描述为一种观察现象——包括对你应该或可能看到的东西进行计划和系统的观察，并利用这些观察到的数据立即采取有效的行动。这些小小的习惯调整会产生深远的影响。但还有一个工具，是教练们用来衡量他们的运动员的理解力：提问。提问也非常值得研究。

简单回到德纳留斯的课堂：视频显示，一旦他展示了一个错误，他就开始提问，来评估学生对该错误的理解。他问道：“有什么方法可以让我们快速检查这个余数是否正确？”在运动环境中，这就像德纳留斯在问，当球员在有限的空间中如何解决以少打多的情况？奎妮艾塔描述了在多项式长除法中检查余数的最佳手段（取除数的最后一项并求出它。在这种情况下，其结果将等同于长除法产生的余数）。这表明学生或者至少是奎妮艾塔明白如何评估所有多项式长除法的答案的准确性。德纳留斯的下一个问题是确认学生是否知道奎妮艾塔所使用术语的意思。正如我在第一章中所讨论的那样，共享词汇对共同解决问题是非常重要的，共享词汇可以让一群人以可靠和有效的方式快速讨论解决方案和对策，而以赛亚能够说出多项式的求余数定理。

现在，德纳留斯要求学生提出建议。如果我们把3（来自除数的项）放入函数中，我们会得到什么？（答案是248，与费根纸上的余数不一致。）学生们知道如何解决这一问题。德纳留斯现在的目标是评估他的学生们是否知道如何在这个特定的题目中应用这个求解方式。幸运的是，他们知道。或者说，至少有几个学生知道。我一会儿会继续讨论这个问题，但首先，因为数学和体育之间有一点不同，让我们把德纳留斯想象成一个顶级足球教练，他的班级就是他的球队。然后我们可以把他的问题转化成更适用于教练的背景。这听起来可能是这样的：

德纳留斯：暂停一下。拿着球，确保你的眼睛盯着我。我在等待一个人。（暂停）好。当我观察我们的进攻时，我注意到了一件事，那就是我们有时会在对手密集的压迫下强行传球。在这种情况下，我们一接到球就会被打倒，这导致我们的成功率很低。例如，费根在这里传球给大卫，之后他立刻遇到了3名防守队员。但是，如果我们已经做了这样的传球，并意识到我们目前位置不好，那我们可以使用一些工具来迅速传球，并将其位置变成一种优势。其实有多种策略供我们使用。首先，表扬费根试图积极地向前传球，并使防守队员失去优势，但如果我们积极地向前传球却发现自己被对方防守队员围困，我们有什么办法可以突破这种情况并将球迅速传给一个人？

奎妮艾塔：我们可以踢一个短距离的后场传球给队友，然后队友再来一个较长的一次传球给最远的可接触到的空位球员。

德纳留斯：很好，那我们在比赛模型中怎么称呼这个战术呢？

以赛亚：后传加长传。

德纳留斯：是的。如果我们在这里这样做——费根把球回传给凯文（想象一下德纳留斯把球缓慢地回传给凯文），凯文试图把球传出去，他会看到什么？

几个球员：卡拉在右边有空当。

德纳留斯：正是如此。把球给费根。从这里开始踢吧！

无论是在他的实际课堂上（视频中）还是在上面的假想训练课上，德纳留斯都用提问的方式来重新审视原始问题，并重新研究它。这让球员不仅能找到更好的解决方案，还能理解并认识到他们自己的错误——这是第二个更深层次的认识。他对这些数据做出了回应——采取快速行动，从而缩小“老师教了”和“学生会了”之间的差距。当然，这也是检验学习成效的第二个关键部分：不仅仅是收集数据以了解差距，更要采取快速行动来弥补差距。因此，速度是很重要的，而这句话“雪球是有代价的”有助于解释数据收集后的行动速度很重要。

一个“雪球”是一个想法，当雪球的规模越大，重量越大，这个“雪球”坚持的时间就会越长。就像雪球在地上滚来滚去，开始时很小，但很快滚大了以后就变得太重，无法拿起。误解就是这样。对概念的误解会随着时间的推移而变得越来越糟糕。当球员已经犯了几次错的时候，这个习惯就急需被打破——有些东西需要学习，有些东西需要根除。不可否认的是，人类思维的一个特质就是：容易产生确认性偏见，我们倾向于围绕着我们认为是正确真实的信念来收集证据。当我持有一个错误信念的时间越长，我围绕这一错误信念收集的证据就越多；我就越会认为它是正确的。你不能期望（正如我在第一章中所讨论的那样）在某一天抛出一个开关，就能使不管哪个位置、什么实力的、一直以来只盯球的球员，突然开始感知空间中队友的位置。多年来通过“我”而不是“我们”的视角来看待比赛的方式已经在他的脑海里积淀。这就是一个雪球，最好早点抓住它。而雪球——即使是只滚了一两个星期的雪球——也是有很高成本的。我的意思是它们会浪费时间。如果你花了3—4节课的时间来练习压迫，却发现自己在周六的中场休息时只想大喊大叫，因为你的球员没有以一种协调一致的方式来完成压迫，最好的办法当然是做笔记，并在下周的训练中重新教授压迫。这比对你的球员大喊大叫，提醒他们你已经教过他们了要好得多，因为他们显然没有学会。但这也是一个需要付出代价的解决方案。你已经浪费了几次练习的机会，而你只有这么多机会。一个老师如果在考试时才发现她的学生没有学到关键的内容，她就无法在一学年的时间里教授完所有必要的知识。“检验学习成效”使你在培训课程中可以对教授进程中的内容进行实时调整，这非常重要。从球员和团队发展的角度来看，损失的课程是代价高昂的。如果你总是事后才发现，你将永远不会有进步。

“雪球”是有代价的。迅速行动非常重要。但他也用提问的方式来收集数据：他们知道如何解决问题吗？他们知道自己所应用的原理吗？他们能发现一个高质量的二传手吗？他的问题揭示了关于学生理解的数据流，当教练开始思考并使用训练学习中的实时数据，他们就更有可能获得成功。

肯定性检查

我想和大家分享最后一个视频，视频中展示了一些教练可以更有意识地观察运动员掌握情况的方法，这个例子是针对非常年轻的球员们的。在这个片段中，史蒂夫·科维诺正在与一群U8青少年队的学生们一起训练，教他们如何做踩单车。他们在场上慢慢地运球，当史蒂夫吹哨子时，他们就应该加速并尝试过人，他们必须改变方向。史蒂夫在设计这种针对年轻球员的技能发展练习方面做得非常好。每个人都一直在移动，即使他们没有在做踩单车的时候，也有时间接触球。但史蒂夫也让他所教授的动作——踩单车——出现在一个具体而可靠的时间里。他知道什么时候球员们应该集中精力，仔细观察。球员们做了很多次这个动作，但由于他使用哨子给球员们打气，因此他们做这个动作时的注意力和执行力都略微有所提高。他还从一开始就把这个动作与使用该动作的背景联系起来——你之所以使用这个过人是为了欺骗性地改变方向。他也做了示范性的计划：为了有效，球员必须在这个动作中加速，他们必须迅速地改变方向，腿上的假动作很重要，同样重要的还有真正踢球的那只脚的触球位置：必须用脚外侧踢球。史蒂夫做了很多功课，甚至在这个看似简单的动作上也是如此。他一直在思考如何把踩单车这一动作做到卓越。

当史蒂夫注意到有几个球员没有充分地改变方向时，他让这些球员们停了下来，并进行示范。像德纳留斯一样，他谨慎地确保他得到学生们的充分注意，这是一种习惯：球员们要踩住球，不被它分心，并且已经学会把视线集中在史蒂夫身上，以确保他们的注意力。他的暂停指导是快速且集中的。他快速地示范了两个版本——错误的版本和正确的版本，这样球员就可以看出其中的区别，并去尝试正确的版本。

之后，他的许多年轻运动员都做得很好，但史蒂夫还是想知道是否每个人都掌握这个动作了。他特别寻找那些在这个动作上有困难的运动员。如果他们现在没有基本掌握这一动作要领，他们就会继续按照错误的方式练习，那他们也许永远也学不会这个动作了。观察球员整体一起做的时候，很容易得出“他们掌握了”的结论。史蒂夫想确认每个人都明白，所以他尝试了一些更有条理的方法。他首先观察一半的球员的练习，当他看到每个球员都能正确完成这个过人动作时，他就把动作正确的球员们拉到场地的另一端，让他们愉快地进行更多的练习，这使得史蒂夫能够把注意力集中在一个较小的数据集上。他仔细观察每个球员，以确保他们掌握了这个动作。他分组进行观察，这样就可以针对个人进行指导，也就不会漏掉某些球员。每位选手都得到了来自史蒂夫视觉上的肯定，暗示他们掌握了踩单车的动作。

示范的作用和挑战

教练在发现错误后用于重新教学的关键工具之一是展示或示范，所以我想花几分钟时间谈谈它们，部分原因是要做好展示或者示范具有很大的挑战性。这可能看起来是一个意想不到的说法。还有什么能比仅仅向运动员展示应该如何做，然后让他们回去练习更简单的呢？但是只要加入一点计划和目的性，我真的相信教练可以让示范发挥出更大作用，尤其是当教练希望队员掌握技术要领和技巧时。这样他们就能将语言无法表达出来的东西展示给运动员。

每一个成功的示范都由两个部分组成：你在做；他们看到你所做的。而第一部分并不意味着第二部分。示范的一个普遍问题是，观察者往往没有看对地方，也没有关注正确的事情。“这里是这么做的。”你边说边示范正确的脚步，但你的团队中有一半人没有注意你的脚。或者他们也许在看，但真正的关键是你如何把重心放在起跳脚上，而他们的目光却被球上的那只脚所吸引，他们认为关键动作发生在那里。你演示得很完美，但球员们还没有真正看到解决方案，因此不能清楚地理解和使用它。通常在做完示范后，我们会问："你看到那个了吗？"每个人都会说"看到了！"但除非我们在示范之前已经仔细定义了"那个"是什么，否则这个肯定的答案不太可能说得通。或者也许你会问："你注意到我做了什么吗？"但对这种问题的回答往往是具有欺骗性的。你会听到各种来自球员们的喃喃自语的答案和胡乱猜测，直到你挑出一个声音说："你的起跳脚！""是的。"你说，"很好。那你注意到我起跳脚的什么了？"但你的大多数听众刚刚告诉你，他们并没有看你的起跳脚，所以对"你注意到了什么？"这一问题的真正答案是"几乎没有"。当然，现在意识到关键部分是起跳的那只脚并不能帮助他们。听你或其他观察者描述他们可能看到的东西也无济于事，因为他们不可能再回去看。

因此，改进示范最简单的方法之一是事先提供一个焦点。有时我把这称为"明确指令"。你说，"我要示范踩单车了。注意我的左脚。"现在，你已经引导了所有球员的目光，而那些本来要看球或看你右脚的球员现在都在看你要他们看的左脚了。如果你想让他们分析我们的示范——"我做了什么？"——那这个前提说明就显得更加重要了。

专家比新手能看到更多东西，这使得我们很容易低估这一步的重要性。毕竟，专业知识就是知道要看哪里，而基尔希纳和亨德里克之前提醒我们，新手看到的是表面的细节，而专家看到的是潜在的原则。如果你是一个专家，在演示过程中，你不可能意识到新手注意到的东西有多少。你给你的球员看一个西甲的比赛集锦，想让他们看到无球跑动动作的崇高艺术性；他们看到一系列的传球形成的从禁区顶部的射门[①]。他们离开时还在想着，进球来自禁区前端的射门，而不是你所看到的射门准备工作中微妙的间隔和定位。当有更多东西需要注意时，观察者也不太可能看到你想让他们看到的东西。即使是精英球员，在观看西甲12秒关于12名球员在中场的互动视频时，也可能会看到不同数量的东西。当给新手做演示，做较复杂的演示或用视频做演示时，有必要提供更多的背景知识。比如说，"看我的左脚。我希望你能告诉我我是用脚的哪一面带球

①或者是队服的颜色，或者是这个射门"真的很快"或者……

的。”“不要看球，观察左后卫带球后的动作。”

视频中史蒂夫 · 科维诺的示范提供了一个有用的案例研究。有趣的是，史蒂夫对我所描述的内容进行了一些改变。首先，他让他的球员们来确定“重点”，问他们他应该关注什么。“我应该用脚的哪个部位触球？”这是一个方便的回溯练习（第二章），该回溯练习将有助于球员们在长期记忆中对动作的关键因素进行编码。也许这还能让他们更多地参与到这个范例的建设中来。当然，他们的回答有可能会表现出他们不知道观察什么。因此，如果你提出这样的问题，请仔细聆听并解决错误的观念。“我听到有些人说……，但我接下来要展示的是更加重要的点，注意我是否改变方向，以及用我脚的哪个部位……”但在这个视频中，史蒂夫的球员说出了正确的答案：他们应该观察他是否改变方向以进入空间，他们应该看他是否使用他的脚的外侧来完成这一动作。

第二个变化是，史蒂夫在故意模拟一个错误。他在暂停前一直在仔细观察，并注意他的一些年轻运动员做得不正确的地方。他想让年轻球员们有机会发现并纠正这一错误。这是一个强有力的举措。对球员来说，能够自己觉察到执行中的错误是至关重要的。知道是否要纠正某件事与知道如何纠正同样重要。但这里也有一种风险是，球员可能会记住他的错误做法——“哈哈，太有趣了！史蒂夫教练犯了个错”——比正确的更容易被记住——“哇，看看史蒂夫教练是怎么换脚的”。或者，他们可能会因为发现了他的错误而有成就感，以至于他们没有注意到解决问题的方案。

这个风险就是约翰 · 伍登作为一个教练一直想要解决的，最后，他相信最重要的是要注意纠正示范中的事件顺序。他建议我们，当你发现一个错误时，让球员停下来，示范如何正确地完成这个动作（M+），然后向他们展示他们是如何做的（M–），然后再一次正确示范这个动作（M+）。心理学中的“近因效应”是指听众有着对最近呈现的信息记忆最深的倾向。这一效应表明，伍登的示范十分有效，而且至少，教练员们模拟错误应该以一个正确的示范结束。

比较性模拟法——无论是通过伍登的模式、史蒂夫的方法，还是其他的方法——都可以通过适当改变以适用于更高级别的学习者。最近在“比较判断”领域的研究表明，人们能够辨别出微妙的区别。所以当人们看到两个相似但略有不同的模型时，就能分辨出明显的区别。也就是说，与其提出一个明显错误的模型和一个明显正确的模型，如果教练提出一个几乎正确的模型，或者在很多方面都正确但缺少一个关键细节的模型，以及一个更好的模型，或者甚至是一个好的模型和一个特别好的模型，然后让运动员观察其中的微妙差别，那么运动员可能会有更多的收获。这种方法——分析模型的细微差别而不是明显差别——对于专家级的学习者来说尤其有用。马克·曼内拉给一个球队提建议时说道：“内容越新，对比就越多。在比较中需要有更多的对比。一旦学习者对内容有了更多的了解，你就可以提高相似度，把重点放在更细节的地方。”

你可以有很多不同的变化，但无论怎样变化，一条有用的经验是，如果你在演示过程中模拟了不同的版本，那么最后一个版本就应该是最合适的。运动员们最后看到的才应该是典范的版本。你可以在史蒂夫的示范中看到这一点。在错误的版本之后，他很快就用一个正确的版本，这个正确的版本将在运动员们练习时保留在他们的工作记忆中。

复杂的示范和计划的力量

有些演示需要多个示范者。有人必须把球传给你，并做出某种动作，这样你就可以演示第一次触球的方向或随后的传球。也许还需要有多个辅助角色。也许你是临时征召你的团队中的球员扮演这个角色。也许你有一个助手，你可以叫他来配合。但是，最常见的破坏示范的事情之一是，这些参与者不知道示范的存在，可能不完全理解它要展示的内容，和/或不完全理解你希望他们扮演的角色。当你认为需要一个辅助演员来演示传球和移动时，你说：“把球传给我，教练”或“站在那里，何塞”，但是，何塞到底应该站在哪里，怎么站？然后做什么？教练又该如何给你传球？你没有给他们准备的时间，也没有对他们在训练中所要扮演的角色进行指导，所以很有可能这个示范会分崩离析。有太多的事情要做对，才会有好的表现。如果没有一点计划和准备，一些演示就不能给观察者提供高质量的信息，所以当有疑问时，要规划你的示范。理想的情况是，在培训前把疑问勾画出来，放在你的培训计划中。谁将演示什么？他们要说什么，做什么？也许你甚至想把它画出来。如果没有，至少要事先与你的助手或你的同伴讨论一下。“我想让你这么做。”有了助手，你甚至可以在球员们还在练习的时候就迅速完成这种小型排练。即使你所做的只是消除示范中的明显错误和含混不清的地方-——例如，传得更用力一点；传到地上；传到我的另一只脚——这也会极大地提高你的球员在球场上的质量和效率。我提供这个建议是基于我的经验。我经常为教师们举办强化练习的研讨会，在准备研讨会中我认识到，多亏了我同伙主持人的智慧。计划和排练使我们的练习效果好了10倍，特别是当示范很复杂，或当我们想在示范中囊括具体的执行点，或显示常见的错误以便我们能够纠正错误时。

事实上，下面是我的同事达里尔 · 威廉姆斯和我在最近一次研讨会上使用的“示范文件”中的一页。在第1栏，我们给我们的实践命名。在第2栏中，我们定义了我们的角色。在这里，达里尔将解释我将尝试做什么，而我将扮演老师的角色。达里尔可以对我正在做的事情进行评论并引导人们的注意力。最后一栏是我要说和要做的事情的一个大致脚本。我们对每一个活动都要按照这样的“示范文件”来做。当然，这些示范是在活动之初就进行的，而不是对训练中的错误做出反应的反馈示范，但我们也常常列出了我们如何对一个常见错误

示范文件

		参与度在我们课堂重要吗？我们稍后会继续讨论，现在继续……	
演示取走和展示 队伍人数：2 时间：2分钟/轮	达里尔：协调者 道格：教师	没有反馈	**道格** • **取走**（在教室里踱步） “达里尔，你解释得很好，我能分享给全班同学，让他们向你学习或者给你提建议如何把解释完善得更好吗？” • **展示**（把成果放到文件投影仪下） “这是达里尔的任务，大家说出他任务中做得好的一点和需要改进的一点，直接跟他反馈‘达里尔我觉得……这样更有效’。” **第二轮** • 大家把反馈的重点特别放在达里尔可以提高词汇使用方面。 • 他在任务中哪里使用到技巧了？

做出反应的示范。我将在本章的最后一节中讨论我们应该如何应对错误。

马克·曼内拉描述了与他共事的一支球队所做的类似准备工作。在教练组构思出一个新的演习后，通常是在会议室里，教练组成员会走到会议室里的空地处，和所有没有参与计划但需要执行这一演习的工作人员们一起详细演练。他们会决定每个人在演习或示范中扮演的角色，等等。这也就使得范例和解释更加有效——当球员出场的时候。教练和工作人员清楚地知道自己的位置，也知道自己该如何来示范这个演习活动。

在本章的最后我会分享一个可以直接使用的活动，用于为那些回应错误的训练课做准备，但在此之前，我想讨论一下检验学习成效的另一个部分。

拒绝自我报告

以下是一些训练中最常见的问题的例子——在任何运动项目中。看看这些例子是否看起来很熟悉，然后考虑以下可能的反应是什么。

- “所以边后卫必须确保他们抓住把球推到前场的机会。这一点清楚吗?”
- “所以，在我第一次触球时，我想突破对方的压迫，这就会使后卫并不确定我要往哪里传球。大家都明白了吗?”
- “如果香农往前跑动，凯尔西或卡莉就得补上来。明白了吗?”
- “所以我们是8人一组。每个格子里有一个球员，两名协防球员和两名后卫。没问题吧?”

让我们从对以下问题的答案开始。

- “清楚了吗?”
- “大家都明白了吗?”
- “明白了吗?”
- “没问题吧?”

针对以上述问句结束的问题的大部分回答几乎总是点点头，也许是“嗯嗯”，但大部分回答还有沉默和不准确的同意。有一个情况，那就是问题不清楚或每个人都不明白，如果是这样的话，很大概率他们不会回应你告诉你。这意味着，在“所以，在第一脚触球时，我想远离对手的压迫，让后卫不确定我的运动方向”的情况下，他们很可能会找错重点而开始练习糟糕的第一脚触球；而在“我们8人一组，每个格子里有一名球员，两名协防球员和两名后卫。没问题吧？”中，她们很可能在10分钟内需要花6分钟来理解这个活动。她们在实战时，凯尔西和卡莉很可能在香农往前冲的时候不会补位，或者在整场比赛中她俩一直都是高度紧张的状态，生怕自己错过任何补位提示。

我在这里描述的问题是自我报告类型的问题，每个教练都不可避免地会时不时冒出这些问题。对大多数人来说，它们可能是一种口头上的习惯。但重要的是要认识到，我们之所以问这些问题，是因为我们已经意识到我们正处于检验学习成效的理想时刻：我们刚刚解释了一个概念，正准备进行练习，或者我们刚刚解释了一个新的练习，希望球员分成小组进行练习。所以我们问“明白了吗”，稍加思考就会发现这个工具并不可靠。心理学史上有很多关于自我报告数据不可靠的研究。如果你问人们哪怕是一些非常简单的事情，比如在过去24小时内他们花了多少时间在他们的智能手机上，数据几乎肯定是不准确的。受访者不会知道他们实际花了多少时间（地球上的每一个青少年都是这样），或者如果他们知道，他们会知道最好不要告诉你（仍然看着）。如果你问人们一个不那么简单的问题，比如他们是否理解某些东西，答案可想而知是不准确的。

对人们来说，理解他们是否理解某件事情是不可能的——他们对某件事情的理解越少，事实上，他们就越不了解自己的知识差距。因此，当你听到自己提问：“大家都明白了吗？”请记住，在许多情况下，这个问题的提出表明你已经意识到这是一个检验学习成效的好时机，而你现在却没有这样做。如果是这种情况，而且你确实想知道是否每个队员都明白了，你可以考虑一些替代这个问句的方案。

第一个方案是根本不问，只要坚定地细心观察他们的练习即可。你也可以换种表达方式来帮助球员专注于此。“现在我们来试试，这样我们就能看到每个人是否都明白了。”或者你可以问一个更有可能得到响应的问题。例如，“你有什么问题？”比“有任何问题吗？”好得多。因为每个10岁以上的人都知道，后一个问题的答案是“不，教练，我没有问题”。而第一个问题则假设会有问题，所以更有可能鼓励有困惑的人开口表达困惑到底是什么。

或者你可以问一系列快速的、有针对性的问题来评估队员们的理解程度，可能听起来像这样：

“很好。那么，每组有多少人，凯文？每一格有多少人，安东尼奥？谁先拿球，德马库斯？很好。你去吧。”

或者“我们要从哪个方向传球，马科斯？好的。在我行动后，我又该做什么呢，罗德里戈？”

或“很好。那么，当香农往前跑的时候，看到什么提示我就该补位了呢，凯尔西？卡莉，你的情况呢？一样还是不同？很好。让我们试试吧。”

在你做这件事的时候，重要的是要进行冷不丁提问。这有助于你更快地行动，并确保你不只是听到那些倾向于自愿发言的人（即使他们比其他组员更有可能回答正确）。

另一个可能的反应是使用“给我展示一下”，即在他们正式练习之前，请队员们演示你希望他们在训练中做的事情。

虽然不可能总是示范，但如果有机会进行示范，就很好，因为示范很快而且可以替代自我报告式的问题。你无须说：

- 如果香农向前跑，凯尔西或卡莉就必须补位。明白了吗？

而是换成：

- 很好。所以，凯尔西和卡莉，给我看看如果香农移动到这里，你们会去哪里？

或：

- 好的，卡莉和凯尔西，指出如果香农向前跑动，你们会去哪里？好的。我们开始吧。

你无须说：

- 大家都清楚我们在防守时身体姿势是什么样子的吗？

而是换成：

- 很好。非常快，现在向我展示你防守时的身体姿势。

然后你可以快速扫视，以确认和提醒：

- 很好，卡莉。不错，萨拉。再低一点，杰西卡。就是这样，凯莉。脚向前，卡琳。

比起说：

- 大家都知道自己在哪个小组，该去哪里吗？

你可以换成：

- 好。在我们分头行动之前，请指出你要去的地方。好的。开始！

为胜利做准备

“关键不是获胜的意愿。因为每个人都有这样的意愿。”著名的篮球教练鲍比·奈特曾说过，“重要的是准备取胜的意愿。”奈特认为，比赛中在球场上发生的事情是由一千多个甚至更多的平凡决定所促成的，这些决定是在比赛前几天甚至前几周的训练中得出的。对教练来说，这个观点令人信服，在阅读了上述引用后，也许你会想把这句话告诉你的球员。这句话提醒我们，做好你的事情，结果自然会达到。在努力程度达不到的时候，不要因为你想成功就期待成功会降临。

就像我们给球员的许多建议一样，反思一下这个指导背后的智慧对教练员也有好处。想要进行一次伟大的训练从而使你的球员得到成长和发展吗？想要进行一百场精彩的训练来改造你的团队吗？答案就在你的准备工作中，关于检查队员理解程度的问题，我有一个特别有用的方法，可以帮助教练员准备在训练中获胜（最终赢得比赛）。

这个方法由4个步骤组成，对于自己单干的教练来说是很好的，对于俱乐部或团体教练的职业发展来说，甚至更好。以下是该方法的工作原理。

第一步，写出你的训练目标。这里的关键，正如我在第三章所讨论到的那样，目标的关键在于具体性。安德斯·艾利克森提醒我们，精确的目标意味着快速的进步，模糊的目标意味着进展较慢，因为我们的注意力不够集中。例如，“组织后场进攻”，这就是一个宽泛的话题，不过大致描述了我们正在做的事情。就我们的能力而言，我们今天要完成什么，才能把后场进攻组织好呢？因此，训练目标应该是具体的和可管理的——定义为你在规定时间内实际可以完成的事情——“我们的目标是提高我们在组织后场进攻时的速度”。

第二步，写出你的范例。从后场进攻时，最理想的的比赛速度是什么样子？有哪些细节能将优秀与卓越区分开来？或者将我们的方法与其他方法区分开来？正如我们在本章中所讨论的，写出来完美范例会帮助你更清楚地看到它是否发生了，完美的范例也可以指导并集中你的反馈。

第三步，至少预测球员会犯的两个错误。你的球员可能会犯什么错误？对概念会有什么误解或在执行训练任务时会遇到困难？查布里斯和西蒙斯的研究告诉我们，如果你能预见错误，你也会更容易观察到场上的错误。无论一开始你的预测是对是错，随着时间的推移，你预测球员错误的能力都会有所提高。并且无论预测是对是错，这一练习都会让你在心理上做好准备，以平和的心态应对错误。

第四步，计划你的反应。如果你预期的错误发生，你会怎么做？你会示范你希望球员做的事吗？也许是一个能显示所做的和能做的之间微妙差别的比较模型？如果是这样的话，就要事先计划好示范——谁会帮助你，他们将被安置在什么位置，等等——这些计划对你可能会有帮助。但话又说回来，也许你需要简化任务，或放慢速度，或者在球员感到困难时增加空间。如果你事先考虑清楚，所有这些决策不仅会更好，而且也会令你在看到你的教学和运动员的学习之间存在差距时采取行动。

在这里，你可以考虑最后一个计划的要素：计划你带来的影响。对你所强化的情感和价值观采取战略性的态度是建立球队文化的一个关键部分。这也是我们下一章的主题。

第五章

体育团队文化建设

几年前，在纽约州罗切斯特的帝国联队发展学院，我观察克里斯·阿普尔训练一群男孩。克里斯也是罗切斯特大学的男子足球教练，多年来，我在各种场合里从他那里学到了很多东西，但那次特别的训练尤其令人难忘。他比我观察到的几乎所有教练都更能看到并且教导比赛中隐藏的内容。例如，他的执教和他的暂停几乎总是与球之外的情况相关。当我问他为什么选择在这么多的训练中进行施压训练时，他回答了一句我后来经常思考的话语："绝大多数教练都把大部分场上时间花在了进攻上面。"然而克里斯的执教重点是球员在脱离公众视线的时候做了什么。与此相比，球员们在球上的训练就很容易做了。

恰好，这节课最重要的收获可能也是在公众视线之外。当时，我只是把这作为一个事后的想法记在了我的笔记本上。

几年后，在美国足球学院院长课程的研讨会上，有人问了我一个意想不到的问题。一位教练想知道他如何能帮助球员更有效地忘记错误，把错误抛在脑后，专注于下一个时刻。这个问题让我想起了克里斯训练中的那个时刻，几天后我问了克里斯这个问题。他的回答透露了很多关于球队文化的内容——也可以说球队文化是决定一个俱乐部在球场上的成绩和球员生活的最重要的一个方面。

以下是我在那次训练中看到的互动。在战术工作和一系列关于压迫的练习之后，克里斯的训练以男孩们的比赛作为结束，全场比赛，相对不受干扰。比赛的质量更广泛地反映了克里斯球队的文化：激烈和竞争。在训练的最后几分钟，比赛陷入了僵局，僵持不下，那种紧张的氛围令人身临其境。

然后，突然有一个明显的机会给到其中一个前锋。他发现自己在禁区中央，有一点空间，球传到了他脚下。除了守门员，没有人阻挡他，他的第一脚触球非常完美。两名后卫拼命地靠近他，但距离太远了，防守毫无指望。那位前锋俯身射门，然后……这一脚没有对准球门，球飞得很高，飞出了门柱。一个糟糕的失误，这个失误会令大多数教练感到愤怒。

但克里斯在边线上，什么也没喊，什么也没说。球砸在墙上的声音在训练场内回荡。球员慢慢地低着头往回跑，一个队友跑近他说道："下一场比赛，兄弟，进个球把分拿回来。"

现在回想起来，我不确定我为什么要在我的笔记中描述这个。我怀疑令我困扰的是克里斯沉着的反应和我在类似情况下听到的许多教练所喊的话语之间的对比。

- “迦勒，你得做这个！”（教练，我确信迦勒他自己知道要做什么。）
- “啊，迦勒！抢球啊！”（没错，不幸的是，虽然现在这么做没啥帮助。）
- 气呼呼地转向板凳上的替补球员：“他在做什么？”

负责培养教练正念与自律的顾问斯图·辛格表示：教练面对球员的错误时发出这样的表达，部分是为了保护他们自我。“这个表达让所有人都知道‘我教他的时候他表现得更好’。这是在保护教练的自我，而不是对运动员做出回应。”

当我向他描述这个具体的比赛时，克里斯不记得了，但在那场比赛之后有无数次那样的情况发生，所以克里斯已经总结出了一套关于在这种情况下如何与运动员沟通的工作理论。

“首先球员知道自己失误了，而我再指出来就是雪上加霜，”他说，“这是练习赛的最后一次机会了，他真的很想拿下这一球；也许觉得自己让球队失望了，也许他想进入首发11人组，他觉得自己搞砸了，他在回家的路上肯定一直在想那场比赛。如果上面任意一件事情发生了，我可以告诉他把这些消极想法都抛到脑后或者提醒他那天他攻入的那3球。”

根据我的理解，“正念”一词指的是教自己有意识地决定关注什么，特别是在紧张和重要的时刻。而克里斯的反应让我觉得特别有心。他能够识别自己的情绪反应，把自己的注意力放在球员、长期目标和（最重要的）队内文化上面。他现在需要什么？他怎样才能变得更好？我想让团队的其他成员思考这一失误，以及犯类似的错误意味着什么？“你必须回应而不是反应，”辛格建议道，“有情绪是正常的。但教练的问题总是相同的：是你选择了情绪，还是情绪选择了你？”

队内文化是在无数个微小的时刻一点一滴建立起来的，这些微小时刻往往是当我们没有完全意识到我们正在建立属于我们自己的队内文化时。这些时刻的综合信息至少和我们意识到我们正在建立文化的时刻一样有影响力——在比赛前、比赛后或赛季前的谈话中我们讨论作为一个团队我们希望如何互动以及我们的心态应该是什么。这些并不是不相关的。但是，文化真的是无数个无意识的半秒互动，我们的反应传达了我们的心态和球员、教练之间的关系。对克里斯来说，他们的队内文化是：当你犯错时，我也会站在你这边；所以要无畏地发挥出最佳水平，而不是：当你犯错时，我会指责你；所以要有意识地踢球，随时准备好指责他人。

回应和反应之间的区别值得我们思考一下。正如我在第一章中所讨论的，大部分运动表现是与磨炼运动员头脑中的“快速”系统有关，这样他们就能在几分之一秒的时间内做出反应，然后才可以进行有意识的思考。相比之下，教练往往是要放慢速度，给自己更多的时间，往往是在一刹那间，要给出有目的的回应。反应是瞬时的，回应是缓慢的——通常需要几分之一秒，但有时需要一小时或一天，并让大脑中更高级的计划和逻辑中心（前额叶皮层）来处理。计划和逻辑中心（前额叶皮层）优先于大脑的本能中心（杏仁核）。即使是一秒钟的延迟，也能让教练思考运动员所处的更大环境。换句话说，也就是文化。

克里斯的反应让人难忘，因为他选择了不说话。随着时间的推移，克里斯发现自己在思考那些他不该表态的事情的重要性。这些其实也传达了文化。少说话给了球员们更多的空间、自主权和所有权。如果克里斯对球员所做的一切都进行评论，那么球员们就永远学不会有自己的判断。事实上，如果克里斯能谨慎地选择说话的时机，球员们会在关键时刻听到克里斯的声音。如果作为教练的克里斯不寻求必须去评判球员的每一个行为，那么他也会赢得球员们的信任和赞赏。

当然事情并不总是这样的。“在我职业生涯的早期，我在这方面的表现是很差劲的。”克里斯指出，“我不确定我是否意识到了这一点。我对所有事情都要指导。想象一下，你的老板在盯着你的肩膀，纠正每一个错误。这没啥意思，我不知道自己能从中学到多少东西，但肯定的是我很反感管得太多。”对克里斯来说，学习当教练就是学习在什么时候保持沉默，让故事自己发展下去，在关键时刻关注长期关系。多年来，克里斯给这个想法起了个名字：通过非教练的方式执教。

* * *

文化，是本章的主题，在无数场合里，关于这一主题的内容已经很多了。部分原因是，文化是如此强大。管理大师彼得·德鲁克说："文化可以把战略当早餐吃掉。"哈佛商学院教授弗朗西斯·弗雷说："想经营一个成功的组织吗？把你所做的一切，上升到企业文化的角度。"

"团体文化是地球上最强大的力量之一。"丹尼尔·科伊尔在《文化密码》（*The Culture Code*）一书中如此写道。他这本书的导言是"当二加二等于十"，这是一个典故，即一个团队如果能激励人们全力以赴，使他们共同努力，并发挥他们的最佳状态，就会战胜一个缺乏凝聚力和团结的团队，通常情况下，即使后者有更好的比赛计划或卓越天赋。如果团队文化对了，犯很多错误也没关系。

有趣的是，"文化是终极的力量源泉，凝聚力和团结最终会战胜天赋"这一想法深深吸引着我们。我们以一种深刻而本能的方式渴望这一说法是真的。你能想到有多少电影讲述了弱者通过友情、合作和自我牺牲而设法和志同道合的人走到一起并取得胜利的故事吗？在这些故事中，对手从来都不是类似的群体，他们并没有通过共同的文化拼凑出一些成功的案例。他们总是更受生活青睐的那群人：他们的队伍是其他队伍的两倍，他们有更好的制服，态度居高临下。再想想看，有多少电影是关于那些由于准备得更充分、学习得更刻苦，并且学会了理解比赛的微妙而赢得比赛的劣势群体？电影的预告片可以用比尔·贝利奇克的一句话开始——"你可以很努力踢球。你可以很主动地踢球。你可以付出120%的努力。但是，如果有一个人不在他该在的位置上，那么对方就会有人跑过争球线，赢得一大段距离。"——电影预告片中的内容并不重要。没有人会去看一部关于我们如何通过知识、准备和理解取胜的电影。我们希望反复讲述的故事是与文化胜利相关的。

几乎可以说，基于"化学反应"和共同文化的原则，群体战胜卓越的人才就是颠扑不破的真理。这也难怪。人类作为一个物种的胜利，正如好莱坞可能描述的那样，是一群弱者的故事，弱者们需要摒弃不同精诚合作。当弱者学会像重视自己一样重视群体时，他们就足以战胜獠牙爪子以及其他种族优越的进化天赋。进化故事中的对手往往是具有优越身体素质的群体和物种，我们人类通过了解团队合作的细微差别而胜过别的物种。文化的胜利是属于我们这一物种的故事，但这并不是一个简简单单的故事。

值得听听一位进化论科学家是如何描述这一故事的。社会生物学家爱德华·威尔逊将人类的成功描述为两种平行形式的自然选择的结果。自然选择的结果，一种是奖励个人的力量和智慧，另一种是奖励群体的协调和合作。“自然选择的策略其实是一个复杂的混合体，包括精心配置的无私精神、合作、竞争、支配、互惠、叛逃和欺骗…… 人类就因此诞生了，一会儿自私，一会儿无私，这两种冲动经常互相冲突。”换句话说，一个较强群体中的较弱个体可能比一个较弱群体中的较强个体更有可能在史前时期存活下来。但最好的情况是在一个强大的群体中成为最强的个体。当然，在寻求这一地位的过程中会产生很多冲突，这些冲突可能会摧毁一个团体。塑造个人的进化压力与塑造群体和群体成员的同样强的（有时是更强的）压力有时相一致，有时相互冲突。在群体中，我们通过联盟的形式争夺地位，尽管有时我们是想要确保团体成功。确实，个人聚集在一起，会形成大于其各部分之和的团体，一个物种进化到可以做到这一点，并不容易。威尔逊告诉我们，自然状态是一种由根深蒂固且相互冲突的本能所造就的紧绷状态。文化建设则是一个当我们在做事时如何调和这种紧张关系的故事。

“我们都想要强文化。”丹尼尔·科伊尔写道，“因为我们都知道，强文化是有效的。我们只是不清楚强文化的运作方式。”许多人希望通过戏剧性的公开场合来建立强文化，比如说，开会讨论凝聚力或如何应对逆境的问题。本章的主题之一是，这种公开场合的讨论或者表态最终可能并不如日常的行动有影响力——在逆境中崛起，看到自己的队友和自己一次又一次地这样做，即使你没有意识到这一点。文化首先是一系列的习惯。习惯必须是你做的，而不是你说的。你可以在中场休息时劝说球员努力拼搏，但除非他们在训练中已经把拼搏竞争作为一种习惯，否则结果将是好坏参半的。你可以告诉他们要谦虚、要对队友无私，但除非他们生活在一种不断强化谦虚和无私的氛围中，否则你的口头表述并不会有什么实际作用。

文化是间接地在整个组织中得以建立、维持和传播的。它们在一连串的微小时刻中传播，其中许多是在你最容易分心的时候发生的。文化建设在很大程度上取决于当其他更加紧急的事情发生时，我们能否持续把注意力保持在最重要的事情上面。

由阿德里安·布朗执导的系列纪录片《测试》（*The Test*）中，有一个简单但很有说服力的场景。该纪录片追踪了澳大利亚闻名世界的板球队在一次作弊丑闻之后的努力。这一幕发生在新任命的经理贾斯汀·兰格刚刚接手球队之后。在巡回赛中，球员们正准备参加在英格兰举行的一场关键的测试赛，他们在洛德板球馆的球场上走来走去并且在兰格的带领下进行了第一次训练。但他心里想的是球队的长期目标，而不是即将到来的比赛。因此，球队文化是占据首要位置的，队内文化需要重建。他说："在你们开始训练之前，我希望你们在那里作为球员，也是一个真正紧密的团体，先一起慢跑一圈。脑海里想着，'这就是我们的团队'，我们在为明年7月14日的比赛而努力。大家凑紧一点，一起慢跑，很好。"兰格十分清楚，文化是建立在一群人如何做熟悉平凡且日常的事情上的。文化的建立往往始于最简单的任务，作为一个团队，以一种值得铭记和有意义的方式来思考我们是谁，我们最终想成为谁的问题。

这种文化建设中其实还隐含着一个悖论。我们如何打球，我们如何互动，这些问题必须由一个对这些事情有明确愿景的教练来进行团队塑造和磨炼。"作为管理者，我们别无选择，只能将我们的想法强加于队员。"马塞洛·贝尔萨在纪录片《带我们回家：利兹联队》（*Take Us Home: Leeds*）中指出，"我们不能说服（球员做）我们自己都不相信的事情。"但在最强势的文化中，愿景几乎总是让人感到是共同的。对团队成员来说，愿景必须是属于他们的东西。是"我们的"，而不是"你们的"。因此，一个团队的大部分文化建设必须通过培养和灌输在球员之间的反应来加强。

这种双重性——教练的设计和球员之间的所有权——可以从训练时的一

个关键细节中窥见一斑。你还记得，当时克里斯的球员射门失误了，这一幕结束时，一位队友跑过来表示支持。“下一场比赛把这一分拿回来，兄弟。”这句话虽短小但意义深远。这是在危难时刻表现出的友爱之情，这种信号赢得了信任和忠诚，并建立了一种归属感。响应是球员的选择，但他使用的词语是由队内文化所指导的。克里斯和他的员工不断地、刻意地使用“下一场比赛”这个词来描述球员的思想应该在哪里。他告诉我：“我们有两个用得很多的说法，球员们现在也在用它们。‘下一场比赛’和‘积极的错误’。第一句话是我们在看到球员或球队因为一个错误垂头丧气或对刚刚发生的事情感到不安的行动后使用的。已经发生的事情既然不能改变了，那就只能继续前进，专注于下一次。第二种是我们在练习、小比赛和正式比赛中使用的一句话，以提醒球员勇于承担风险，勇敢去做对比赛有影响力的事情。如果你不犯错，你就是在缩手缩脚地打比赛，不勇敢去做对比赛有影响力的事情也不会让自己变得更好。”一旦把队内文化编码到我们使用的词语中，那么文化就很容易在球员间传播开来了。这位队友使用了克里斯的短语，但他的话是一种混搭。他加入了他自己的词语“兄弟”，这个词和他的语气反映了他知道作为一名青少年如何在同伴沮丧时恰当地表达支持。这样表达的目的是让队友振作起来，而不是让他灰心丧气，因为在克里斯的俱乐部里，这是常规做法。队友已经认识到了这一点，并完美地把队内文化表达了出来。

这个互动揭示了另一个关于文化的事实：大多数能够塑造球员经验的互动都发生在教练的知识范围之外，它们对队内文化建设的影响至少与教练和他或她的员工所做所见的事情一样重要。所以最关键的是球员们都是积极向上的，最好是与更大的愿景一直保持一致。强大的点对点文化并不是偶然生成的。

韦氏词典（Merriam-Webster）中将文化定义为“一套共同的态度、价值观、目标和做法，是一个机构或组织的特征”。这个定义很有帮助。因为这个定义在提醒我们，文化是每个人都认同的，是一种心态（态度），以及一套常规的习惯和仪式（做法）。但是，人类学家经常提到的一件事对文化至关重要，但该定义中却没有提到：语言。如果没有共同的官方语言，那么文化就会受限于语言。文化有自己的口头禅或白话。通常情况下，我们可以通过人的谈话方式知道这个人是来自哪个地方的。例如，当你不再理解年轻群体的谈话方式时，你就知道自己已经老了。还有一个例子，我们通过塑造群体成员使用的词语来建立归属感。最关键的是，队友用来鼓励迦勒的话语完美地表达了队内文化，因为克里斯把它们放在那里供队员们使用。

到目前为止，我在本章中描述了几个关于文化的重要观点，我想稍微暂停一下，给这些观点起个名字，并把每个观点的定义说清楚。我会分享两个清单。

1. 第一个清单是一套建设文化的原则。该清单描述了如何建立和维持一个充满活力的文化。克里斯 · 阿普尔使用的是习惯，通过语言和充分接受来强化，使文化在队员之间的互动中显现出来。这类行为都在文化建设的原则列表中。

2. 第二个列表是一组特征。这些特征描述了最具生产力的文化所传达的价值和信念的类型。在克里斯的前锋失误的那一刻，克里斯的沉默是为了表达心理上的安全感。即使你犯错时，我也会站在你身边；因此，在球场上要无畏地发挥，勇于担责。这里讨论了当一种文化一旦发挥作用可能传达的信息。

队内文化建设原则：文化是如何建立和维持的

- 文化需要设计……
- 文化要得到队员的一致认同。
- 一个队伍文化必须是独特的。
- 文化通过日常习惯表现出来……
- ……而语言是最重要的习惯。

前两条原则是一起的。它们是阴和阳。两者都是真实的，相互依存，就像是一个悖论。第一部分是，文化是需要设计的，也就是说由教练围绕他或她对团队的愿景而有意规划和建立起来的。这就是领导的含义——将愿景变为现实。但它也必须得到队员的一致认同，这就是第二个原则。即使是一个非常清晰和详细的愿景，也需要参与者的认同和代表。而且，该文化是不断发展推陈出新的。想象一下，你想创造一个完美的花园。你决定把想要的植物种在哪里，并计划好行数。种子必须要一丝不苟地种植，越仔细、越周到越好。但是，如果要想让“正确的”文化——让运动员可以成长成功的文化——出现，它必须要自带生命力。因为文化需要丰富的土壤，或者用木桩支撑起来或修剪。你必须观察文化并对文化做出反应。

第三条原则是，文化不仅必须是每个特定群体所特有的，而且还需要在它周围筑起一道墙。与其说是为了把别的文化拒之门外，不如说是为了向存在于该文化中的人发出信号：他们是某种特殊和独特事物（即队内文化）的一部分。

第四条原则是，文化存在于你每天的习惯中。你可以告诉你的孩子要重视慷慨，但除非他们每天都能从你身上看到慷慨的行为并且自己也能做出慷慨的行为，否则他们就不会有机会重视慷慨。除非他们每天都在实践慷慨，否则他们就不可能在生活中成长为慷慨的人。具有讽刺意味的是，在许多方面，你对一个习惯的认识越少，该习惯对你的影响就越大。想象一下，你在贾斯汀·兰格的带领下为澳大利亚队打板球。球员们“作为一个团队”跑了一圈，每天都要作为团队里的一分子跑一圈。随着时间的推移，球员们自动地去跑圈了——无论细节是什么，这成为球员们的常态了。对他们来说，就应该这么跑圈。当你不再刻意去期待时，它的影响力就变得更大。因为期待已经是你的一部分，就像期待所传达的信念一样。

第五条原则是提醒我们，在所有的习惯中，最强大的，最能塑造信仰的，是语言——我们对词语的选择。我们知道并能思考的大多数概念都是因为我们有一个专门的词来表达。一个表达概念的词——比如说“感恩”——强化了这个定义，也强调了这个概念的价值。这个词现在存在于我的头脑中，我就可以谈论它，并在它出现时引导我自己或我的孩子注意到它。我不仅为它赋予了价值，而且因为我可以为它命名，我就变得更加了解它。事实上，正如肖恩·埃科尔在《快乐竞争力》一书中提出的，我越是用这个词来指出需要感激的事情，我就越能感觉到这个世界上有值得感激的事情。理解这个词不仅使我能在世界中看到感激的事情，也改变了我对世界的看法。传说中，因纽特人对雪的描述有50个词。而我没有这么多丰富的描述雪的词汇，因此我也看不到他们一种雪——也许是轻盈的、蓬松的——和另一种——被风吹的、颗粒状的——的区别。“雪”对我来说主要是一种东西。因纽特人能够看到我所忽略的雪的区别和等级，因为因纽特人有专门的语言来区分各种各样的雪。英国诗人奥登（W.H. Auden）写道：“语言是思想的母亲，而不是思想的婢女。”我们将事物命名使之得以存在，并使他人更容易看到这些事物，或通过把一个词或一个短语放在名字上来设想这些事物。

现在想一想克里斯·阿普尔的团队和那两个表达——“下一场比赛”和“积极的错误”。克里斯为他的球员发明了一些短语，并在这样做时调动他们去感知、关注和重视这些概念。就像因纽特人对不同类型的雪的描述一样，这些都是其他文化没有看清楚和重视的东西。如果克里斯能创造出这个词并让球员们养成使用这个词的习惯，他们就会相信这是学习的必要步骤。

什么叫作“一起”做？

想象一下，你是贾斯汀·兰格，你的团队刚刚开始训练，在你任期的早期，你对他们说，“我希望你们作为球队中的一员，一个十分紧密的团体，大家一起慢跑一圈。脑海里想着‘这就是我们的团队。我们正在为明年的比赛做准备’”。如果他们做到了而且做得很完美，那之后会发生什么呢？“作为一个团队一起慢跑一圈”是什么意思？是像海军陆战队一样紧密地组织在一起，高呼着口号跑，还是松散随意地带有一点戏谑和开玩笑的意思去跑一圈呢？是安静地跑还是吵闹地跑一圈？是每个人都在聊天，还是会有队长提醒大家球队的目标和练习方式？当然，对你和对我来说答案可能是不一样的。重要的是要有意识，认识到文化正在传达给队伍里的每个人，同时也认识到这种习惯可以传达各种不同的东西。

下一步可能是用语言来确定期待。你可以和你的队长们聚在一起做这件事。当我们说我们想“一起”跑步时，我们的意思是什么？然后，你可能想与团队一起定义这个词。

当我们说我们“一起”跑圈的时候，意思是，我们互相鼓励对方，互相提醒对方我们的共同愿景，作为队友表达赞赏。刚开始跑圈很随意，大家轻松地戏谑着；任何人都可以说话。我们提醒自己喜欢一起比赛的原因，大声喊出队友的成绩以示赞赏。尽量保持轻松。如果你在笑着做这些，那就对了。然后，当我们在球场的远端转弯时，队长们开始领跑。他们提醒我们，作为一个团体，我们需要关注什么，让我们在思想上准备好迎接训练。

突然间，你通过定义几个词来定义你的文化。“一起”在这个团队中有特定的含义。它意味着友情，然后是专注。“转弯”意味着将这种焦点从相互欣赏转移到手头上的任务。这个词强调了队长们的作用。

丹尼尔·科伊尔指出，文化是“对小的、微妙的时刻进行调控，并在关键时刻发出有针对性的信号”。语言有助于保证这些目标信号的出现。

让我尝试通过几个故事向你展示这些原则的作用。

前纽约红牛队、现在的萨尔茨堡红牛队的经理杰西·马希告诉我，“当我来到纽约市，我意识到，正能量对我来说真的很重要。那种想要工作的感觉，所有人，都热爱付出的感觉。我每天都想成为这样的人。身体力行地创造环境并体现这一环境是很重要的。当人们看到我时，我想让他们看到我喜欢在那里，喜欢努力工作。我希望他们看到我在微笑，看到他们时很高兴。我希望他们能听到我感谢他们所做的工作”。

我曾在红牛队的训练基地拜访过马希，那时我就已经感觉到他说的这些话了。一天早上，我早早地来到训练基地，周围没有什么人。我把头探进门边的第一个办公室，以为会找到一个接待人员，结果看到的却是马希本人，他面带微笑，正在和一名球员打招呼。他立即挥手示意我和与我一起访问的同事进去。突然间，我们就像家人一样聊了起来。然后，另一名球员也来了，也加入进来。感觉突然就像一场家庭婚礼的氛围。这种能量和包容是我可以感觉到的，这是我感受到的第一件事，因为马希就是这样规划他的队内氛围的。他把他的办公室搬到了他可以在每个人到达时打招呼的地方，那里有人流，也有团体互动，而且他可以在那里塑造他想要的球队文化。他可以从每天的第一时间就开始着手塑造他想要的球队文化。他的办公室门“总是开着的”，总是有来来往往的球员和员工在那里吵得不可开交。他知道每个人的名字并主动询问他们的家庭情况。在红牛队里，没有人会告诉每个球员和工作人员“你很重要，你对这个俱乐部来说很重要。我们是一个家庭”这类的话语，因为他们每个人都能切身体会到这一点。

马希在建立文化方面走得很远。“阿里 · 柯蒂斯是当时的体育总监。他很重视数据结果。当我开始向他描述我们想要的比赛方式时，他一直问我关于KPI（关键绩效指标）的事情。他会问我：‘我们如何知道我们是否成功地按照我们理想的方式打球？’所以我想出了一些词来描述我想要的东西，我们也会尝试去记录这一数据结果。我希望球员们能够每天都全力以赴。我希望每个人都清空油箱，不在场上留下任何东西，所以这些想法成为我们队内术语的一部分：‘清空油箱’。”

你可以从马希的故事中听出他在构建队内文化上的用心程度。他深刻地反思了他希望球队队员在场上和场下成为什么样的人。他也计划了他的队内文化该如何表达，他将如何衡量队内文化的效果。但这并不是全部。

“我要求我的球员们定义这些词语。我说，‘对你们来说，清空油箱意味着什么？’球员们聚在一起，把它定义为‘每天为团队奉献自己的一切，尤其是对自己来说很难的时候’。所以我们就用这个作为我们的定义。因为这些词语不可能只是与我有关，它的定义必须是每个人参与的一个反映。”阴是对文化的有意设想，但阳是与球员分享设想的过程，阴阳也开始出现了：马希的概念；球员们的定义；共同的队内文化。

“我们还发明了其他短语，比如‘罗杰·班尼斯特’。”马希继续说。这是为了使大家想起这位著名长跑运动员的故事，当人们说不可能做到的时候，他却着手打破4分钟一英里的纪录。“在他打破了这一纪录后，在接下来的10年里，大约有23个人打破了这一纪录。这告诉你，疲劳只是精神上的。我们要打破这个障碍！这就是这个词的意思。我让他们读了这篇文章，并且我们讨论了这个问题。然后我们开始使用‘罗杰·班尼斯特’这个词来捕捉故事中的想法。”

“拳王阿里是另一个。”马希在谈到他们不断发展的文化中的关键短语时说道。“在纽约，他们从未赢得过‘MLS杯’（美国职业足球大联盟杯）。他们非常想成为第一个赢家。这就导致了很多恐惧情绪，实际上，在季后赛的时候，球员们已经在等着失败了。这就是拳王阿里的由来。在我读到过的一篇文章里，阿里这样说道，‘我努力说服自己，我是一个冠军，我会成为一个冠军，即使是在我成为冠军前’。我告诉了他们拳王阿里的故事，后来我们就使用了这个短语。我告诉他们，‘我们要让拳王阿里离开这个鬼地方’。”这句话的意思是：“勇敢地走到机会面前，带着一点豪气；像这个冠军就属于你似的去说话，你就会开始相信冠军是属于你的。”还有更多的短语，有几十个。这些短语成为团队的语言，也表达了球队的理想和文化。

你可能已经发现了这个故事中的许多文化建设原则，比如语言是最重要的习惯。马希实际上是在发明一种新的语言——让球员和教练用来表达他们的价值观和文化。拳王阿里、罗杰·班尼斯特，还有“清空油箱”，他把这些短语画在储物柜和墙上。不仅仅是在更衣室，而是在每一个储物柜上。视觉信号对马希来说是十分重要的。“当我走到更衣室的时候，设施只有灰色的墙壁。没有措辞，没有标志，没有感觉。整个屋子都是冷冰冰的。而它需要变得像一个家一样。当球员们进来的时候，我希望他们能感受到来自家人的能量。这里贴有鼓舞人心的照片和标语，但词汇也同样重要。”

“环境设计”是指通过环境来塑造队内文化的想法，是“改变你生活和工作的空间，以增加你对积极线索的接触”，正如詹姆斯·克利尔所说，环境的影响可能是深远的。“长期以来，我们是我们生活环境的产物。直截了当地说，我从未见过有人在消极的环境中坚持积极的习惯。”但克利尔补充道：“环境设计是强大的，不仅因为它可以影响我们如何与世界打交道，还因为我们很少设计环境。”然而“环境设计”就是杰西·马希在球队内做的第一件事。

在我进一步讨论语言之前，值得思考的是，如果你没有一个大的设施和足够的预算，无法用图像和短语来体现你的环境，那么设计一种文化会是什么样子。第一步将是检查现存的环境线索。首先是球场。球员到达时球场是什么样子的？例如，一个已经精心设置了网格和标记的场地，以及提前摆放好的足球背心，它们都在发出一个明确的信息：我们今天要做的事情足够重要，为此我们提前规划和准备。我已经准备好了。球场也塑造了球员到达时的行为，在亚特兰大联队学院由马特·劳瑞执教的队伍中训练意味着要有提前到达训练场地的习惯，穿上你的鞋，加入高效的抢圈训练中去，不是因为教练马特告诉你需要这样做，而是因为队内文化就是这样的。但马特巧妙地加强了这一点，他确保在球员到达之前就把格子布置好。环境就是一种提示线索。看到抢圈训练的格子了吗？已经为你准备好了！同样，精心设计和共享文化的元素都存在。训练一开始，马特就大步走到球场上，给大家一个指示，开始抢圈训练：“要求两次触地。如果你没有完成20次传球，就做波比跳。开始！”但在他发出指示前，球员们就已经开始练习抢圈训练了。只要有6名球员到了，他们就会组成小组。他们竞相穿上训练鞋。他们开心地唠叨着，以一种毫无风险的方式进行练习，如果有马特在监督，他们是不会这样做的。马特在的时候，也只是四处走走，与球员们聊天、说笑和交流。当他吹响哨子时，这就开始了他的练习。在那之前，抢圈训练是他们的共同文化，当然只是因为马特将其设计成这样而已。

我在参观亚特兰大联队学院时注意到的另一件事是围绕球员互动的环境设计。如果今天有新球员，也许他们是客人，也许在试训。无论是哪种方式，老球员们都会发起热情的问候。欢迎，握手，互相交换名字。顺便说一下，这对成年人也是一样的。一句亲切的“欢迎来到我们的俱乐部！”注入了整个球队的价值观和性格，同时也表达了所有权。我只能欢迎你加入我能代表的团体。

也许你的俱乐部没有客座球员，那么一个场次的训练结束下一场训练开始时，新老球员间是如何互动的？当交换场地的时候呢？老队员和年轻队员的互动方式如何？老球员是否让年轻球员觉得自己是俱乐部的重要组成部分？老球员们是否在年轻队员们走过时向他们打招呼，与他们击掌？像哥哥姐姐一样互动，还是他们戴着耳机无声无息地走过？练习结束后，球员们是否会捡起他们的垃圾和散落的胶带，并为自己的球场感到自豪？这也是队内文化的一部分。

当然，今天的年轻人所处的环境既是虚拟的，也是真实的。环境设计可以为球员们的到来做好准备，铺垫一种期待的氛围。“姑娘们，我们今天要练习压迫。这里有一个30秒拜仁慕尼黑进行压迫的视频。这将是你们不久后的比赛方式。准备好！”或者只是：“今天下午的训练非常精彩。带上最好状态的自己，确保补充水分。”或：“我想这个英超联赛的精彩进攻视频会让你们兴奋起来的。”

我所描述的许多事情都是“不同的”。大多数俱乐部并没有让老球员像家人一样问候年轻球员。但是如果你这样做，不仅会使你与其他俱乐部不同——那些俱乐部就像是对亲切慷慨的老队员帮助新队员融入团队不知感恩的父母——也会让球员对俱乐部有不同的感觉。一个团体与其他团体任何不同的一切特色都有区分一个优秀俱乐部和其他普通俱乐部的效果。这就是我们做事的方式，或者我们做事的方式不同。注意这些陈述中的代词——“我们”。在你的文化中设置明确的区别——那些外人可能觉得不寻常或不理解的东西——会使内部人感到他们是独特事物的一部分。这就是第三个原则：独特性。红牛队训练基地墙壁上的语言具有加强独特性的作用。它们不仅是球队特有的语言，这些语言就像一个密码。你可以说“拳王阿里”，但只有一些人知道你在说什么，说这种语言就是进入了一个内部圈子。

这里有一个更清晰的例子来说明内部圈子的含义。我曾经观察过一个职业球队的教练进入一个房间，与他的球员开会。几秒钟后，房间里爆发出一种我无法理解的兴奋叫喊。

“201！201！”一些球员在呼喊着。

“转轮盘！”另一个人喊道。之前一直很安静，现在却很热闹。球员们在笑，教练在笑。

“孩子们，你们知道我会转的。”教练说。

“你最好把它转起来。”一名球员喊道。

“有饼干吗？”另一个喊道。

教练像汤姆·布雷迪一样打手势，试图让人群安静下来。他突然装作很严肃的样子，或者说他的确是认真的。一开始很难说。

“你们以为我害怕饼干吗？”他问，停顿了一下，扫视了一下房间，表情严肃而阴沉。“我是（这里的队名）的经理。”他慢慢地说，就像温斯顿·丘吉尔在议会讲话一样，“我不害怕饼干。如果是饼干，那就饼干吧！”他渐渐抬高了声音。

又是一阵狂热的欢呼声。

现在，故事背景是这样的。教练有一个“罚款轮盘”。各种小的违反团队文化的行为都需要转动转盘，然后分配一个罚款或后果，有些是比较直接的，有些则是搞笑和尴尬的。整个团队都提出了一些罚款建议，放在上面。（原则1和原则2在这里由教练设计，由球员塑造。）不到我离世前几小时，我是不能透露关于饼干的秘密的，所以我不能说更多，但你只需知道“饼干”是轮盘上的一小块区域，轮盘转动后如果落在这个地方就很不幸了。

所以，喊着“201”的球员们是在喊时间：2：01表明教练迟到了。他必须转动罚款轮盘。他们想要那块饼干。（唉，他们失望了。）

作为一个局外人，我对这些了解甚少，直到教练向我解释。而这在某种程度上就是问题的关键。一个文化中的元素，对于“局外人”来说是无法理解的。外人无法理解的文化元素凸显了“内部人”的归属感。内部笑话和绰号也是以如此方式强化了团队内部每个人的归属感。我最喜欢的一个片段来自《像冠军一样教学》的第一版，是一个叫大卫·麦克布莱德的历史老师向学生打招呼。名为大卫·麦克布莱德的历史老师在上课前在门口迎接他的学生。“早安，打碟师（DJ）。早安，瑞德。”他在他的学生到达教室时说，“黄金时间到了”！每个孩子都有一个绰号，也就是最亲近你的人给你起的特殊名字。大卫在他的教室门口传递的信息是：你是家人；我们是一个团队。这并不是说我认为教练值得花时间给每个球员起绰号，也不是说青年队应该给他们的成员起绰号，更不是说青年队应该有一个精美的罚款轮盘。相反，我是想说成功的队内文化都会巧妙地与外部世界划清界限，建立归属感。丹尼尔·科伊尔在《文化密码》中说道，归属感是强文化中最重要的情感，而且它是矛盾的。“归属感是由内而外发生的，但实际上它是由外而内发生的。当我们的社会属性大脑收到稳定积累的几乎看不见的线索时，我们的大脑就会亮起一个信号：我们很亲近；我们很安全；我们拥有共同的未来。”强文化不断地找到方法来提醒球员他们的归属在哪儿。

本·林德伯格和萨姆·米勒在《唯一的规则是必须奏效》（*The Only Rule Is It Has to Work*）一书中描述了他们利用数据原则——恰好也是社会科学原则——管理一支小联盟棒球队所做出的努力。本·林德伯格和萨姆·米勒向临床心理学家罗素·卡尔顿寻求建议。他们问道：“如何才能在棒球队中创造一种化学反应和归属感呢？”

卡尔顿建议：“要推出一个与创建这一队内文化毫不相干的项目。”他建议让球队投票决定给对队内文化建设有贡献的成员颁奖，但也可以让教练们提名一名提供了无形文化价值（例如：不知疲倦地防守，支持队员）的球员。“奖品可以很无厘头，可以是一个马桶搋子，得到该奖杯的球员可以把搋子放在他的储物柜里……但有一点要注意，如果马桶堵住了，这个球员就得用马桶搋子去疏通。”根据你们的队内文化，这个奖项可以是一个简单直接的荣誉，或者就是一个带着一些傻气、体现谦逊的无厘头物件——既是一种荣誉，又是一种平衡。后一种方法的好处是，奖项设置得越有趣，就会有越多的球员愿意参与到其中来，也会形成一种仪式（可以参考“罚款轮盘”）。当然，这种奖励之所以强大，正是因为它对不属于这种团队文化的人来说是如此难以理解，从而在团队内部建立了归属感。

“罚款轮盘”也做到了这一点，同时轮盘也是经过精心设计和共享的。它加强了教练对团队文化中关键原则的期望，包括及时性，但也确保了球员们的认同。这是教练的想法，但球员们帮助建立了这种文化，并选择了后果以加强教练所设定的标准，从而最终帮助大家取得成功。“‘文化’不能只是自上而下的。”杰西·马希告诉我，“如果球员相互之间都觉得自己应为队内文化建设承担起责任，那么队内文化就会有更大的分量。”

“当我到（红牛）莱比锡的时候，”——马希曾在那儿短暂执教过，他把那段经历看作一种学徒实习期，也是从纽约到欧洲赛场萨尔茨堡红牛队的一个过渡期——“我的办公室不能在前面，所以我必须要适应。我不得不一直花时间在外面走动。现在这支球队（萨尔茨堡）一直在赢球。在纽约，我们必须教那支球队如何获胜。而这支球队，我必须教他们如何输。因为失败是正常的，是自然而然的。失败也是变更好的唯一途径。”我确信在萨尔茨堡红牛队的墙上贴有表达“失败并不可怕”这个意思的一个词，尽管我没有问马希这个标语具体是什么。这里起作用的原则是第二条。同样的教练，同样的计划，但是不同的团队，所以必须要调整和升级队内文化以适应球队的发展。

不过，在讨论到马希建立球队文化做出的努力时，我还没有谈到可能最重要的一部分：文化的关键是习惯的养成。在这里，你需要科伊尔所说的“稳定的信号”来传达队内文化的内容。它们是你每天都在做的事，通常是你没有意识到自己正在做的事，正是它们传递出了你的信念。所以如果马希不能帮助他的球员在身心上养成团队文化所要求的习惯，那么所有的谈话和墙壁上的油漆标语都毫无意义。

马希的下一步是对球场上的战术文化进行深入且有意识的思考，就像他广泛地思考文化时一样。根据柯蒂斯对KPI（关键绩效指标）的想法，马希列了一份清单，列出了使球员变成红牛队一员需要做的事——专为团队量身打造。他从球的防守开始。他回忆道：“对我来说，我们对球的行动非常重要。”因此，他的清单列举的统计数据包括大多数球员熟悉的内容——抢断和传球拦截，但也包括了马希自己发明的一些统计数据。马希再次定义了新的词汇来描述他所期待的场上的战术细节和比赛文化，特别是当红牛队没有控球权的时候，诸如前场阻截、猎球、偷球等。在一个图表中，教练记录下球员们以个人或团体形式获得的积分——也称为“态度积分”。录像师会在比赛结束后回去看视频并给所有的防守拦截行为打分。“比赛结束后，如果一名球员赢得了最多的态度积分，我们会让他为自己精彩表现的视频挑选歌曲，并在视频中展示他的精彩瞬间。在视频中，我们会向全队展示他赢得态度积分的那些高光时刻。”

我们一定会相互扶持

莱斯利·加里摩尔

在今年被任命为新的女子足球学院联盟（Girls Academy League）的教练之前，莱斯利·加里摩尔曾是华盛顿大学的主教练。她也是该项目历史上最成功的教练，她的职业胜利总数使她跻身于一级女子足球史上的前25名。尽管带领华盛顿大学爱斯基摩犬队参加了15次美国大学体育协会（NCAA）锦标赛，但她的首要任务往往是球队文化的建设。“每一个有记忆的球员，他们的记忆都是关于球队文化的。除了他们大学生涯中球场上的胜利之外，这些文化上的联结以及其他一切都在告诉球员们他们是谁。”在这里，莱斯利描述了她在建设球队文化上的一些方法。

人们经常会问我，你们今年的球队文化是什么样的？我就会说“还没有想出来呢”。你不能像盖章一样把某种箴言或文化直接扣在球队上。在大学体育中，队伍每年都是一个新团队。我们做的很多事情都是起到一个在时间轴上穿针引线的作用。但每年秋天，文化中“人”的因素的改变，使我们有了一个新的团体，一个新的维度和新的感觉。而试图管理球队中球员们的艺术——就是要弄清楚如何以一种不总是自上而下的方式引这条线。你希望你的新球队中有足够的领袖级球员回来，老球员们可以把球队文化传授给新球员们。

我们试图提前进行大量的人际关系建设。几乎每年夏天，我们都会读书，书目选择有《坚不可摧》（*Unbroken*）、《遗产》（*Legacy*）和《激流男孩》（*Boys in the Boat*），这些书能够提供以领导力和团队建设为主题的内容，并且也都是现实生活中的故事，大部分都与体育有关，但也不全是，但通常会与华盛顿有关联。如果你能让年轻女性了解到人们为实现目标所经历的一切，那就很酷。

有一年，我们的队内口号来自一首歌，U2乐队与玛丽·布莱姬合唱的《一个》（*One*）。其中的一句歌词是："我们会相互扶持。"我把灯关掉，跟大家说听听这句歌词。他们对它做了解读：我们不是"不得不"相互扶持，而是我们"一定会"相互扶持。他们紧紧抓住了这句歌词的意思。

有一个赛季，我们表现得很棒，但在年底时，有几个球员在球场上和球场外都遇到了一些问题。但我们仍然挺进了NCAA精英八强赛。当球员们需要帮助的时候，队友们互相帮助，每个人都有对彼此的爱。这是非常真实的。这就是作为一个教练梦寐以求的队内氛围。

在早期，我们总是试图尽可能多地切分时间给到小团体，成员们经常与团队中不同的人在一起，按职位、按年龄、按他们来自哪里等去划分团体，让球员们面前的人一直换。关键目的是让大家都能够相互了解。

我们在球场上也会做一些事情来反映这一点。第一天，我们举行了"狗狗碗"（Dawg Bowl），我们的年度4对4锦标赛。赢得比赛是一件大事。回归的球员们肯定会向新球员们传达这一点。但队伍总是新老球员的混合组合。因此，假设在这场比赛中，五六支队伍中的每一支都有两名新生，新生球员们马上就有机会与不同的人竞争。他们会立即领悟到从竞争的角度进行比赛的重要性。这种传统会孕育出正确的球队文化，并使每个人都能在第一时间与队友联结到一起，他们也会立即感到融入团队中的感受。

但这不仅仅是比赛。如果你想在球场上建立文化，同样的规则也适用：习惯就是一切。在谈到场上球队文化所导致的隐性得分时，他说："我们在训练中也是这样做的。我们的个人和团队都是能赢的。"球员们在比赛中防守时抢断，因为他们在训练中防守时也抢断。这是他们的习惯。而他们在训练中抢断是因为马希和他的团队将这一行为纳入球队文化中去了。所以抢断在球队中无处不在。

顺便说一下，马希的许多衡量标准都是针对很小的事情。"以球为导向"意味着当进行压迫时和控制球前的空间时要保持阵型紧凑；"前场防守"意味着防止对手带球转身并面向前方。一些教练可能会认为"努力"这一想法是可衡量的，但这种说法对马希来说太模糊了。文化是关于那些使我们成为我们想要成为的人的微小细节，需要用精确的词汇来描述。只有这样才能把那些微小细节变成习惯。"一开始看起来很小的改变，如果你愿意坚持下去，日积月累，这些变化就会变成显著的结果。"詹姆斯·克利尔写道，"从长远来看，我们生活的质量——你可以加上我们在运动上的努力——取决于我们习惯的质量。"

图表是一个有趣的方式。就专业运动员的管理工具而言，图表似乎有点幼稚。但临床心理学家罗素·卡尔顿在《唯一的规则是必须奏效》一书中给本·林德伯格和萨姆·米勒的建议也提到了类似的内容："用一个贴纸图表开始，"他告诉他们，"积累够10颗星就可以得到一个卷饼……星星的发放可以用于任何你想强化的技能。儿童心理学的第一条规则是，儿童心理学适用于生活中的方方面面。球员们起初会对这个规则嗤之以鼻，3天后就会忙着数自己有多少颗星星了。"我把这段话读给马希听，他笑了。"我曾经想'哦，他们可是专业人士'。"他说，"我觉得这也太俗了。但我从不害怕尝试新事情。所以我试了一下，这一措施真的成功了。现在当有人有一个想法时，我想：让我们试试吧。如果路易斯·罗伯斯想在季前赛中举办奥运会，我也会说，'好，让我们试试吧'。"

同样，我在这里不一定就图表展开论述。重点是衡量和认识到你所重视的东西的重要性，以便将信念变成习惯。管理学格言有这么一句话，"经过衡量的东西才会被完成。"结果是马希的红牛队在未持球的情况下进行无情的以团队为导向的压迫性防守，而且球员们防守得很好，就像他们被灌输了这一防守方式一样。这似乎是球队DNA的一部分。你可以通过其他方式来实现这一点吗？当然可以。如果你是一个资源有限的小俱乐部，你是否可以从第一章中抄一下露丝·布伦南·莫雷的想法，让球员在比赛中观察并记录他们队友的具体行动来关注这些行动？你能不能在训练结束时观察并表扬一个容易被大家忽视的微小时刻，以表达“我们是一个怎样的团队”？你能让球员这样做吗？能，当然能。关键点在于公开表扬是建立共同习惯的有力方式。

获得强大习惯的另一个方法是教球员们。这是成功课堂上最重要的功课之一。使球员们变得严守“纪律”，但此处的“纪律”可能不是大多数人定义的那种纪律。纪律最好的定义[①]是“教人以正确的方式做事”。意思是对于经常要做的事，要教给人们做这件事——或者我们如何做——的正确方法并强化这一过程，或者让球员们练习这个过程，直到成为习惯。这样你就建立了纪律。

① 我非常确信罗纳德·莫里什是第一个刻意这样使用这个词语的人，罗纳德的《恕我直言》（*With All Due Respect*）这本书非常不错。

在《像冠军一样教学》一书中，我分享了一个名为道格·麦考利的老师教他的学生传递试卷的视频，这听起来似乎是一件很奇怪的事情，但麦考利知道他的学生在接下来一年中会把试卷传递成百上千次，这件事情一旦你做得越频繁，就越要考虑应该如何做，越要考虑把这个“如何”设置成一个常规。在视频中麦考利向全班同学仔细并详细地解释了试卷。“丹泽尔将拿一张试卷，然后将把剩余的试卷递给詹姆斯。詹姆斯拿了一张，然后安静地把剩余的试卷传给布鲁斯。”然后全班进行练习。麦考利给他们计时：“12秒，重新来，要在10秒内……11秒，再一次，10秒内。”他为什么要这样做？为什么不在第一天就开始教学？最重要的原因是，在一个普通的教室里，可能需要一两分钟的时间来分发或收集卷子。如果麦考利能在10秒钟内完成这项工作，从而能使学生在数百次甚至数千次传试卷的过程中每一次都能节省一分钟，那么麦考利就能创造出数小时的时间用来教授学生们更多关于南北战争或分母不同的分数相加的知识。当然他也会花精力在使课堂参与度和活力变得更高上。在一个普通的课堂上，当学生们等待试卷分发时，他们的想法开始消退，精力也在减退。当然，你在训练中也感受到了这一点，一个缓慢的从A状态到B状态的过渡。当你想告诉他们一些事情的时候，他们却不能很快地集中精力。喝水时间是3分钟而不是45秒。这些事情不仅浪费了时间，还更广泛地影响了团体文化。球员们失去了注意力，当他们站在那里等待时，就会脱离“区域”。他们想打球，但却发现自己不得不熬过注意力过渡期。

在一次研讨会上，我问老师们，在一个普通的班级里，学生传或收一套试卷通常需要多长时间？我问这个问题的原因是我想告诉大家如果你能在180个工作日内每天节省10分钟，你就能在一年中多获得30小时的教学时间，但回答的老师给了我一个意想不到的答案。“这需要多长时间？”我问道。“零秒，”她说，“因为收发试卷浪费了太多的时间，以至于我所在的教学楼里的老师已经不再像以前那样经常发放材料了。”在体育教练中也有类似的情况。为什么有那么多人建议教练在训练中不要说话，也不要暂停？因为他们看到暂停的时间长得令人痛苦，破坏了训练中的能量和流程，球员们也急不可耐地想回到比赛中。但是如果说我们不应该使用暂停，就是放弃了一个关键的教学工具。一个更好的解决方案是精简暂停。短暂的、有重点的暂停只需要30秒或更少的时间，教练迅速给球员们分享一个想法，球员立即尝试（如第三章所讨论的），这才有所帮助。这些停顿是更好、更可行的教学工具。但这样做只有在程序清晰和常规化的情况下才有效。如果教练的反馈很快，但每个人都要花30秒才能听完，那你还是失败了。如果每个人都没有集中注意力并清楚地听你反馈，你就更有可能需要把事情再重复一遍并试图确保每个人都听到，或者你不得不停下来提醒球员听。更好的做法是像道格那样做，教会球员们倾听。让你的日常工作成为一种习惯。这听起来可能是这样的：

> 对。在训练中，有时我会暂停我们的比赛，向你解释一些事情或问你问题。我的目标是非常迅速地交谈，然后让你回到比赛中。因为我知道你想踢球。因此，当你听到我说“暂停”时，就应该马上停下来，眼睛盯着我。如果你很快地进入暂停状态，我就能很快地重现这个场景，我们就能回到比赛中。如果你的眼睛看着我，你会听得更清楚，我也会知道你在听。我们现在就来试试。注意球，凯文，注意听

我说“暂停。”

一分钟后，你说“暂停”，也许你会从道格·麦考利的战术手册中选取一个战术并说：“这很好，但我认为我们可以做得更好一些。请确保立即暂停，眼睛看向我，这样我们就可以学习，然后重新开始比赛了。让我们再试一次。”然后他们继续比赛，你说“暂停”。假设他们的反应很快。现在你想让球员们建立“先听后试”的习惯。因此也许你会给出一些真正的反馈。“很好。谢谢你们的关注。当我们接球时，我们要确保我们的髋部像这样打开。看看你是否能在每次接球时都这样做。开始！”在这种情况下，你可能故意给出非常简短且可操作的反馈，因为你真正想做的是让球员感受到差异，并了解暂停时是什么感觉。暂停很短，也许是10秒或15秒，球员们得到一些有用的建议，然后立即尝试。接下来，你当然希望建立起使用反馈的习惯，所以你可以向运动员讲述你看到他们使用反馈的情况。“是的，杰森。方法就是这样。很好，我看到你是如何接那个球的，米格尔，很棒！”你想让他们建立听到反馈后使用反馈的习惯。或许还可以规划一下反馈，让球员们从反馈中有积极的感受。你所做的基本上就是杰西·马希用他的图表所做的事情，但方式更简单一些。

再回顾一下第三章中詹姆斯·比斯顿与他的球员建立习惯的视频。你会注意到，比斯顿正在解释他将如何召唤球员们以及球员们应该如何反应的过程。冷不丁提问，转身谈话，举手。现在球员们知道如何做这些事情了。但是注意到视频一开始比斯顿就解释了应该如何倾听。到这里来，这样你就能看到我。他把球员们拉到离自己更近的位置。大多数教练都忽视了这一点。你在聆听时的身体行为会影响你的聆听效果以及你周围的人的聆听效果。如果你盯着球看或盯着远方，你就会逐渐把自己的注意力更多地放在这些事情上——并影响了你周围的人也这样做。球员们会聚集在一起，也需要听你的反馈数千次。为什么不教给他们正确的方法呢？“当我向你们解释一项活动时，就像我现在做的那样，确保你们靠近我以便你们能听到，把足球放在原地，只有你们。确保你们看着我。如果这样做，我就能迅速告诉大家你们需要知道的东西，我们就能更快地结束暂停继续踢球。”注意，一个好的“推新介绍”需要一直解释原因。

这对年轻球员来说尤为重要，因为他们可能会因为分心而错过训练的关键部分。在一个训练视频中，史蒂夫·科维诺俏皮但持续地强化了他的开始和停止步骤，并顺便强调了球员们的关注度。正如我们将讨论的那样，这也是成功的队内文化的一个关键特征。

在你的训练课程中设计和实施步骤时，一定不要忽视语言的重要性。你所使用的词语是步骤的一部分，每次都使用相同的词语，会使行动更加成为一种习惯。考虑一下我们在第三章提到的詹姆斯·比斯顿的视频。每次他给球员喊暂停时，他都说“停”（freeze）来让他们暂停脚下的动作，用“开始踢”（play）来送球员们回到球场。每次都是同样的术语。他希望球员们有一个快速且一致的反应。如果每个人在他说“停”后的两秒钟保持专心，那么他就能迅速完成传达反馈的工作，并保持球员能量的流动。如果当他说“开始踢”时，练习就开始了，强度就会提高。词语的选择也很重要。詹姆斯选择“停”提醒球员，他们需要在暂停时做一件关键的事情，以使暂停的效果最大化：停在原地，以便教练能重新建立传达反馈的场景。这个词语选得很聪明。我自己会更喜欢“暂停”这个词，因为它意味着简短：球员们很快就会再次上场踢球。

史蒂夫的课程和道格·麦考利的训练之间的最后一个联系是：孩子们真的都很开心。这对许多人来说是反直觉的，甚至对许多教师来说也是如此，他们认为结构化和清晰化的训练意味着无趣和僵化。但事实上，在这两种情况下，学生似乎都很欣赏教练对他们所表达的希望，即希望他们能把小事做得更好的隐含信心。对于年长的球员，也许还有成年人，这看起来是不同的。但最终，球员们会感激教练尊重他们的时间和发展，这些都通过打造使人更专注的学习环境和更少的闲散时间体现出来。你可以在詹姆斯·比斯顿的U19训练课程和德纳留斯·弗雷泽的训练课程上看到这一点：当他迅速地把他们叫到一起时，他们立刻就能保持专注，按照教练的要求，目光紧跟教练，然后再回到他们的任务中去。

体育文化的特点

那么，一个成功的团队有什么样的文化呢？［这里的“成功”是指能够最大限度地促进人们的成长和发展，并培养参与者的行为，以支持他们自己和他人实现这一目标。正如我将在第六章中讨论的那样，这种成功的定义与将成功定义为赢得最多比赛数量的定义不同。但从长远角度看，这样的文化往往也是一种（比赛）胜利的文化。]

当然，这个问题没有一个正确的答案。每种文化都是不同的——这是发展文化的原则之一——但我会提供在强大的教室文化和顶级体育环境中看到的5个特征。我认为这些特征本身就值得发展，但不足为奇的是，这些特征也与本书中描述的教学理念不谋而合，并能促进球员们的发展。换句话说，有这些特点的文化更能够激发出人最好的一面。不过，每个人对文化的看法是不同的。可以肯定的是，我可能对一些对你来说至关重要的事情不太了解，而对一些对你来说不那么紧迫的事情却很着迷。你可以根据自己的情况进行调整或删减。

对我来说，积极的学习文化的特点是：

1. 允许犯错的文化，或“心理安全感”。
2. 包容和归属感。
3. 注意力。
4. 卓越。
5. 品格和坦诚。

心理安全感

在第四章中，我讨论了“允许犯错的文化”这个短语，该词语描述了在一个课堂或培训环境中，学习者愿意将他们的错误透露给老师和同学。学习者这样做是因为他们相信暴露错误的行为会帮助他们进步。当这种情况发生时，找到并弥补“教师教学”和“学生学到”之间的差距就容易得多。在第六章中，我将分享伊恩·芒罗训练中的一些场景。伊恩鼓励球员不要一直待在自己能够做好的事情的舒适圈里，而是推动自己去尝试自己不能做的事情——因为不会，所以刚开始会失败。这对学习至关重要。心理安全感是心理学家使用的术语，在这种状态下，人们可以接受适度的冒险，可以开诚布公地交流并释放创造力。当杰西·马希试图让纽约红牛队克服对失败的恐惧时，他将“害怕失败=失败”这句话涂在了纽约红牛队的墙壁上。马希向萨尔茨堡队也传达了一个类似的信息，尽管有所不同。但队员们们必须适应也必须接受他们会输这一事实。他们必须明白，失败有助于他们学习和成长。因此他们必须把失败当作学习的机会。这也就是说，应该通过研究错误进步而不是犯了错后去惩罚某个人。当教师逐渐使学生意识到并能够检查他们犯下的错误，而不是对错误产生防御性和焦虑感时，学生们会学得更快。在一个团队中，学习和执行任务的关键就是信任。最近《哈佛商业评论》(*Harvard Business Review*)上有一篇文章，该文章以谷歌公司行业主管的一句话开篇——“没有信任就没有团队。”

“当工作场所给员工带来的更多的是挑战性而不是威胁性时……我们大脑中的催产素水平会上升，从而激发我们的工作。大脑中的催产素水平上升，这能激发出员工们的信任和建立信任的行为。这是团队成功的一个关键因素。”劳拉·德利佐纳写道。我们已经在整本书中都看到了这方面的例子：在本章开始时克里斯·阿普尔没有对迦勒的明显失误大喊大叫；第四章的数学老师告诉他的学生：“很高兴看到你这个错误。这样我才能帮助你”；德纳留斯·弗雷泽在面对他的学生的错误时，情绪始终如一地稳定。在这些允许犯错的文化中，人们不是为了避免伤害感情而对错误蹑手蹑脚。在这些文化中，人们并不害怕讨论一个错误，也不害怕指出错误。为什么会害怕呢？因为错误并不是什么大事。

如何做到这一点呢？首先，提醒球员，因为错误而内心挣扎是正常的。詹姆斯·比斯顿在训练他的球员打破低位挡拆时，看到他们在挣扎，就说：“这是非常困难的。我不会指望你们第一次就能做好这个。让我们试试这个……”在适当的时候，表扬球员们聪明的冒险行为。我将在下一章中的“训练做出决定的过程，而不是结果”部分进一步讨论这个问题。说“好。我很高兴你勇敢尝试了”或“这是个抓住机会的好时机。可惜没有成功”都是这方面的例子。在第六章中，你还可以读到史蒂夫·科尔帮助斯蒂芬·库里专注于信号——正确的长期决定，而不是噪声——在某一特定时刻，正确的行动没有得到相对应结果的事实。科尔希望他的明星球员不要因为几次投篮不中而过度沮丧，要更大胆地打球，或者至少知道何时和如何更大胆地打球。

显然，这是著名教练尤尔根·克洛普执教文化的护身符之一。“他会说：‘我没有看到你本周（在训练中）努力朝着（安德雷斯）伊涅斯塔的目标练习射门。’”亚历克斯·奥克斯拉德-张伯伦一次告诉一位采访者，“他会对我大喊‘射门！’但不管球进了还是没进，他想的是‘无所谓。穆罕默德·萨拉赫和萨迪奥·马内已经补位上去了’。”

值得注意的是，在允许犯错的文化中，人们愿意暴露他们的挣扎和错误，因为这样做会使他们变得更好，这不仅仅与运动员有关，对成年人也很关键。一个运动俱乐部必须首先在成年人中培养这种允许犯错的文化，这样员工们就不会互相隐瞒工作的难度。如果你问一个教练，“我明天能不能去看你训练？”而这位教练说：“不要来。我明天要尝试一些新的事情。”他们就是在告诉你，他们害怕被人看到他们在尝试新事物中的挣扎或者错误。一个好的回应可能是你对自己的要求：“好的。来找我吧。我明天要做一件非常有挑战性的事情，而且我不确定会不会顺利。我希望得到你的反馈。”

包容和归属感

仅仅是心理上的安全感并不能使球队文化变成一种包容性的文化。在一个强大的文化中，必须防止小团体，即本质上比大文化更重要的亚文化。对于抵御那种可能撕裂团体凝聚力的团队分裂和分化，最有用的概念之一是“断层线”的概念，它来自管理学教授卡捷琳娜·贝兹鲁科娃的研究，本·林德伯格和萨姆·米勒在《唯一的规则是必须奏效》一书中也讨论了这个问题。

他们在描述贝兹鲁科娃的研究在学校里可能出现的情况时如此写道：“如果5个队员都喜欢啦啦队，另外5个队员都喜欢军乐队，那么这10个队员就被分成了两个没有互动的小组。但是如果不同小组的女孩们都喜欢同一项活动，比如说，参加学校的罐头食品募捐活动，现在就有了囊括两组成员的第三个小组。如果啦啦队队长和军乐队长笛手之间有冲突，也有方法可以解决这一问题。”

“当我第一次去莱比锡的时候，”马希告诉我，“那里有一系列独立分隔放置的长方形桌子，每个人都在那里吃饭，但是总是非洲球员在同一张桌子上吃饭，法国球员在一张桌子上，德国球员在另一张桌子上，工作人员在这里。我说我们要做的第一件事，就是必须完全改变吃饭时座位的分布。所有的桌子都变成了挨在一起，没有分隔开。我们作为一个团队里的成员必须坐在一起吃饭。然后我们必须告诉球员们这样做的原因。我试图给球员们施加微妙的压力，让他们坐在座位上而不是坐在令他们自己感觉安全的座位上。随着时间的推移，你会发现在路上这些球员们都自然而然地混在一起了。所以改变就餐座位就变成了我们的日常惯例。”

罗素·卡尔顿还向林德伯格和米勒强调了在吃饭时跨越“断层线”混合在一起的重要性。在他们球队赛季的头几天，甚至还有一条“你身边坐着吃饭的人每次必须是不同队友”的规则。

当然，吃饭时间只是一个例子，在许多场合下，球员们可以混合并突破“断层线”。马特·劳瑞在正式训练前的抢圈练习就是一个很好的例子。他们也会四处进行社交谈话，但“规则是你和最先准备好的6个人组成一个小组。如果你在那里而不参与抢圈练习，你就会听到‘嘿，为什么你没有去做抢圈训练，去吧，去加入他们’。对球员来说，与不同的队友一起比赛是非常重要的，这个系统分配每个团队队员的方式是随机的。”但这往往不是那么容易。

“有些人会乘坐同一辆车来。”劳瑞告诉我，“因为他们坐一辆车一起到达，所以他们往往总是一起玩。随着时间的推移，球员们会巧妙地开始设计，以便他们能够与他们认识的人一起玩。有时是按职位，但有一次他们突然按种族组成了小组：黑人，白人，西班牙人。我们必须尽快解决这个自我组团的问题。所以我开始利用一个导入型的任务：‘大家伙，当你们到达时，要用你们的左脚做100次颠球。当你完成了这个颠球任务，就开始你们的抢圈训练。’我们必须随时准备找到新的方法来洗牌团队成员的组团方式。”

当然，你的教学方式和其中隐含的习惯是队内文化建设的最大驱动力之一。在《文化密码》中，丹尼尔·科伊尔指出，当人们感到自己有归属感时，他们的行为就会改变。人们不仅变得更有生产力，而且更有创造力，也更能容忍风险和变得更无私。但是，科伊尔写道：“归属感是一种火焰，需要不断地由安全联结的信号滋养才能兴旺。”

“当我们的社交大脑收到稳定的、几乎看不见的提示时，大脑的某个部分就会亮起来。信号暗示：我们是亲密的，我们是安全的，我们有共同的未来。”你可以听到一些习惯和常规带来的小小的回声，我们看到像德纳留斯这样的老师和詹姆斯·比斯顿这样的教练强化了上述习惯和常规。例如，目光接触和身体语言。重要的是，人们的目光追踪着正在对他们说话的人。这种行为表明，“你说的东西对我而言很重要”。当德纳留斯讲话时，他要求学生目光一直跟着他，但他也希望——并且已经向他们解释了他希望——他们能够相互注视、交换目光。而在许多美国课堂上，当教师要求学生们与一屋子的人分享他们的想法和意见时，分享观点的学生却背对着其他同伴，同伴们的眼睛看向别处，仿佛在说“我根本没在听”。谁会在这样的氛围下分享一个重要的想法呢？詹姆斯·比斯顿训练中的球员也是如此：肢体语言和眼神接触是同伴间的信号（詹姆斯有意让这成为球队文化的一部分）——你属于这里，你的想法很重要。

科伊尔引用了社会科学家亚历克斯·彭特兰的研究，他研究了团队表现行为的驱动因素。将彭特兰列表中的前3个项目与詹姆斯领导的小组中的成员的行为进行比较：

- 每个人说话和听话的分量都是相对均等的，并保持发言足够简短。
- 成员保持高频率的目光接触。对话和手势都要充满活力。
- 成员之间直接交流，而不仅仅是组长单向式输出。

注意力

有趣的是，关于打造团队文化中非语言习惯的讨论很自然地引出学习文化中的第三个特征，也就是注意力。对他人的关注——目光接触，专注，不断提示说我在听，你做的和说的都很重要——是团队成员们归属感和参与度的驱动力。它还有另外一层好处，注意力可以帮助人们更好地关注。这一点是根本原因，并且很容易被忽视。让我用一位教师同事的话来说吧：“我们注意力的深度塑造了我们的学习能力。”卡尔·纽波特在他那本深刻的《深度工作》（我在第三章讨论过）中指出，注意力是一种习惯，也是一种能力，会在实践中得以成长和发展，也会被持续不断地干扰削弱。

要想在激烈竞争的空间中取得成功，需要你“磨炼掌握困难事物的能力”。你必须能够在其他人动摇时保持专注和专心，你必须能够一次又一次地掌握新的和困难的内容。关键是能够保持不间断的注意力和深度集中的状态。那些能在最长时间内保持最佳注意力的人就会从普通人群里脱颖而出。

因此，我们希望球员在训练中的精神状态和身体状态一样好，但这一点并不容易实现。跟踪注意力的工具会对我们有帮助。调动球员参与训练的手段也是如此，比如说冷不丁提问，不断地让球员参与进来，发出信号，让他们无法转移注意力。训练课程也是如此，确保训练不会被非任务行为或缓慢拖沓的过渡时间打断注意力高度集中的状态。从表达想法到消化想法要迅速过渡，节省使用专注力。这是很重要的。

一个值得关注的话题——也许是一个隐含的话题——就是当运动员们不专心的时候怎么办。当你把运动员聚集在一起听的时候——在暂停的时候，在中场休息的时候——而球员的眼神却飘忽不定，或者你能听到暗流涌动的窃窃私语或嬉笑声。或者有一个孩子把球踢到了队友的腿后面。避免像这样的小干扰从而不造成更大的注意力干扰，不中断大家的训练任务来回应任务之外的干扰——这对教师来说是最难的技能之一。你可以在《像冠军一样教学》中阅读更多关于此方面的内容，但这里有一个简短的步骤。

首先，要注意的是，最好的解决办法是已经教会球员们正确的做事方法。你想让球员们在中场休息时紧紧锁定目标、全神贯注并且不玩手机吗？你需要仔细解释你希望他们遵循的程序（“我会给你们三分钟时间去喝水，和你们的队友交谈。然后我要求你们集中注意力。当我这样说时，请靠近我以便你能听到我的指令。目光必须集中在我身上，站在我能看到你的地方。不要拿着足球。要知道，我可能会要求你回答我的问题和分享一些想法，并与我一起解决问题。”），包括“为什么”（“这可以让我们快速而专注地研究比赛，无论比赛以何种方式进行。这都有助于我们的成功，而且这个习惯可以帮助你在中场休息中获得平静和球员的专注。”）。

“如果学生没有按照你的要求去做，”道格 · 麦考利告诉我，“最可能的原

因是你没有教他们怎么做。”所以要从教他们开始。

本章前面提到的詹姆斯·比斯顿的课程片段并不是在中场休息时，但它是一个很好的例子，说明了教授、解释一个过程并分享原因的方式。我特别喜欢那句话：“有时即使你没有举手我也可能会叫你。因为比赛要求你随时都状态饱满。”比斯顿是如此清楚地给他的学生传达了应该如何参与到训练中来以及“专注”到底是什么样子的。

如果你已经说过了你希望看到的球员们中场休息时的表现，但你没有从队员身上得到你想要的行为，那么首先要做的是“让队员注意到你在看”——也就是说，向运动员或学生表明你留意这件事，并且在观察大家的注意力。有一个一位小学教师凯蒂·克洛尔的视频，视频的前景中，有一个学生正在走神。也许这个学生想从书包里拿点什么东西，这可能是合理的行为，也可能只是一次分心的举动。这其实并不重要，重要的是，当学生看到凯蒂在看他时，他就决定改变自己的行为了。知道老师在看他，就会改变他的行为决定。当老师向学生表明她看到了他们的行为并关心他们时，学生们的很多行为就会停止。另外，如果学生认为他们的老师不会注意到或关心他们所做的事情，他们就更有可能做出一些教师下达的任务之外的行为。通常情况下，教师会用一些微妙的姿态向学生表明他们在关注着学生，使之更加明显。也许是微微仰起头，就像在看周围的东西。德纳留斯在他的课程视频1分钟33秒处做了这样的动作。他往前走了走，稍微抬起下巴，略微踮起脚尖。这个身体动作传达的信息就是：看到我在看你吗？我注意你了，而且我关心你是否坚持下去。上图就是此刻的一个静止截图。

下一步可能是快速且低调地提醒大家，非常简单地描述预期的行为，最好是以一种假设最佳情况的方式（见第三章），如“孩子们，确保在唐纳尔说话的时候你的目光在他身上”。

下一个动作是非语言纠正。用简单的小手势表达“请转身”或“看着我”或“把球放在后面”。比起对球员说出上述指令——或者什么都不说，纵容某种行为持续发生，非语言纠正有两个好处。第一个好处是，你的非语言纠正很巧妙，是私下进行的。它允许你在保持沟通关系的同时悄悄地加强你的期望。你可以用一个中立的面孔，甚至是一个理解性的微微一笑来做到这一点，让球员们感到你理解他们。但队内文化也得到了保留。非语言的另一个好处是，它允许你（或正在对团队讲话的球员）继续讲话，在保证任务进行的同时保持注意力和专注力。

如果这些非语言纠正的方法不起作用，事后进行私人的单独纠正也是明智的。它至少可以让你确保这种行为不会再次发生。听起来可能像这样：“大卫，你去热身之前，请给我一点时间。”（大卫走过来。）“大卫，当唐纳说话时，你好像在和凯文说话。你的视线绝对没有在唐纳身上。作为团队的一部分，重要的是要时刻锁定在我们关于如何改进的对话上面，我希望下次能看到这一点。谢谢！去热身吧。”

你会注意到，这里没有问句——“你是在那样做吗？你为什么要这样做？”只是仔细地陈述了期望和理由，并提醒你期望得到更好的效果，对话最好是以平静的语气进行，甚至可以把手轻轻地搭在大卫的肩膀上，表示你并不因此而生气。

我在中场休息的谈话中模拟了这个做法，当然，这个方法在任何场合对加强倾听和注意力都是合理且有效的。

卓越

追求卓越——作为个人和团体成员的最佳自我——是体育工作的主要目的之一。也许这就是主要目的。有些人可能会争辩说，享受才是体育工作的主要目的。也许是这样。对许多运动员来说，这已经是极限了。但对其他许多人来说，特别是那些追求超越基本水平的运动的人来说，享受和卓越并不冲突，而且是相互交织的。享受的部分来自成长；当你更好地理解它，看到自己的进步，看到自己能够完成一些事情时，就会更有趣。

在俱乐部建立追求卓越文化的过程中，有几个关键的想法是至关重要的。首先第一个想法：优秀在很大程度上是与自己的对话，是通过勤奋和团队合作掌握一系列概念和挑战的过程。其次，卓越不是零和博弈——“你更优秀意味着我不那么优秀”，而是共同实现的。当你的队友变得更好，进步得更快，很可能会给你带来同样的效果。我们通过付出最好的自己来相互推动彼此的发展。最后，卓越是指冒着风险付出努力，找出自己真正的价值，并发现自己的真正能力。这意味着要有充分竞争的意愿，每天都在竞争。而这样做包括心理上的挑战，因此教练应该为心理挑战做好充分准备。

我曾经问过达拉斯足球俱乐部的一名教练，达拉斯足球俱乐部也许是美国最成功的俱乐部，当问到他们为培养球员所做的最重要的一件事是什么时，“我们竞争。”教练说道。他说：“我们试图使一切都充满了竞争性。所以我们的球员总是在竞争，挑战不会吓到我们的队员。我们告诉他们：‘打铁还须自身硬。’”

这句话表达的意思是：我们每次都要付出最大的努力，无论是为了自己还是为了队友，当队友们在训练中与我们硬碰硬时，就是在促使我们变得更好，为竞争做准备。同时，我们也不是在制造那种你死我活的饥饿游戏。我们的工作是青年的发展和教育。当我们踏上赛场时，我们希望有良性的竞争，但同时也要有支持和归属感文化做一个平衡。如果竞争不是人性化的，没有以运动员为中心，如果竞争不是经过为运动员合理设计而来的，那么竞争就会出问题。例如，提供语言来帮助运动员消化竞争文化所产生的强烈情绪是至关重要的。同样，“打铁还须自身硬”这句话就是一个很好的例子。它向球员解释了如何框定球场或赛场上的激烈情绪。你可以很容易地想象杰西·马希讲一个“打铁还须自身硬”的故事，并将这个短语纳入他的俱乐部的专用词汇中。但是仅有语言是远远不够的。下一步将是建立习惯来表达你所描述的想法。也许在练习结束后，我们会感谢对方通过努力比赛来使我们进步，也许我们会拥抱或握手，也许是首先和那些在球场上因为一些摩擦闹得不愉快、导致关系紧张的队友拥抱和握手。我们知道，必须有效地解决问题，才能成为队友。对那些考验我们的人说谢谢的仪式感加强了。“打铁还需自身硬”的说法，这种说法概括了一种竞争心态，但也能够帮助运动员理解竞争有时会引起消极情绪。

当然，你不一定要使用这种语言或这种形式。这就是一个例子，说明信念感需要习惯来将其转化为团队文化，其中一些习惯可以帮助运动员解决他们必须要面对的一些复杂的心理问题——当你刚刚开始弄清你身边的人际关系时，你就把生活里的一切都放在了敌对的竞争关系上。

品格和坦诚

归根结底，教练所做的工作最重要的是什么？我们的出发点是帮助人们实现他们的运动梦想，最大限度地发挥他们的潜力，找出追求卓越的意义，并学会作为一个团体一起工作。对大多数人来说，这段旅程本身就是礼物。比赛会结束，球员们甚至可能不知道那一刻何时到来。他们会因为工作或学校的原因而停止比赛；会因为受伤或在球队中某个位置而不能入选比赛。突然间，运动生涯就结束了。或者一些球员们会坚持下去，相信会有另一次机会，但也许这个机会永远不会到来。

没有关系。他们会继续做其他（希望是更伟大的）事情，我们的运动员，他们也许将成为丈夫和妻子，母亲和父亲，会成为国家和体育特许经营机构、银行和非营利组织的主席，或者成为市长、医生、护士、教师、教练和其他一切身份。如果我们的工作做得好，我们将帮助他们在这些领域中继续茁壮成长，就像教练和队员在所有这些年的训练中所追求的目标一样，甚至在更多的领域达成更多的目标。

如果我们知道那些才是真正的结果，我们会用不同的方式进行培训吗？

最后，我们的工作应该首先落脚于帮助我们的运动员茁壮成长，帮助他们成为他们可以成为的最好的人。如果我们知道某种训练方式可以换回摆满世界杯冠军的更衣室，但是结果却是运动员们最终会成为自私的配偶、冷漠的父母、社群里以自我为中心的社员、自私的接受者而不是给予者，我们还会使用这种训练方式吗？

我们不会。或者至少，我本人不会。我想你也一样。

品格必须始终是我们所建立的团队文化的灵魂。事实上，参与体育运动可以加强各种美德：道德美德（同情心、勇气、诚实、谦逊、感恩）、表现美德（决心、毅力、韧性、团队精神）和公民美德（社区、文明、公民意识）。这些品德必须始终在我们的脑海中占据首要位置，因为它们才是我们工作的真正目的。

第六章

如何处理执教中的非技术性问题

本书的前几章是关于教练与运动员之间日常的互动细节——例如，教练如何给予运动员反馈或教练如何设计一个训练。这些互动的总和实际上是一种方法论——关于运动员如何有意识和无意识地学习的哲学。希望这些章节里的内容能帮助你更加有意识地提高你作为一名教练的执教方法论。

但技术问题只涵盖了教练教学生活的一部分。有一些更广泛的问题与方法论交织在一起，在我所做的几乎所有的研讨会或运动俱乐部访问中，每次都有一个或几个教练最后都会问到这些更宽泛的问题。

在一个关于执教反馈的研讨会上，一位教练问他如何能阻止运动员的家长们在场边喊一些适得其反的东西，包括心理上的（例如，“如果他推你，你也推他，凯文！”）和战术上的（“往前场跑，孩子们！”）。

在我访问一所职业学校时，一位教练问起我们刚刚看过的一名各方面都很优秀的球员，只是他还不够好。作为教练还能告诉他什么？怎么告诉他？

在另一所学院，提出的问题是关于一个教练的。这位教练经常大喊大叫，不接受任何反馈意见，但他的球队却一直赢球。俱乐部如何能让这位教练改变心态？其他人应该努力多久才能改变该教练火暴的脾气？

一位国家队教练来信要求询问在中场谈话时应该做什么（和不做什么）。

而每个教练都有的一个共性问题是技术对球员的积极性和注意力的影响。

通常这些问题会一直伴随着我，我会对这些问题思考上好几天。答案是什么？是否有答案？第六章的内容是对其中一些问题的反思，以及这些问题所附带的一些更宽泛的问题。

第一部分讨论了球员长期发展和成长中的主题，例如，一个普通球队里的每个人是否都得到了平等的指导，以及如何实现更多的公平，即教学的公平性。或者，当我们说“那个运动员是……”时，当我们说“那个孩子将来一定很特别”的时候我们论断正确的可能性有多大？

第二部分也是关于长期发展和轨迹，但这部分的重点是教练员。我们成就被认可的愿望——就像每个专业人员都希望被认可一样——是如何影响决策的呢？一个人如何管理自己的情绪呢？

最后一节是关于俱乐部和组织层面的问题。我们如何帮助家长意识到他们的过界行为，以及我们应该如何帮助家长们调整长期的激励措施?

运动员发展的主题系列

指导每个人

在序言中，我描述了一位职业教练的认识（在看了德纳留斯·弗雷泽的数学教学后），很多时候，他的团队中很多人在训练中没有得到指导——也就是说，他们并没有得到发展。这表明了教练和教学之间的一个重大区别。

在学校里，人们或多或少地了解到，教学的目标是要下达到每个人：为最多的人提供最大的学习量。像德纳留斯这样的老师会告诉你，他的工作是确保每个人都能学习，即使是那些不愿意学习数学或数学不好的人。曾经有一段时间，老师可以合法地对那些挣扎于学习的学生或漠不关心的学生做出相应反应，并或多或少地可以把他们撇开。这不是教师的问题。如果你想失败，那是你的选择。有些人就是不擅长数学。但现在情况并非如此了，教学已经发生了变化。教师接触每个人的能力是教师技能的一个关键方面。

与教学相比，教练更有可能体会到谁得到教练更多关注和谁获得更多资源优势的差异。有时这是设计好的，这只是事情运作的一部分。在专业水平上，教练只有在团队获胜时才能保住他的工作。在这个系统中，一些运动员的表现和进步比其他人更重要。职业球队在第一轮选秀和“项目”上投资了数百万美元——他们每个人都有巨大的上升空间，只是还缺乏训练和经验。当然，他们会在球员发展中投入更多资源。同样，学院的目标是培养精英运动员；教练的工作是投资于班级中的佼佼者——每个团队中少数有机会成为职业球员的球员。在分配资源时，理性的决定是将其分配给最有前途的运动员。

但是，将一些运动员置于其他运动员之上的倾向甚至在远低于体育界顶级水平的层次上也普遍存在。强大的、往往是根深蒂固的倾向和激励措施决定了谁会得到关注和机会——而谁不会。这种倾向在每个级别的比赛中都会出现。其结果是，教练们往往很少考虑：任何球队的教学（以及因此而产生的学习）几乎总是不对称的，总是会给某些人分配了更多的资源，有时是因为教练甚至完全没有意识到他已经做出了教学上的分配。

思考一下第一章中泽维尔的故事。那些因为速度快或动作招摇而在早期大放异彩的孩子往往受到很多关注，而这牺牲了那些速度较慢、个子较小的同龄人，或者是那些因为深思熟虑而小心翼翼的孩子——一只丑小鸭，以后可能会成为天鹅。这也意味着有很多天鹅永远不会进步。但也要考虑到执教时对待不同位置的差异。克里斯·阿普尔在第五章中的观察是，绝大多数的教练都把绝大部分时间花在了进攻端。青年运动员阶段的训练通常被设计为训练比赛的进攻方，而大多数时候，防守方的球员只是充当了对手角色，来帮助进攻方进行学习。4名后卫往往是前场“真正的戏剧”的陪衬。也许会有一些位置上的工作和一些提醒，让中后卫坚持下去。但很少有人关注后卫的技术问题：身体位置、脚步、做决定时要看什么信号。你可能确实是在一个伟大的球队，也拥有着一个伟大的教练，但作为一名中后卫仍然没有得到很多来自球队和教练的指导。

即使是在公开的争夺赛中，当反馈至少在理论上是给每个人的时候，拿球的人更有可能得到大多数教练的指点。克里斯最近一个适当的推论是，绝大多数的青年教练花了绝大多数的时间来指导拿球和离球最近的球员。在球周围画一个10码到12码（一码=0.9144米）的圆，教学基本都发生在这个圆圈内。圈外有很多球员。有多少球队中接控球后卫球的球员等能得到同样多的反馈和指点？更别说如果控球后卫能很出色地自己控球呢？在多少支球队中，游击手得到的指导是二垒手得到的两倍？还有多少球队的教练根本没有察觉到平衡、公平、队员们接受指导的情况？运动员们经常争抢教练的关注。那些爱思考的孩子们，在10岁的时候还在边缘球员位置徘徊，他们因为缺乏教练指导而一直处于球队的边缘地位。

或者可以思考一下相对年龄效应的影响，马尔科姆·格拉德威尔的《异类》（*Outliers*）一书在2008年引起了更广泛的关注。格拉德威尔写道，通常情况下，40%的加拿大青少年曲棍球精英运动员是在1月、2月或3月出生的。这似乎是统计中的一个反常现象，但只要考虑一下年度年龄界限的因素就不难理解了。如果截止月份是1月，那么出生在一年的前两三个月的球员将明显比在一年的最后几个月出生的运动员身体更发达。这在他们年轻时是一个巨大的优势。“教练们开始将最好的曲棍球运动员分流到精英项目中去，他们可以在那里进行更多的练习和比赛，并得到更好的指导。”格拉德威尔在2008年的一次采访中告诉美国娱乐与体育电视网（ESPN）。如果你在寻找“有潜力”的孩子——可以进入一线队或精英项目的孩子——你就更有可能选择那些年龄在107个月以上的孩子而不是96个月大的孩子。而孩子们进入一个更先进的环境，往往会得到更多的指导，更多的挑战，更高的期望。年龄稍大就能获得更多的机会，从而更有可能获得成功：这是一个自我实现的预言。

即使一个教练没有积极地将球员分到项目和团队中，他对待球员们的倾向性可能会给那些看起来更有决心的孩子更多的教学关注和更多的上场机会，使得他们看起来更有决心，更有潜力。将反馈给予一个能成功应用反馈的孩子比给予一个挣扎于反馈的孩子更令人欣慰。弱者跌跌撞撞，笨手笨脚，或即使他们做得很好，但一秒钟后还是丢了球。强壮的运动员们让你感到成功。看看他有多好！他都已经准备好了。他进了两次球。他将会与众不同，而你作为教练也将成为这个未来胜利旅程的一部分。教练在他们观察和反馈的对象上几乎不可能没有一点偏见——原因主要在于他们是人，容易犯错。但运动型和早熟型的人是磁铁，他们吸引了人们的注意。这意味着，相对年龄效应的某些个性化版本——相对天赋效应、早期发展效应——正在每个团队中发生。

我们选择运动员时往往有一些不为察觉的隐蔽因素。西蒙·库珀和史蒂芬·西曼斯基在他们的书《足球经济学》（*Soccernomics*）中描述了这一因素是如何在球探选择球员时起作用的。比如说，他们写道：“至少有一个大的英国足球俱乐部注意到，该俱乐部的球探不断推荐金发碧眼的球员。可能的原因是：当你用目光扫过22名长相相似的球员时，金发碧眼的人往往会脱颖而出。这种颜色吸引了人们的眼球。因此，球探注意到金发碧眼的球员，却不明白为什么。有关俱乐部在判断球探报告时开始考虑这种扭曲的情况。”但当然，这也有一个教练的版本。在某种意义上，我们总是在“侦察”，下意识地扫视球场，以决定我们将把我们的教学重点放在哪个运动员身上。而这一行为基本是不平等的。

与相对年龄一样，对称性问题不仅与指导的公平性有关。在捷克国家足球队，当格拉德威尔检查数据时发现，没有球员在一年中的最后3个月出生。该队的潜在人才库减少了25%或更多。一个18人的球队的25%是4.5名球员。想象一下，如果用4名在整个球队中技能分布正常的球员取代你最弱的4名球员，效果会如何？这将是一个巨大的改变。但是，当我们有意或无意地只关注部分运动员的发展时，我们也缩小了潜在的后期发展表现优异者的范围。

几年前，在访问一家大联盟的棒球俱乐部时，我花了一个小时左右的时间与俱乐部的总经理聊天。他是一位非常成功的分析学信徒。数据告诉他们什么？我问道。他说："嗯，我们发现的一件事是，我们认为永远不会成功的人比我们想象中要成功得多。"

"小联盟系统的建立是为了娱乐，但现在它们却以教育为目标，这两者其实没什么联系。"另一支美国职业棒球大联盟（MLB）球队的高管告诉我，所以小联盟俱乐部往往是刻意设计成不对称结构的一个试验。A级的名单上可能有6个或8个或10个人，俱乐部致力于成长和发展，但你需要比这名单上更多的人去打一个赛季的棒球。想培养一个游击手？那你就需要一个像样的二垒手。所以球队用很多"二垒手"来填充名单：一些他们并不打算花费力气的还不错的运动员。时间、精力、努力、宠溺——这些东西都会被用到内场左侧。那些被称为"其他人"的家伙得到的是打球的机会。但在他们心里，俱乐部认为他们永远也不可能得到双A。

"至少我们是这么想的，"总经理告诉我，"我们所了解到的是，这些人进入大联盟的机会比我们想象的要多得多。"现在他们更多考虑的是如何在他们身上投资——将俱乐部拥有的发展工具分散到更多的球员身上。相关分析和球员跟踪数据显示，更有效和更对称的教学是一个表现问题。

对称的训练也是关于团队间的化学反应。最近，我在观察马克·曼内拉时对此印象深刻，他帮助球队提高教学能力，马克与一个NBA教练组的成员一起工作。他给他们看了一段美国有线电视网络（HBO）系列节目《硬汉拓展营》（*Hard Knocks*）的视频，该节目通过幕后花絮介绍美国国家橄榄球联盟（NFL）的球队，这次介绍的是休斯顿德州人队。在马克展示的视频片段中，一名教练正在与防守线上的球员一起回顾季前争夺赛的影片——特别是球队明星贾斯汀·詹姆斯·瓦特的一次精彩表演。

当教练将视频调到了瓦特推开一个擒抱手向内突进的录像片段时，他说："这很好，这个角度，以及像这样的奔跑姿态都是非常好的。"他边说边将视频停在瓦特沿着争球线横向奔跑时。"这也很棒，这很棒。"他又说了两次，因为视频显示瓦特在远处从后面放倒了一名跑卫。"这家伙会为我们赢下比赛的。"教练又说，视频画面渐渐消失了。

我知道，马克选择这段视频是因为他想让篮球教练们观察橄榄球教练如何努力做到更具体，他的分析更有技术含量。在没有具体定义"这"是什么的情况下称其为"优秀"，并不能帮助房间里的其他球员理解瓦特是如何完成"这"的，或者他们如何复制"这一行为"。教练需要回放录像，并要求球员仔细分析瓦特如何突围，如何把握动作时机，如何放置他的手。教练要解释"这样的奔跑"是什么意思，以及"这样的奔跑"与他们目前的跑动方式有什么不同。只有可复制的赞美才能被复制。至少这就是马克想谈论的内容。

但这并不是篮球教练们所看到的，谈话很快就走向了另一个方向。

"我想到的问题是，他是唯一一个在那场比赛中做对了的人吗？"第一个发表意见的教练问。他说："我不是搞橄榄球的，但肯定至少有其他三四个人做了他们的工作，让他获得了那个机会，或者迫使跑卫到瓦特的位置。"

"我只是认为在一般情况下，指导最好的球员很容易，"另一个人指出，"他得到的回报最多。他应该这样做。有没有办法包括其他人呢？"

对于大加赞扬球队明星而没有意识到球队的其他成员，也没有采取方式帮助他们提高的做法，教练们表示很愤怒。

"如果我是一个即将被裁掉或租借的球员，我看着那场比赛，我会想，'是的，那是联盟中最好的防守队员'，"马克说，"问题是，别人能从这名球员身上学到什么呢？不能是'他6英尺5英寸，290磅，能够卧推740磅'吧。这才不是知识。"

"我觉得人们可能会很惊讶在最高级别的体育圈子中也存在这样的现象。我在MLB、NBA和NFL中都看到过。当我第一次与职业运动员打交道听到这个情况时，我感到很震惊。我当时正在为一家NFL特许经营公司工作。作为一名高中运动员，我自己曾有过这样的体验。但是这些成人球员就不用经历这样的事了吗？并不是的。”曼内拉回忆说。这就是球队的隐秘故事。在每一个级别，球员们都在不断地问："我在这里重要吗？我重要吗？这个教练对我有兴趣吗？他能看到我的工作吗？他是否关心我是否成功？”这么多的问题不断地潜伏在表面之下，只需要几秒钟的视频就可以释放出来。

这或许解释了为什么德纳留斯视频中的小小的举动——辅导每个人、看到每个人，最重要的是告诉每个人他们的进步很重要——会让足球教练有如此强烈的反应。如果你是德纳留斯的学生，而且考试成绩很差，你仍然知道德纳留斯希望你能成功。他已经证明了这一点，日复一日，通过辅导你，投资于你，让你知道他看到了你。同样，教练也应该做到，即使需要对球员说“这个周末你不能首发”或“我想让你在二队打一段时间”，球员也能相信这是对他有信心的人做出的决定，他有兴趣引导他前进，虽然决定是一个不太好的消息。而不是认为“他根本不关心我，我不在他的名单上，我不是他最爱的球员之一”。教导每个人是我们建立包容性文化和人际关系的主要方式之一，忽视任何一个球员往往是怨声载道的开始。

因此，如果教导每个人很重要，那么接下来的问题是你能做些什么？

一个简单的开始就是你可以更有意识地改变你的执教位置。在克里斯·阿普尔的会议上，我们正站在某侧边线处愉悦地交谈，克里斯突然找了个借口去到了球场的另一侧，我还怀疑是我说错了什么。“我总是尽力在不同的执教位置上都花一些时间。”克里斯后来告诉我，“当你站在近侧时，你会更清楚地看到近侧的球员。你会更多地指导他们。这不是故意的，这只是其中一种方式，在一个赛季的过程中，如果你不小心，你的执教就会变得非常不平衡。”有时，最简单的观察是最有力的：一般的教练通常会注意并教导那些离他最近的球员，如果你总是站在同一个地方，就会出现长期的不对称。因此，你可以用一个计时器来提醒你，比如说，在一个普通的训练活动中，每隔10分钟就换一下你所执教的场地的边，这样进攻和防守——或者一队和二队等——就会得到来自教练的同等关注。

对你一周以来的执教活动进行定期回顾也是一个有用的习惯。你是否开展了6次关于在进攻三区以一敌百的训练，但只有一个防守主题的训练？

最后，教导每个人也是一个开展团队合作的好方式。请一位同事来观察你——甚至不需要是另一位教练——让他观察你，只需观察你与谁互动。我们经常与班级教师一起开展这个活动。我们称其为“热图”——教练们应该很熟悉这个概念。该概念包括简单地让同事跟踪了解哪些球员得到了教练提出的问题、反馈和评论。你主要是在与这3名球员交谈吗？你是否忽略了后卫或安静的球员？这是一个发现沟通和执教不均衡的好方法。

人才识别

我们总是在对运动员进行分类——总是在猜测哪位球员更有潜力，并试图为他们创造新的机会。我们这样做是有原因的。运动员应该得到机会，也应该得到挑战，运动员们从事一项运动的主要原因之一就是致力于追求卓越，以了解自己的潜力到底能发挥到什么程度。问题不在于我们的分类，而是在于，当我们对运动员分类时，很难避免我们的人选是错误的，而我们对这一事实的认识也远远低于我们正常的认知标准。

在2016年曼联俱乐部和施鲁斯伯里镇俱乐部的英格兰足总杯比赛之前，《卫报》（*Guardian*）记者斯图尔特·詹姆斯介绍了施鲁斯伯里镇的后卫马特·萨德勒，14年前，萨德勒曾与当时的曼联球星韦恩·鲁尼在一支非常成功的英格兰U17队中一起踢球，并在欧洲国家比赛中表现出色。鲁尼的伤病阻止了2016年两人赛场上的重逢，但詹姆斯文章的重点是强调两人职业生涯的不同路径。鲁尼后来成为英格兰乃至世界上最受关注的球员之一；但据詹姆斯观察，萨德勒的职业生涯却不那么尽如人意。他很早就入选了英格兰队。17岁那年，萨德勒代表伯明翰市在英超联赛中出场两次。在那时萨德勒的成功似乎近在咫尺。但他在顶级联赛的时间很短，最终在3个赛季中总共参加了15场比赛，此后他开始了在低级联赛中“令人失望”的球员生涯：6次转会和5次租借到斯托克波特、罗瑟汉姆、施鲁斯伯里和克劳利镇等俱乐部。他再也不会和鲁尼出现在同一个球场或者同一个联赛中。

但事实上，如果说萨德勒是一个不成功的人、职业生涯黯淡也是不准确的。数据显示，在第三级别的比赛中效力使得萨德勒在国家青年队的队友中算是一个成功的标志。萨德勒和鲁尼都曾为该青年队效力。这篇文章指出，“U17青年队中18名成员中目前只有5人仍是职业足球运动员”。

“我们都认为我们当时会成为大人物，我告诉你，我们当时真的这样想。”萨德勒说。英国足球界也是这么想的。在当时英国球迷的心中，萨德勒和他的队友们就是最好中的最好，而这一评价是在距离他们的职业首秀还差几个月或几年的时候做出的，也就是说，当时已经不存在多少不确定因素：他们生理上已经完全成长和成熟了，他们已经几近成年。然而大约10年后，当年那些球员中的佼佼者现在却很有可能在为天然气公司工作，也有可能为英超球队效力。

球员们高估了自己的才能，这一点是可以理解的。事实上，还能够理解的是，职业教练、球探和评估员也错误地评估了这些球员们的潜力。在美国，每当出现瑞安·利夫或达科·米利西奇类型的球员时，我们的反应都是震惊。但我们却忽略了这样一个事实：大约一半的首轮选秀球员没有成功，即使在球员的评估和发展上已经花费了数百万美元。专业评估人员经常出错，并不是因为评估人员的工作能力差，而是因为这项工作真的太难了。这就是故事的真正所在。

请看2007年英国《每日电讯报》上的一篇文章，该文章描述了2003年大卫·普拉特和英足总技术部门的其他高级成员组织的一次“球员能力审查”。他们对有前途的青年球员进行评估，看他们是否有朝一日能为英格兰成年队效力。他们被归类为“确定”能成为英格兰队的荣誉球员、“正在成长中”或“没有机会”。文章指出，“这次审查，过于高估了系统内球员的水平”。

普拉特几年后报道了这一审查的结果：“在25名被评定为‘确定’会成为高级国脚的球员中，有4名已经达到了目标。”如果被归类到“确定”组的球员只有16%的成功率，那事实上可以说没有“确定”的球员。他们的学习曲线、生理成长曲线、态度、健康、承诺和心理等因素都是不可预知的。错误的地方并不在于猜错，而在于太过于把关注焦点放在猜测上了——即使是在精英级别。我们以为我们看到了未来，但事实是我们并没有。

对于足协来说，这些数据有某方面的意义，但对于对长期发展感兴趣的青年教练和俱乐部来说这又意味着什么呢？首先，让我重申一下，分层级往往是一件好的事情。分级虽然有困难，但这一方式为球员创造了成长的机会，使得球员们挑战自己和他人竞争。这也是体育运动有价值的原因之一，同时分级也是一种公平的形式。热爱这项运动并想在高水平赛事上踢球的球员有权利与其他同等水平的球员凑在一起。

有趣的是，我所帮助管理的学校往往也选择按成绩等级对学生进行分组，尽管教育界有些人反对这样做。在目的是寻求每个孩子都成功的学校里，这似乎是一个矛盾，但具有讽刺意味的是，这使我们清楚了如何以平等教育为前提并运用选择的知识进行分组和分级。例如，在课堂上，按成绩水平进行分组，只有让该分组不断变化（不断变化并对学生的进步做出反应），而不是固定不变（这一组是高成绩组，那一组是低成绩组），这套制度才行得通。所以，当然在你的俱乐部里应该有一个A组和一个B组，但你如何构建A、B组间流动的动态才是至关重要的。你必须在选择上非常明智，你必须指导每个球员，而且无论球员们在分级制度中处于什么位置，你都必须相信他们的潜力。

给球员分类的第一条规则是对冲你的赌注。如果你唯一确定的是你错了，你选择了一些类似瑞安·利夫的球员而忽略了一些汤姆·布拉迪类型的球员，那么就不要在你的选择上赌得太大。分阶段进行大量的重新排序，并以其他方式让球员获得机会。

第二条规则是按表现分组，而不是按潜力分组。一旦你做了选择，记住你已经评估了你认为球员现在的位置。在我领导的一所学校里，当我们在数学课上对学生进行分组时，第一个挑战是改变教师谈论这个问题的方式。这不是“能力”分组，而是“成绩”分组。我们在纠正措辞的准确性上十分警惕。我们说出的话语必须提醒我们，分类是暂时的，不是衡量学生能做什么，而是衡量他们在某一刻做了什么。让人们改变他们的措辞方式有助于提醒他们这一点。

如果成绩水平确实是暂时的，那么下一步就是把每个人都当作3年后会成为你团队中最好的球员那样来指导他们。问题不在于A队和B队，而在于对B队球员的认知，人们普遍认为在B队的球员得不到教练组的认真对待，也没有明确的上升通道。球员应该明确自己的意愿级别。那些选择做出强烈承诺的球员应该由他们的俱乐部把他们分配到最合适的比赛级别。但是，一旦到了那个级别，这些球员们都应该从卓越教学中受益，并相信所有的机会大门都会向他们敞开。

“快速失败”是对经济中的技术和创业部门项目的常见建议。如果意识到你在一开始时不知道正确答案，那么设计你的组织时，不要为了避免错误，而是为了迅速地从错误中学习。这意味着，在任何分级的环境中，做出分类决定的频率是一个关键因素。就我们学校而言，我们所做的第二个改变是将每年对数学课上的孩子进行分组这一想法确定下来。就学习而言，一年是很长的时间，就年轻人的心态而言，一年也是很长的时间[①]。如果我们真的是为了成绩而分组，我们应该尽可能频繁地重新分组，对我们来说，就是一年3次。而且我们经常提到我们重新评估的时间，所以教师们会很自然地去做这件事。

① 在大多数情况下，学生们并不知道我们正在对他们进行分组。我们没有说我们在分组，尽管我相信学生中的许多人都明白。

我鼓励大家对自己提问：你能多长时间重新检视一次你的球员库，并思考哪些球员进步很快，需要新的挑战，哪些球员需要更多的信心，并可能从较低级别的训练或者比赛中受益？应该总是有球员从二队升人一队。看到其他球员升级并给大家示范分享——可能是关于志向，可能是关于技术——这对二队球员来说是个礼物，因为别的球员升级就是在提醒他们，即使不是他们被选中，机会的大门总是敞开的。同时，看到努力踢球的球员在一个择优录取的系统中竞争，并且知道他们现在的级别不是一个永久的东西，也不是上帝赐予的东西，这对一线队的球员来说同样是一个礼物。在《卫报》的文章中，马特·萨德勒认为，被选定为晋级球员是那支U17球队中一些球员努力拼搏的原因。想要让你的俱乐部球员们变得更具有竞技性吗？给他们一个真正的机会去竞争他们所重视的东西，作为教练，你可以一次又一次地向球员们展示下一个级别的大门永远是敞开的，你就会拥有一群乐于竞争的球员们。

在现实中，让球员每年仅有一次“升级”到A队的频率实在是太低了。为什么不在每场比赛中都给一些球员提供上场的机会？为什么不邀请球员们一起上来练习？一星期的练习？在年轻球员们的心目中，一年的时间非常长。此外，如果你假定你的选择很有可能是错误的，你也会想不断地看到那些你没有选择的人是如何成长起来的（或者那些曾经在挣扎的人现在在低一级的团队中表现如何）。人才很难被发现的一个原因是，环境会改变人的表现，而且环境对于不同的球员有着不同的改变。将一位年轻版的安德雷斯·伊涅斯塔与水平较差的球员混在一起，你可能会误解他的潜力。他一直在等的传球迟迟没有传来。把年轻版的安德雷斯·伊涅斯塔和哈维放在一起，你可能会突然看到年轻版伊涅斯塔的能力。运动员的表现取决于环境；你永远不知道谁能做什么，除非你给球员新的挑战。在你们俱乐部的某个地方，可能正有一名球员正等待着在一个不同的（和更有挑战性的）环境中向你展示内心的伊涅斯塔。

暂时降低一个级别也是有益的：有时球员最好的发展机会是承担一个不同的角色——也许是他必须学会采取更果断的行动来塑造比赛过程的一个机会。一位同事描述了发生在两名球员身上的事情，这两名球员从一个NBA特许经营公司被下放到了他们的发展联盟球队。对于其中一名球员来说，这是一次成功的下放。在发展联盟中自己的出色表现增强了他的信心，他回到球队后就开始全力以赴。对另一个人来说，则不然。教练组推测，第一个球员为自己创造了机会，而后者依赖他人，因此更多的是球技退步到自己周围人的比赛水平。但也许从长远来看，后者才是最需要通过学习来提高自己的球员。

但是改变球员的分级也要考虑文化背景。如果你在赛季初就把一线队中一些最好的球员送到二线队去打球，那就要让所有人都认为这是一件自然、正常的事。你可以告诉他们，“今年每个人都会在一队和二队待一段时间。我希望你们能从领导力、态度方面做出表率和示范”。你可以为你的俱乐部设置这样的条件：A队的名单先不用填满，用16人而不是18人，或者用10人而不是12人，因为你预设A队中总是有两名球员轮换上场，或者你会在赛季中期再提升两名球员。现在你就有了一个晋级系统，用来奖励那些明显已经准备好接受更多挑战的球员。

无论你决定如何分类，向球员传递信息和决定一样重要。你是说“你在A

队”，还是说“在俱乐部的任何时候，你都会在最适合你的队伍中。无论哪种方式，都要努力工作，尽可能多地学习，能做到吗”？你是否为运动员准备好升级和降级的心理辅导？让他们对这件事的自然性和不可避免性有准备了吗？告诉孩子“你是B队球员”或许很糟糕，但唯一比这更糟糕的是告诉他们“你是A队球员”。你是一名球员。献出你最好的一面；热爱这个比赛并从中学习。我们将努力教你，不管是在哪个队伍，我们都会尽可能多地教你。

如果能够在俱乐部里建立运行流畅的选拔制度，那么你不仅仅会收获整体高质量的训练，更能完成整体高质量的课程。如果你真的相信所有球员都有成功的潜力，他们难道不应该学习同样的战术和同样的语言来讨论吗？这不仅表明你对所有球员的潜力怀抱期望，也使球员们可以根据自身表现和发展的变化在球队内晋级或降级。如果14岁的孩子在俱乐部的不同球队学习不同的东西——例如，一个球队的教练是教如何在后场组织进攻并控球，而另一个球队中守门员永远在罚球，教练鼓励球员在底线附近一次又一次地射门，那么球员能够从一个球队转移到另一个球队的可能性就很小。这个信息是：如果你是A队的，请学习比赛模式。如果你在B队，请确保按时付款。事实上，频繁调动球员是让教练承担起责任的好方法，因为教练们在每个级别的教学内容是一致的。如果球员不能流畅地在各个级别之间移动，只是因为球员们没有学习相同的东西，那么你在组织上就有问题。

为胜利而战

胜利重要吗？胜利是参与体育活动，特别是青少年体育活动的有益部分吗？这些问题的答案是肯定的。运动员们在竞争中以及在与他人的竞争中获得乐趣。如果没有竞争和获胜的欲望推动，就很难达到自己的最佳竞技状态，甚至也很难理解自己的最佳状态是什么样子的。竞争并在此过程中了解我们自己，看到我们的能力，这才是我们努力的最终目的。虽然赢得胜利是所有运动员的动力，但为了赢的目的在团队运动中发挥着双重作用：参与者达成默契，使他们的个人愿望、决定和行为成为次要的，以实现作为一个团体领先的共同目标。这样一来，团队运动不仅模仿了社会，也模仿了人类进化的成功之路。是的，从进化的角度来看，拥有一个对立的对手是一个大的胜利，但也许不如拥有一个愿意协调和牺牲的伙伴。愿意这样做的动物被称为社会性的动物。人类也许是唯一真正具有社会性的哺乳动物，这种特性（责任、牺牲、无私）——在体育活动中经常被反映和加强——也更能解释为什么是我们人类坐在食物链的顶端。也许这就是为什么我们如此热爱团队运动，以及为什么合作和无私是我们在参与运动中最看重的收获。无论我们是否真的赢了，在比赛结束后的很长一段时间里，寻求胜利让我们学会了如何取得更多的成就，并更多地了解自己。因此，我并不是要告诉你，赢和寻求胜利是坏事。

同时，对胜利的原因和方式的误解可能会适得其反，并且阻碍其他目标的实现，有些目标更为重要。而且具有讽刺意味的是，在短期内过于关注胜利，会导致运动员在长期的时间范围内收获更少。因此，是的，胜利的确很重要，但当我们忽视胜利的位置时，就不一样了。而且，由于胜利是强大的，令人感觉很好，所以胜利特别容易被误解。

对胜利的误解会影响更重要目标的实现，其最明显的影响方式是与行为有关。谁没有站在场边，听父母（或教练）抱怨裁判对另一场当地U14比赛的判罚呢？裁判在距离比赛25码的完美地点对凯文做出了越位的判罚，他的父母肯定是不带一丝偏见、清楚地判断出凯文并没有越位（他们站在80码外的地方，可能对实际规则还不太熟悉）。肯定有一个阴暗的裁判小组正在开会商讨，现在也是，要对小凯文和他的队友做出不公平的判罚。

你可能也听到过这群父母（或教练）对对手的咆哮：他们动作不规范，就跟自己的孩子踢球时一样，他们动作不干净，都是教练教的，他们俱乐部都是这样教的，大家都知道！负责人怎么会看不出其中的阴谋诡计——看看他们是如何在界外球上浪费时间的！——以及我们曾经对阵过的每一支手段拙劣的球队（除了我们5∶0击败的那支球队）的把戏呢。说到负责人，难道不应该给那些即使别人都使用肘击犯规时他依然坚守道德高地的负责人们发一座奖杯吗？

请大家原谅我上述的讽刺。我这么多年来仍然是边线白痴：不管在我们的球队，其他球队，以及每支球队中。有时候对这些家长们来说，似乎别人都会在比赛中为了赢而不择手段。这种情况是否会愈演愈烈？我想是的，但谁说得准呢？现在的情况就已经很糟糕了。

胜利确实是一个有价值的目标，因为胜利，我们付出最大的努力，为了荣誉竞争。记住，尽管你当下很想大喊大叫，但裁判员比你更有可能正确的，这是一种正念的天赋。记住竞争对我们的好处正是对手对我们的挑战，这是一种天赋。如果对手踢得很卖力，那就更好了。正如黑狮俱乐部的主管史蒂夫·弗里曼提醒他所在俱乐部的家长们，无论如何，你不可能赢得每一场比赛。“如果我们每场都赢，那只能说明我们的比赛质量不够好。”如果我们在寻求胜利的过程中选择了不择手段，胜利对球员们来说就没有好处了。

不过，在一本有关教学的书中，最相关的也许是这样一个事实：追求短期内的比赛胜利，我们往往会削弱运动员的发展能力和他们长期获胜的能力。这是一个反直觉的想法。你赢得越多，似乎就越符合逻辑，你就越有可能强化那些会使你获胜的能力。但是事实并非如此，所以这方面值得我们深入研究一下，了解该冲突出现的地方和原因。

首先，让我承认，有些教练必须比其他人更多地为赢得比赛而比赛——职业球队的教练是最明显的例子。其他教练——例如大学教练——必须考虑到他们所服务机构的利益，尽管他们清楚，作为机构的一部分，他们应该首先支持机构的教育目标，如首先培养品格。但对于绝大多数教练来说，在绝大多数的互动中，目标是培养运动员：教他们比赛，教他们正确地比赛，帮助他们成为最好的运动员——或者是最好的人——当他们17岁、19岁的时候他们有可能做着各种事情，又或者，只是从现在起的半年内把他们变成最好的团队。哈维尔·埃尔南德斯在谈到巴塞罗那的世界知名足球学院时说：“有些青年学院考虑的是是否在比赛中取胜；而我们考虑的是球员教育。”而在最近的一次采访中，萨尔茨堡红牛队的主教练杰西·马希——他也是在比赛中最受瞩目的两三位美国教练之一——暗示即使是专业教练也会对比赛胜利和球员学习之间的权衡有一个微妙的看法。马希将执教一支职业球队的主要挑战描述为“如何创造一个学习环境”。在一开始，你要强调学习，强调学习的重要性甚至要高于避免犯错。球员需要学习你的培训系统以及你希望他们如何踢球。马希观察到，随着赛季的进行，一个转变发生了，事情开始更倾向于结果。结果相对于过程来说变得更重要。即使以结果为代价的学习也是一笔值得的交易，这种观点已经不那么正确了。但主题是，球员表现文化必须是一种学习文化。“有能力创造一个‘以学习为中心’的过程对你的成功至关重要。”马希说，“该能力最终还是会以结果为导向。”你在赛季结束时获胜是因为你在前面的过程中学到了更多东西，即使在职业赛场上也是一样。

有时，你可以为运动员长期发展而执教，并做出教学决定，使你在短期内赢得每场比赛的机会最大化，但不一定一直是这样。有时，为了正确对待你的运动员，你必须做一些会降低你目前获胜率的事情。这是一个很高的要求。因为要做到这一点需要一个沉静的自我意识。教练必须愿意使目前的训练状况显得不那么成功，以帮助他的运动员在以后更加成功。

短期内的胜利和运动员的长期发展之间的潜在冲突在哪里呢？让我们从比赛风格开始。到底有没有一种正确的方式来培养运动员呢？我认为有的。或者说，至少有一系列正确的方法，如果采用正确的打法意味着你会因此而输掉一些比赛，那就这样吧。你还是应该坚持正确的运动员培养方式。

杰夫·阿尔伯特

不要机械地完成训练流程

在担任圣路易斯红雀队的击球教练之前，杰夫·阿尔伯特是美国职业棒球小联盟休斯顿太空人队的协调员，这意味着他必须将各个部分的击球指导训练统一起来，并将执教重点放在球员的长期发展上。

教练员之间的统一是球员长期发展的第一步。球员们想让自己的表现惊艳所有人，特别是当他们是新人时。而你要对他们说的是：“嘿，我们希望你在短期比赛中有所表现，但我们也期待你能有长期的发展。我们希望你能在大联盟表现抢眼，而不是在处理某个球上表现好就行了。”协调员的工作必须要有经理和教练（对球员）的鼓励和支持才能发挥作用："嘿，你的发展是最重要的事情。无论今晚有没有击中球，你明天都要上场。"教练也要配合着帮助运动员处理这种担忧情绪，这很重要。

比赛确实重要，但是我们考量的其他事情也很重要。第一步就是每个人都必须知道我们在谈论什么。当我们谈到臀部蓄力，当我们谈到挥杆平面时，球员们得知道那都是什么，重要的一点是球队中的每个人都能获得相同的信息。

但你不可能永远挣扎。这个训练过程最终必须产生一个伟大的结果。因此，你必须能够以任何客观的方式显示训练沿途的进步迹象。方式有视频或可以测量的挥杆数据或投球区外不挥杆的数据。

如果我可以向你展示你的挥杆平面越来越好，你的下半身力量越来越好，我们就可以开始相信这些过程导向的结果会是好的。你不只是盲目地完成一个过程。如果我们能找到客观一致的方法来衡量这些指标，来衡量你的进步，如果我们能让教练也对这些指标负责，那么我们都可以为球员们的长期发展而尽一份力。

如果你是球员，我想为你提供合适的问题和状况来让你解决。然后我想让你知道你是否通过了我们设置的这些指标，并确保你收到足够多的鼓励。我这个教练的作用其实就是提供这些东西。

比赛的风格

在群体入侵型比赛中，一般球员在场上或球场上持球的时间只有一小部分。在足球比赛中，一个普通球员在90分钟的比赛中花在球上的时间为一两分钟。曲棍球、篮球、橄榄球等运动中这个数字是不同的，但原理是一样的。当你没有持球的时候，你所做的才是你的大部分工作。你如何调整自己的场上位置以配合队友；如何保持身体的协调性；在哪些位置进行防守：这些是团队中的运动员要做的工作。而教练的首要任务是尽可能地创造机会，让运动员们进行互动并从队友的动作和决定中学习。

> ②对于其他运动的教练来说，我相信也有类似的情况。篮球、橄榄球或曲棍球运动中也一定有强调球的运动、全队参与、在没有持球的情况下做出决策等不同方面。这里我想深入讨论一下足球的细节，希望可以有助于你在执教比赛时注意到一些相关的战术决策。

在足球比赛中，有各种风格的比赛，人们会说控球形式丰富[②]。我并不打算过于教条地解释这个定义——你可以通过各种阵型踢出控球率高的球；你可以强调控球的不同方面；你可以间或转换阵型来学习反攻，但如果你想长期培养球员，默认的方法应该是有一个重视和教导球员的体制。这意味着：1）快速传球，优先持球，这样才能有大量的互动和决策；2）关注场上各处球员的移动和控球，以便让所有球员有机会决策和互动；3）执教原则是在公开比赛中塑造球员的行为，使球员尽可能多地在不持球的情况下学习。

让我举一个极端的例子。我认识一个教练，这位教练主张球员应尽可能地运球，甚至是在1对2或1对3的情况下。"一定要运球，这样你会得到更多触球机会。"他告诉他们这样做就是在加快他们的发展，但这背后的数学逻辑是错误的。当一名球员失去球时，她就相当于把触球机会从自己的球队转给了对手的队伍。年轻的运球手有5次触球机会，但剩下的队友可能会失去本该有的10次或20次触球机会。而当她的队友们知道她不传球时，队友们就失去了学习如何支持和配合运球者的机会。

此外，不是所有触球价值都是一样的。在每次控球时，球员都会进行第一脚触球。她必须接到球并控制自己的第一脚触球——球到达她脚下的方式可能千变万化——并且，在触球的时候，还需要尽量保护球不被抢断，可能的话还要欺骗对手，并为进一步的后续行动做准备。第一脚触球本来就是最具挑战性和最重要的一步。第二次触球价值也很高，它要求球员为进一步的选择做准备。这两次触球对球员们的技术和心理要求是最高的，前两脚触球的质量将决定一个球员是否能得到更多的机会。一旦球稳定在球员脚下，所有触球的价值都是相等的。对球队的成功和发展来说，前几次的触球有着更高的价值。所以这位运球手不仅仅是减少了她的球队的整体触球次数，她还把高价值的触球——本可以分散给不同球员的第一脚、第二脚触球——变成了对发展没有多少帮助的第五脚、第六脚甚至第七脚传球，全部给了她一个人。

这并不意味着没有运球的时候——当然有。我们希望球员不惧怕风险，他们能够发现、利用甚至创造机会。但是，理想的情况是有技巧的，教练应该从发展的角度给球员们解释完整的故事：把球给队友是为了保留自己球队持球的机会，也是为了学习如何自己接回球。把球传出去代表着把机会分给每个人。在一场比赛中有60%的持球，或者有30%的持球，你能学到多少东西是有很大区别的，就像在篮球比赛中，带球上场的球员在其他队友们接触到球之前投篮或不投篮，球队能学到多少东西会有很大不同。

即使现在持球能够帮助你赢得比赛，以后也会导致更少的胜利。

但是团体控球率高的情况——在团体入侵型比赛时强调“团体”概念——是最有价值的，因为这会在群体中产生“精神接触”，即在不持球的情况下做出创造空间和机会的决定。绝大部分决定是在这一个群体中产生的。当人们说伟大的球员会使他们周围的人变得更好时，那是因为那些伟大的球员掌握了这门艺术，而且你在比赛中走得越远，就越是如此。为了学会理解比赛，球员们必须参加一个重视球员位置和不带球移动的训练，该训练的特点是一致且具有逻辑性的球员间互动，而且这项训练会奖励那些球员互动中的明智决策。如果一个球员合理地期待通过自己快速移动到一个好的位置来获得一定比例的球，她就会坚持快速移动的行为。她也会仔细观察更多这样的机会并学会读懂比赛。学会读懂比赛是一个有用的表达方式，因为读懂比赛与学习阅读语言一样。大脑通过千百个微小的感知经验的复合经验来学习阅读，在这些经验中，阅读解码的成功与否就是人工智能：一个不间断试错过程的模拟。如果持球球员只把球传给特定位置的队友，或者他们行动太晚，在3次触球后才寻找队友，这样接球球员在准备好时接到球的概率也大大下降，此时球员的学习过程就会受到影响，在阅读比赛上我们运动员的能力会变得很糟糕。她会开始随机地做动作，因为做合理的动作很少让她接到球。假设她位于球的后面，或者处于横向和远处时，得到球的概率就会下降到趋近于零，那么在这些情况下，她就会停止无球跑动。在短期内，积极参与接球的球员数量将减少，能够阅读比赛的球员数量将减少，大脑中的试错认知功能也会关闭。越来越多的运动员在比赛中就像在看一个与自己毫不相关的事情，而且他们并没有立即参与其中。这是一个认知上的死循环。只要有几个球员总是把球往前逼，或者没有看到队友在各种位置上的空当，或者自私地把球留给自己，那么就会破坏学习环境的长期有效性。

那些没有把协调放在首位，球员没有学会阅读比赛的球队随处可见，而且这些球队有时还相当成功。在篮球比赛中，经常可以只通过最佳球员带球，与另一位队友合作然后投篮来赢得比赛。最佳球员的行动减少了失误的风险，增加了比赛上得分的可能性。你已经看到教练们用这种方式取得了胜利，其他类似情况孩包括当极少数球员知道如何打组合拳来处理压迫，或者更厉害的，他们知道如何在压迫下支持队友时。在篮球、橄榄球、足球或者冰球比赛中，如果球的移动率低，这意味着球员们运用身体（持球时）和思维（没有持球时）的机会就会减少，这种情况下他们在比赛中学习到的经验就是随机性的，而不是符合逻辑的、渐进的和富有成效的。有时，一个不那么以团队为导向的方法，即有几个出头的队员，确实可以在激烈的竞争中发挥作用，但大多数情况下，这是一种“逆势而上”的获胜方式，是对未来的借贷。实际上，从长远来看，最重要的是比赛的运转。

对于足球教练来说：组织后场进攻

在默认情况下，以发展为导向的足球队应该从组织后场进攻开始。如果他们不这样练习，最有用的和可转移的学习机会将只分配给一些球员，这意味着你肯定会有执教不均衡的问题。一个靠谱的经验是，在所有的射门和守门员持球场景中，应该有半数情况包含扔球（在守门员控球的情况下）或短传，最好是更多的球都这样做。即使你赢了每一次投球或长传，其结果也是球队内不对称的发展。后卫除了在争抢球和传球时，从来没有接触过球，这将导致不均衡的执教情况。但不会每一次的抛球或远射射门都能成功。百分之五十的成功率就是一个奇迹了，因为真正的成功率是三分之一为踢球方的，三分之一为对手的，还有三分之一是属于两个队伍都没有成功的，当球弹到界外，此时没有人真正受益。因此，从长远来看这是一个糟糕的赌注。另外，从后场组织进攻意味着每个球员都必须在压力下比赛，每个人都必须学会使用技巧，必须一遍又一遍地做出决定。这意味着你的球队可能失去对球的控制，特别是如果你试图在具有挑战性的情况下组织后场进攻。你可能会放弃不合适的进球机会。球员父母会抱怨。在某些时候，这将让你输掉一场比赛。但这只是短期的考量。从长远来看，你会培养球员的技巧和风度，培养所有球员在更广泛的高压环境下对球的舒适感。你将教会他们寻找球场上的关联。这将使得他们能够在场地上的任何位置踢球，并在他们的余生中享受比赛。教练必须问，哪一个选择更有价值：在对阵同城德比球队的比赛中以2:1获胜，还是以2:2打平，但可以让球队中很少持球的半数球员学会了作为一个团队进行比赛，并学会了如何在压力下冷静踢球？

淡化基于运动的成功

你可能有一个速度非常快的冰球球员。你可以把他放在外线，让这位球员与对方防守队员赛跑。即使他的技术粗糙，他也能靠速度进球。无论他在处理球或决策上有多少问题，他都能滑过对手。他可以不在他的位置上，但仍然可以完成他的场上角色。你有一个能力足够强的球员，他无须学习就会抢篮板。你有一个凭借自身运动天赋就能成功的球员。但为了他（和他的队友），你应该忽略那些即时满足的简单技巧，即使这意味着你会输掉一些比赛。随着时间的推移，对手们会弄清楚如何对高速度球员进行防守，而他的速度优势就不再突出。或者我们会变成一个全员都速度至上的联盟；或全员都高大；或者比普通孩子更强壮。一个承诺长期教学的教练必须教导球员不能以不可持续的方式依赖体能。即使球员的体能可以使球队在比赛中取胜；即使球员的体能可以使教练自己的执教成绩看起来不错。如果教练没有这样做，导致的结果就是一个运动员在以后的日子里不能在更复杂的比赛中竞争了，比赛的机会就会从他身边擦过。这种情况是普遍存在的。我们教过的一些情况最糟糕的孩子就是那些在年轻时体能占优势的孩子。教练为了保证球队的胜利让这些孩子变成了只有有限技能和单一依靠体能的球员。

“我们有一个教练会一直让他的球队打得非常直接，因为他们有一个非常快的前锋，他会不断地突破，每场比赛都能进两到三个球。”一位MLS学院的教练告诉我，“但当那个球员往上（升级）时，他就变得不那么有优势了。他与身体素质相似的孩子进行测试，结果很糟糕。”因为这位球员需要不同技能的组合而不仅仅是速度，但在过去的比赛中这位球员浪费了近一年的时间。这种情况太常见了，但学院的反应很不寻常，这位教练被学院解雇了。

然而，大多数家长对这个问题视而不见。他们看到了自己的孩子能踢出帽子戏法，就开始憧憬未来了。教练的责任是了解那些早期取得成功的孩子需要什么才能实现梦想，并认识到球员们的自律是其中之一。这是一件很难做到的事情。许多家长没有意识到在14岁时帮助孩子成为明星的教练，不一定是为她在16岁或18岁时取得成功做准备的教练。一个好的俱乐部应关注到这个问题并为解决它做好准备。请大龄成功球员的父母参与进来并分享他们的观点不失为一种好方法，或者询问球员自己的感受也是一种方法。

训练做出决定的过程，而不是结果

这里有另一个MLS学院教练告诉我的故事。有一年，他的球队由很多超龄的男孩组成，他们的年龄比别人大一岁，有时甚至两岁。起初比赛情况很糟糕，这个队伍输了很多比赛。这位教练告诉我，“对手球队赢球时会像赢得世界杯那般庆祝。”但教练坚持不懈，“我们没有改变任何东西。我们继续尽力通过中场建立后场，转换进攻点，并在所有这些比赛中主导控球权，是的，有时这种战术会导致传球被一个更大或更强壮的对手球员摘下，然后对方进球了。我们在场边的沟通一直是：‘没关系！再来一次！’我们想传达给这些年轻球员的是：犯错误是完全没有问题的，因为我们知道从这些错误中学到的教训将有助于他们在16岁、17岁或18岁时有希望在竞争中签署一份本土球队的合同。”

当一个正确的决定导向一个不好的结果时，教练如何对结果做出反应是球员发展中最重要的因素之一。在绝大多数情况下，当决定是正确的，但执行出错时，这其实是一件好事。毕竟，执行过程总会有所欠缺。而执行中的欠缺是比较容易学习和弥补的部分，因此，教练员应该期待球员在做决定上比执行上略微强一些。一个好的决定与不完善的技术不仅比熟练的技术和糟糕的决定要好，而且有可能前者很快就会产生优秀的决定和优秀的执行。

只注重短期结果，会将球员的长期发展和长远的成功与胜利对立起来。一个好教练会输掉一场比赛，因为一个球员有勇气尝试正确的战术——使用他的左脚；采取高命中率的射门；去转换进攻点——虽然失败了。作为教练，应该看到这个过程的两个部分：决定和执行，并对这两个部分做出反应，只要有可能，就应该隐含地优先考虑前者。这并不意味着在执行上就可以一路放开了，也不意味着教练必须在决赛中卡洛斯丢了球的关键时刻说：“踢得好，卡洛斯！”归根结底，学习你能坚决执行的决定也是决定的一部分。而集中精力做你有能力做的事是一种技能。这句话的意思是，教练应该区分大多数比赛的两个部分：心理部分和身体部分。虽然身体部分可能在决定你现在是否获胜上更占优势，而心理部分在决定你在之后是否获胜时更有优势，这就是球员可以选择复制或避免的部分。那么第一步就是教练将自己的反馈分成这两部分去传达给球员。对卡洛斯说“决定很棒；执行可以更好”可以帮助他理解这两个部分，让他自己看到其中的区别。卡洛斯必须了解他试图做的事情和达成的结果之间的区别。这是球员们自己都经常不知道的事情——即使是精英球员，正如在我最喜欢的史蒂夫·科尔和斯蒂芬·库里的一个训练视频中看到的那样。

“这是你的投篮总数。”科尔对库里说，似乎是暂停的时候，他坐在库里附近的板凳上，指着显示大量投篮不中的统计数据，“这是你的正负值。”这些数据是影响库里做决策的很大一部分因素，这个结果对库里来说可能很不乐观。毕竟，对于一个非常有竞争力的运动员来说，很容易过度关注眼前的结果。而教练的工作是帮助库里识别噪声中的信号。

“这并不总是有联系的。你在场上表现很好，投篮节奏很好……这里（正负值）的东西，并不总是显示在那里（投篮命中率）。”科尔说。他正在帮助库里看到他的投篮决定是正确的，即使投篮执行上有不完美的地方，而且他的失误超过了份额。在篮球运动中，正确的投篮通常是更高命中率的投篮，球员的任务就是做出能带来更多正确投篮的决定。但“更高命中率”这个短语也意味着失误。这是一个加权的抛硬币游戏，但最终还是抛硬币，最后的结果永远不会与正确的决定完全一致。这就是为什么科尔在对地球上可以说是最好的篮球运动员讲话时，强调的是决定，而不是结果。“继续吧，我的孩子。”当库里回到场上时科尔说道。

成长型思维：恐惧是成功的敌人

为了长期成功，球员必须接受风险。如果他们生活在对错误的恐惧中，他们就无法成长。你可能认为这是实力较弱者或初学者的一个关键问题，他们仍处在需要大量鼓励的阶段，但几年前对费城联盟学院的一次访问让我相信事实并非如此，其实成长型思维对所有的运动员都很重要，对精英球员尤其重要。

我当时正在观察伊恩·芒罗，在来到费城执教之前，他曾在苏格兰超级联赛中管理过3支球队，为流浪者队、斯托克城和桑德兰队效力，并为苏格兰队赢得了7座奖杯。芒罗执教的一个主题是：恐惧是成功的敌人，特别是对犯错的恐惧。但要明确的是，他坚持帮助球员克服对犯错的恐惧，这与降低标准或精确度是不同的。在整个训练过程中，“好好踢球”这句话一直响彻场馆。技术细节很重要。“小心侧进，小心侧退。”他对他的孩子们喊道，要求他们把球传到远离压迫的后卫脚下。

但考虑到技术训练中的这种互动，他正在教球员在压力下用左脚踢球，并在第一时间将球传给他们右边的球员。球员们的第一直觉是用左脚内侧进行干脆的首次触球，这是他们可以轻松做到的。但芒罗要求他们冒险以学习更复杂的技能。

“不要用侧脚！我还想让你们用鞋带来踢球呢！”他叫道，“用你的脚尖顶住球，这样你就可以伪装成传球了。”他演示了一个他希望球员们做到的磕球后转身。不过，对于精英球员来说，天赋可以成为学习的障碍。许多男孩非常想完美地踢每一个球，以至于他们习惯性地回到了他们擅长的方式（使用侧面），并避免他们无法做到的事情（使用脚尖）。从本质上讲，他们在拒绝学习新的东西，以便他们可以继续做自己更擅长的事情。

然而，芒罗发现了他们这一踢法。“我知道你可以用侧脚踢球。”他叫道，因为一个男孩踢出了一个完美的侧脚传球。“不要害怕！用鞋带（的位置）踢！”他说，“别害怕！”

“就是这样！”他对另一个男孩叫道，那个男孩第一次笨拙地尝试磕球后却没有转身。“继续努力。你会做到的。”

“他们有很大的压力要获得成功，有时他们害怕失败。”联合会的共同所有者里奇·格雷厄姆从旁观察时说道。卡罗尔·德韦克研究了儿童思维及其与学校学习的关系后表示：这种对失败的恐惧会阻碍球员们长期的成长。一些学生——通常是非常有能力的学生——有一种德韦克称为“固定型思维”的东西。这些学生认为天赋就是当他们被别人夸赞为“聪明”。具有固定型思维的学生形成了这种认知：如果他们失败了，他们就不再聪明了。这导致的结果就是：拥有固定型思维的学生们避免冒险，从而避免失败。然而随着时间的推移，他们落后于那些拥有“成长型思维”的学生。拥有成长型思维的学生们认为，聪明不是你的本性，而是你通过奋斗发展起来的东西。这些学生面对挑战时是喜欢而不是惧怕，因为他们知道挑战令他们成长。有成长型思维的学生绝对不会说：“如果不那么难就会更有趣”，甚至不会说：“这会很难，但可能是有趣的吧。”他们会说：“这个挑战会很有趣！”往往是那些从童年的坚韧和顽强下走出来的人，他们充满了灵活的适应性才能。这使得他们最终成功了，即使他们在刚开始的时候会落后于他人。德韦克的开创性研究表明，教师、家长和教练能够塑造与他们共事的年轻人的思维，使他们更注重成长，随着时间的推移，成长型思维可能是成功与否的最重要的决定因素。

从德韦克的工作中不难看出成长型思维与教练的联系。精英球员经常被告知他们很优秀或有天赋——相当于足球中的“聪明”。如果他们把自己的能力看作是上天给定的，而不是通过奋斗获得的，精英球员就会厌恶风险，他们担心自己如果踢得不好或犯错会削弱人们对他们“好”的评价。因此，一个伟大的教练必须积极鼓励球员们冒险犯错，并使犯错成为正常现象，从而达到正确的结果。当这种情况发生时，你就有了我在第四章中称为“允许犯错的文化”的东西：在这种文化中，犯错误是安全的，甚至是被鼓励的。这样学生就会爱上学习的挑战，比起丰富的技术知识，这一点让伊恩·芒罗更加与众不同。芒罗一遍一遍地告诫他的球员们：“除非你愿意失败，否则你不可能变优秀。”

莱斯利·加里摩尔

我会仔细关注他们如何谈论学习

华盛顿大学前主教练莱斯利·加里摩尔是一级女子足球历史上获胜最多的25名教练之一，她描述了思维的重要性，以及她如何寻找那些能够接受强调团队合作和具有成长型思维的球员。

我们要在帕克十二联盟——“冠军联盟”中竞争，与斯坦福和加州大学洛杉矶分校这样的学校竞争，仅举几例。这些都是赢面很大的学校。我一直知道我们可能不是最强的球队；我们可能不总是有现成的优秀球员。但我觉得我们可以通过培养球员来获胜。这是我主要的追求，也是我向他们推销自己球队的很大噱头。“你会比你刚来到这里时更好。而且我们会成为一个团队。”所有这些都是为了试图找到理解这一点的球员。我经常使用的一句话是：“你必须相信，我知道你比你自己认为的还要好。”这是我的专长。为了能够得到具有成长型思维的球员，他们在进入球队前就接受反馈，这一点非常重要。

这种球员有时很难找到。往往都是通过与球员的教练交谈，在训练和比赛中观察他们的身体语言并仔细聆听他们的谈话方式来寻找球员。例如，当你问他们为什么打球时，他们如何回答。他们的回答是内在的还是外在的动机？有时他们打球想得到一些东西，他们想成为全明星或首发球员。但如果他们从不讨论自己作为团队一分子如何做或多想努力地踢球，或者他们需要什么样的帮助，你就会有点担心。你希望有球员能够谈论他们想如何改进自己的球技。这时，一个球员进来，她说："我很强，腰部以下的任何技术都没问题；但在腰部以上，头部，我得变得更好。"这句话就告诉你了什么叫具有成长型思维的球员。

很多时候，说实话，你可以通过听球员们谈论他们的学习情况来了解他们作为一个运动员的很多情况。他们是否想知道课程的规模，是否想了解他们能否向教授提问以及教师的办公时间如何使用。对我来说，这与那些会问我要录像视频，主动寻求自我发展的人是一类人。虽然不总是百分之百准确，但相当有规律的是，那些想了解学习的学生运动员也是那些能在体育上找到方法的人。因此，当他们谈到学习时，我会非常关注他们对待学习的观点。

职业发展上的一些话题

对卡罗尔·德韦克的《终身成长》（*Mindset*）一书的讨论提供了一个有用的观点，即球员的长期发展与教练员的发展问题同等重要。对教练来说十分明显的一点就是，运动员应该努力体现成长型思维。他们应该接受挑战，运动员寻求的不应该是证明自己的聪明或技能，而是不断地进步，在每一天结束时都比前一天更好一点。如果能做到这一点，结果就不会太令人失望。过程是长期成功的驱动力。

对教练来说，有时不太明显的是，成长型思维对他们自己也同样有益，而且很关键。要想成功，教练们也必须接受挑战，不是追求挑战来证明自己聪明，而是努力使自己每天都有更大的进步。对教练们来说，寻求这一点有可能产生令人满意的执教结果。

“教练是为了培养人们变得更好，发挥他们的潜力，并使团队运动变得比你们单个各部分的总和更好。”苏格兰橄榄球队的主教练格雷戈尔·汤森德告诉我，“教练是要解决问题，并不断研究我们如何可以把事情做得更好……第二天、下一节课和下一次选拔赛可以如何以不同的方式来改善球队。”

“有很多事情我都在尝试，当然有时我也会失败。或者也许我看到，如果我再做一次，换一种不同的方式做，并找到一种方法来解决这个问题（就会有效果了）。”杰西·马希告诉加里·柯尼恩，“这几乎是试图找到一种方法，以达到我想达到的目的，我想成为谁，我希望我们的团队是什么样子的，这是最终会衡量我作为一个教练表现如何的事情。”

对于精英教练来说，过程是长期成功的驱动力，过程也可能是幸福的。很多获胜的教练被工作所累，是因为工作本身——日常的训练任务和挑战——并没有达到让他们着迷和参与的程度，制定问题的解决方案也没有给这些教练带来快乐。如果比赛胜利是唯一的奖赏，那么它可能不足以支撑你长期从事这项工作。

让我们回到我在本书开头描述的芝加哥的会议室，在那里我有机会与美国一些顶级的专业教练互动，他们带着谦逊的态度和明确的目标，放低自己，通过观看那些成就远不如自己的教师和教练的教学视频来进一步学习。

观看视频往往是一个有趣的试金石——尤其是观看其他教练的视频，当一个人在观看“地位较低”的教练时更是如此。当视频结束时，教练们有两个选择：他们可以批评视频，谈论视频中的教练所做的事情有什么问题，但他们也可以谈论视频中的有用之处。几乎任何你能播放的视频都会带来这两种反应中的一种，但如果有5件事教练已经可以比视频中的教练做得更好，而视频中的教练可以教他们一件事，尽管视频中教练的地位不如那些顶级教练，那么视频中可以教他们的事才是值得谈论的。谁在乎那个教练哪里错了呢？而不是为了评判视频里的教练，而是为了使自己变得更好。从一个不知名的来源中提取任何有用的东西，是成长型思维在起作用。认为某个你从未见过的教练不是很好或他的球员不熟练则是固定型思维的表现。在芝加哥的那个会议室里教练们所展现出的极端的谦逊是非常好的一课。是不是每个教练都喜欢看一个来自新泽西州的五年级教师或来自加利福尼亚州的U14教练的视频呢？也许不是。但是，有几个人事后问道，“我可以拿到一份刚才那个视频的副本吗？我想再看一遍。我想研究一下里面的内容”。这一点比任何事情都更能解释为什么这些人达到了他们所在领域的顶峰。

渴望和谦逊，通过不懈地寻求最大限度优化自己的技能来享受提高别人的旅程，始终关注能够让你变得更好的事情——我相信，这些都是成功教练的标志。那些想着“每天都要变得更好”的教练，他们也一定会带着专注和谦逊的态度，向史蒂夫·科维诺这样的教练学习，科维诺教练在一个名不见经传的俱乐部为U8的队员们进行训练。事实上，史蒂夫加入了我与MLS发展学院主任的会议，会上我展示了科维诺执教U8队员的视频（这是我在第四章中分享过的同一次会议中的视频），于是休息时他被很多人团团围住。另一位教练可能是想证明自己比史蒂夫更聪明，但是他们还是会想要向史蒂夫请教：告诉我你做的所有事情以及为什么这样做。

在新西兰也没有什么不同，我和新西兰橄榄球队的教练们举行了一次会议，给他们看了一个芭蕾舞老师给她的弟子提供反馈的视频。这些教练——其中一半人身高6英尺4英寸，体重240磅，而且大多数人都曾为全黑队效力——观看、研究并提出问题，直到我不得不带着歉意将视频中断，我们必须得继续其他的讨论了。这种思维就是文化的标志，而这种思维的轨迹是通往顶峰的。除此之外获得成功还需要其他的品质吗？当然还有其他的。如知识、竞争力以及建立关系的能力。但是，如果像新西兰橄榄球教练们那样，你希望你的橄榄球国家队成为世界上最好的球队，而你们是一个只有500万人口的国家，终身学习的文化是一个伟大的起点。对个人来说也是如此。有一次，在参观一个小联盟的棒球俱乐部时——该俱乐部坐落在一个大多数人都很难在地图上找到的小城市的A级公园里——一个问题让我想起了诺贝尔奖得主、经济学家丹尼尔·卡尼曼的《思考，快与慢》一书，我在第一章中讨论过。在我努力寻找卡尼曼使用的准确术语时，一位教练从他的背包里拿出他那本经常翻看的书，找到了这个词。我不知道这位教练如今在哪里，但我把赌注押在他身上——以及他执教的球员们身上，他们一定会有所成就。

教练与自我

管理自我意识是教练发展中最具挑战性的矛盾之一。不出意外，自我这个词在本书中间接地出现过几次。例如，在本章中，有这样一个问题：当某些培养行为意味着教练的球队目前不会取得很多比赛的胜利时，他是否愿意采取这些行动？——此举需要压制自我渴望求胜的意识，从而为更远大的目标服务。在第四章中，也有类似的一个时刻，当一个球员在训练中犯了一个严重的错误时，克里斯·阿普尔并没有大声叫那个球员出来。许多教练会在那种情况下大喊大叫的原因之一是为自己的执教开脱："这不是我的错。我教他应该怎么得分了。"在这些和其他100个案例中，控制自我意识的斗争应该一直贯穿其中。

想让自己的表现和成就得到认可，为自己的工作感到自豪，想要成为最好的人，这都很正常。毕竟，教练是一个颇有竞争力的职业。每个人都在某种程度上追求认可。但要正确地培养球员、有效地执教，这需要教练们愿意放弃荣誉，不被人注意到，或把荣誉归功于他人。我们中的一部分人必须有获胜的动力，也许甚至梦想着当我们站在领奖台上的那一刻，而另一部分人则必须把这一切放在一边。

亚特兰大联队学院的教练马特·劳瑞分享了他从法国足协的教练课程中得到的一个重要收获。法国培训师让·克劳德·朱蒂尼建议说，"一个青年教练应该总是将自己隐藏在阴影下。永远不要成为聚光灯下的焦点"。

"我尽可能多地在自己的执教经历中经常参考这句话，"马特说，"有时当我想站起来责骂裁判时，我会在替补席上引用这句话来提醒自己。我试着不断地问自己，为什么要做我所做的事情。'你为什么要做那个执教说明？你为什么要做那个换人动作？你为什么要改变阵型？'而如果这些问题的答案不是'这将有助于球员们的发展和成长'，那么我知道那一定是一个错误的决定。"

不过，也许寻求阴影并不只是针对青年教练。"我认为，要正确地培养球员和球队，你必须在大多数时候（如果不是全部时候）放弃追求赞赏。"苏格兰橄榄球队主教练格雷戈尔·汤森德也这么告诉我，"有一些教练会宣传自己对球队成功有多么重要，但我不认为这是一种常态，它无法与队伍的长期成功并存。”

“我记得当我开始执教我刚刚退役的那个职业球队时，”阿尔斯特橄榄球队的主教练丹·麦克法兰告诉我，“对我来说非常重要的是，我的知识（或者说是我）是可信赖的。这表现在‘按我的方式做，我会向你证明我的方法是可行的’。”现在回想起来，这是“不可持续的”，麦克法兰说。作为一个重视并追求培养运动员独立思考能力的教练，他发现这让他感到疲惫不堪，而且变得过度控制。在最后，他果断地后撤，进入一个更适合自己风格、更有助于推动学习的角色。但他也提出了一个有趣的看法：如果他不以自己的方式开始，他就不可能有后来的改变。“我也相信，如果没有在那个阶段通过结果清楚地证明我的教练知识和执教细节是好的，我就不会有一个可信的基础来培养球员。”

好的教练会征求意见，调整计划，并下放领导权。但是如果他们没有一个愿景，一个比赛模式，一个他们自己期待的球员们接受的训练过程，那这些教练们也就不会走得太远。马塞洛·贝尔萨说：“我们别无选择，只能把我们的想法强加于人。”训练中需要无私，也需要果断和自我肯定。教练拥有权力，但必须知道什么时候该轻装上阵，什么时候该下放权力，什么时候该避免使用权力。格雷戈尔·汤森德这样说：“一个好的教练要让球员感觉到他们在为自己的行为、决定和比赛计划负责。”一个好的团队往往包括民主的元素。但团队内从来不是真正的民主。教练将决定权交给球员们，让他们参与到战略中来，给他们自由裁量权以适应和决定，但前提是球员们必须明白，教练也设定了授权的条件——民主程度有多少；何时才有民主——选择参与者，并有权利收回一定的民主权利。一个教练如果不相信他的教学过程有答案，如果教练不能为球员们制定和执行基本规则，那这样的教练是无法生存的。

自我是一个持续的陪伴——有时是必要的，但有时是破坏性的；在某种程度上自我意识是有益的，但如果这种自我意识不加控制就会出现问题。

将这一点铭记于心，自我意识可以巧妙地影响我们作为教练的决策。如果你是主教练，考虑下面两个关于比赛结果的选择：

选项A：你的球队在一场重要的比赛中被对手追平，并且一直在挣扎。30分钟后，你改用新的阵型，并进行了一系列非常规的换人。在场边，你的声音始终如一，你的劝告声响彻整个球场。你打着手势，让球员进入决定性的位置。所有人都清楚，你的干预正在发挥作用。尽管这远不是你球队所打的最好的比赛，但你的行动改变了球队的局势。你们赢了最后的进球。然后你听到一位球员家长说："教练今天真的为我们做了件大事啊。"

选项B：你整个赛季都在精心为你的球队训练，向球员们灌输你比赛模式里的丰富知识，让你的球队了解可以做出的一些战术调整。在一场大型比赛前一周，你认识到对手的一个关键倾向，并让你的球队认识到并且用对手的弱点，这样一来每个球员都明白自己在比赛中的角色。比赛按计划进行。你坐在长凳上，偶尔会通过与球员们的交谈来进行战术调整，提醒他们在练习中所学到的东西，但这些干预措施大多像池塘上的涟漪一样一圈圈传递扩散再消散不见。你的球队带着理解和技巧进行比赛。最终他们以3比0获胜。当你走向你的车时，你听到一位家长说："孩子们今天一切都做得很好。而教练几乎没有说一句话。"

在第一种情况下，你得到了所有的荣誉。在第二种情况下，你的工作做得更好。那么现在问问自己：有多少教练会选择第二个选项呢？有多少教练会在他们这么多年的职业生涯中如实地选择第二个选项呢？有多少人会看着他们的竞争对手在聚光灯下闪闪发光，集知名度和赞誉于一身的时候仍然选择第二个选项呢？

如果对学习的渴望是一个教练成功的最重要因素之一，那么对荣誉的渴望则是最有问题的因素之一。管理自我意识是学习成功的一个重要部分。玛丽亚·康尼科娃在《人生赛局》中写道，当牌手失败时，他们总认为是自己运气不好，但他们总是把成功归功于技巧。而由于比赛环境是邪恶的——由于所有的外部噪声（即这么多其他变量同时变化），行动和结果之间是不匹配的——这就是限制牌手获得长期成长的原因。当涉及知识和智慧时，"胜利是真正的敌人"。她写道。她描述了心理学家艾伦·兰格的研究，兰格的实验研究了人们对抛硬币的反应，她操纵了这些硬币的正反面，使一些人在某些时候更有可能猜对。实验结束时，她问人们是否善于猜测抛硬币的正反面——这基本上是不可能的。实验分为三组：第一组是正确的猜测随机分布，第二组是正确的答案集中在开始时，第三组是正确的猜测集中在后面。人们获得幸运的时机是至关重要的。虽然在最后和中间猜对的小组明白，他们猜对的情况纯属偶然，而在一开始就猜对的小组里的成员们则倾向于认为他们有着很高的技巧。他们失去了心智，沉迷在一个不现实的论点中，认为自己可以预测不可能的事。成功令这一组成员们头脑发热，导致他们扭曲了事实。

在我住的地方附近有一个高中教练，他所带领的队伍赢得了很多场比赛，因此他被认为是成功的教练。在最近一个胜利的赛季后，他给他的球员们写了这样的说明：

> 最后，我想提一下对年轻足球运动员的发展最不好的4个字："离球远点。"我经常听到这样的话。如果你的教练对你大喊"离开球"，请微笑，因为你在做正确的事情。不要离开球；继续努力提高你的个人技能。

写下这句话有点傲慢，甚至非常傲慢。让我们暂时假设该教练在以下方面是正确的：保留球权会让你变得更好，但这个说法非常值得商榷。（对不起，哈维！）谁会认为自己的智慧是如此的深奥，以至于可以凌驾于教练——每个教练——实际上在场边观察运动员的教练——的指导之上？哪个成年人认为告诉运动员藐视他们的教练、过于骄傲而不听话是一种责任？如果运动员照这个建议做结果将是什么？是谁不尊重和削弱当初为他培养球员的教练？让我们都引以为鉴：就像兰格的研究一样，成功冲昏了小组成员的头脑，导致他们对现实的严重歪曲。物理学家理查德·费曼警告说："第一条原则是你不能欺骗你自己，因为你是最容易被骗的人。"

不受控制的自我意识（或因成功而不正常）是一件危险的事情，而检查这一点才是最难的。当我跟一位朋友介绍这一节的内容时，他干脆地指出："每个人都会在至少一位其他教练身上看到这个问题。很少有人会认为这是一个值得在自己身上探索的问题。"自我是一个偷偷摸摸的伙伴，善于合理化自身的行为，为我们的自我服务行为提供其他解释，总是偷偷摸摸地进入我们的盲点。与自我意识作斗争是体现人的精神的时候。话说回来，既然自我意识是运动员们必须解决的事情，那么把自己放在第二位的体验和反思肯定会给运动员们带来一些好处。

那么，我们该怎么控制自我意识呢？

我向我认识的一些优秀教练提出了这个问题。许多人提到了自我意识的重要性，但当然你无法“决定变得”更加有自我意识。根据定义，我们看不到我们没有意识到的东西，也看不到我们意识消退的时刻。阿尔斯特橄榄球队主教练丹·麦克法兰提出了一个深刻且有用的建议，那就是改变你的语言。语言会提醒你要如何构思事情，并且你会高频地、随机地被要求用语言描述事物，因此改变语言可以随时提醒自己：我是谁，我想如何与这个世界互动。“许多团队称自己为‘管理人员’（教练团队、医疗、力量+维护、运营），”麦克法兰说，“我们把自己称为‘支持人员’。这是一个语言上的简单转变，提醒我们，最终我们并不是要赢得比赛的人。我们只是为那些要赢得比赛的人提供帮助的人。”另一个解决方案是简单地养成问“你怎么看？”的习惯。当家长或其他教练甚至是球员问你问题时，你要养成问“你是怎么想的”的习惯。“肯定有你要直接告诉他们答案的时候，但通过定期询问（和实施）他人的想法，教练就不会陷入‘这都是我的事’的思考惯性。”麦克法兰说道。

当我在下一节谈到组织层面的问题时，指标会是一个重点话题。它们在这里也是相关的。“那些能够与自己的自我意识作斗争并为球员的发展做‘正确’事情的教练在找工作时往往会被忽略，”一位MLS学院教练说，“因为他们得到了这样的声誉：‘他没法赢球。’对于没有太多发言权的教练，如果他的球队赢了，外界就认为是球员的功劳。对于教练的评价是相当破碎的。”这就提出了一个问题。像他这样的教练还能坚持多久——做正确的事而不是有利于自己职业生涯的事？

但最终，控制自我意识的最有力的方法是把自己置身于过程驱动之中。“自我驱动和结果驱动往往是相辅相成的。”与教练员一起研究正念和专注的斯图·辛格观察到。当胜利是你的衡量标准时，你会有一个火热的连胜赛况，并开始寻找扣球的机会。你更有可能做一些极端自负的事情，比如写一封“我才是唯一的真正的教练，忽视所有其他教练”的信。另外，当过程是你的目标时，你更有可能像格雷戈尔·汤森德那样做出回应。“永远没有足够的空间和时间来考虑媒体或家长是否认为教练不应该得到荣誉。在一场比赛胜利或失败（以及每堂训练课）之后，教练时时刻刻都在分析、制定策略和计划。”专注于下一步是保持前进的最好方法。

边线行为和比赛中的执教

这本书，对我来说，几乎完全是关于教练工作中最重要的部分：他或她如何在训练和练习中进行教学。但运动员在学习，教练在比赛中也在指导他们。在这一节中，我对教练员如何从学习的角度思考比赛中的互动进行一些分享。也就是说，如果说这本书的大部分内容都自带一个警示：我说的不一定都是对的，那这部分就有更明确的免责声明。特别是在这里，我是从缺乏经验的角度说的。尽管如此，我希望能为大家提供一些我的看法。

首先要考虑的是，在真正的比赛中很难教授任何新知识或新技能，而且这样做很有可能实际上会损害球员的表现。为什么我这么说？因为有意识地学习新东西需要使用工作记忆，而工作记忆的容量是非常有限的。如果我在解释一些我想让球员们在比赛中第一次做的事情，我就需要把工作记忆的容量从其他任务中转移到教授新技能上。

然而，如果我要求球员做一些我们在训练中讨论和演练过的事情，他们可能能够控制工作记忆的负荷，特别是如果我用我精心编码的词汇来提示他们。说“更高，乔丹。压高点（压迫对手恢复控球权）”是可行的，如果我们在训练中花时间研究如何给对手施压，我说“压高”时的意思是绝对清楚的，而且乔丹几乎可以自动地处理这个口头信息。那么我就主要是提醒乔丹注意她已经了解的东西。

再怎么强调语言的重要性都不为过。越熟悉的提示，与一个动作联系得越紧密，球员就越有可能使用该动作。如果你想在比赛中说出来这个提示，那就要确保你的球员在训练中已经反复听到了并且能够准确地识别并使用这个提示。

因此，如果球员经常听到你的话，并将教练的语言与一致的反应联系起来，乔丹可能会在比赛中使用你的反馈；但如果你在训练中没有教过乔丹，也没有让乔丹熟悉你使用的术语，那么就会发生以下两种情况：

> 情况1：乔丹开始使用她的工作记忆来思考如何去给对手施压。这将使她的感知力下降，并使她在执行已经知道的任务时的工作记忆减少。她很可能施压施得不会很好，而且很有可能在其他方面的表现也会下降。如果你看到这一点然后给她进一步的指导——“更高，乔丹。预测球。看看你能不能跳过这个传球。阅读传球，乔丹”——情况就很有可能变得更糟糕。
>
> 情况2：乔丹可能意识到发生了什么。她意识到自己正努力尝试做一些她并不清楚该如何做的任务，而且做这件不熟悉的任务也分散了她在比赛上的注意力。在这种情况下。乔丹很有可能会选择忽略你的提示。这一行为为她开启了一个先例，即在比赛期间无视教练的话（或许她会更频繁地无视教练的指令）。这可能会令她感到沮丧并影响她与你的关系。

因此，一个好的经验法则是，在比赛中，你可以用球员熟悉的语言提醒他们你确信球员们已经知道的事情。

也就是说，如果一个球员正试图传球，而你在他踢球前的半秒内喊“宽一点，卡洛斯，宽点”，那么赛况更容易变糟，即使卡洛斯知道你说的“宽”是什么意思。在球员试图做什么的时候，谈论他们正在做的事情就是要求他们不自觉地进行多任务处理。认知心理学家认为，没有多任务处理这回事，只有分心和注意力的降低。一旦球员分心或者专注度降低，就很可能会影响球员的表现。这也会使得球员们越来越多地忽视你，因为只有忽视你，你才不会扰乱他们的球场表现。所以作为教练应该尽量少地在现场比赛中指导，争取在比赛中的休息时间给予球员指导。

在第四章中，我谈到了在训练中做笔记的重要性。在比赛中也是如此，记录关键事件和关键事件的发生频率也很重要。除非你记录下来，否则你很快就会忘记在比赛中看到的事情。如果你做笔记，当你在中场休息或暂停与球员交谈时，你就会有现成的数据来专注于最重要的事情。但在比赛中做笔记还有一个原因，笔记可以防止你说太多内容。如果你没有其他方法来记录以下事实：乔丹压球速度慢，你就更有可能在比赛当下对乔丹大喊大叫。毕竟这是你将比赛中的观察反馈给球员的唯一渠道。但是，记下笔记——乔丹压迫速度慢，她没有意识到慢速传球是一种提示。2×。下半场在他们的球门前——可以更持久地记录下你的比赛观察，否则你会遗忘这些重要的观察内容。有了笔记，你现在有更多的方法和乔丹谈论这个问题，你会在执教过程中感到对自己的表达更有控制力，也就不必大喊大叫了。

竞争的趋势使我们更有可能在比赛时大喊大叫或失去对语气的控制，这是另一个尽量只在休息时（或至少大部分时间）进行指导的原因。中场休息或者暂停时你会更平静一点。需要在现场比赛中交流的各种尖锐的指令所传达的情绪，也许还有判断力——乔丹！压迫！乔丹！压迫！——这大大增加了球员分心的风险。这样的情绪化表达也会使得运动员去思考：为什么教练要怪我？所有这些思考都削减了运动员对当下比赛的关注。因此教练平静地提供技术指导对现场比赛来说效果通常会更好，而这种语气平和的指导往往发生在运动员至少有半秒钟的时间来倾听的时候。

那么在比赛中其他时间的教学呢？在我孩子成长过程中有许多优秀的教练，我最喜欢的一个教学方式是一位名叫克里斯·克莱蒙斯的青年足球教练使用的。当一个球员犯错时，克里斯不会在他比赛时试图告诉他（分散注意力），也不会对他大喊大叫（分散注意力），而是让他短暂退出比赛，站在边线上，通常以类似父亲把手放在他肩膀上的方式，静静地解释该球员所需的解决方案。然后，他立即让球员重新上场。很明显，你不可能在每个级别的比赛中都这样做，因为这需要无限制的换人次数，但这仍然不失为一件很好的事情。信息传达得非常清楚：我会教给你怎么做。我仍然相信你。我希望你能好好倾听和学习，但我不会因为你的错误而让你坐冷板凳。并非巧合的是，这种方法对教练和球员间的关系也有非常大的帮助。这位教练可以说是我儿子最爱的教练了。

中场休息和赛后是另外两个经常用于教学的时间。在比赛当天，在中场休息和赛后我们应该怎么做呢?

在一场比赛之后，情绪很可能是不加任何修饰的——你的情绪和球员们的情绪——这意味着你很可能会做出不明智的反应，没有控制好你的自我意识，因为你输给了那个你本想打败的球队，所以匆忙地指责球员们“不够想赢得胜利”。很多赛后谈话的出发点都是好的，但由于这类赛后谈话没有什么计划性，因此迅速转向“让我们看看今天的失利该指责谁”。追究责任基本不会对公共对话有什么贡献。所以也许不如就跳过这一环节。这都是一种偏离主题的谈话方式——不管是什么触发了你的情绪，或者是因为说了很多表达这场比赛很重要的话——这是因为你在开始谈话前没有想清楚要表达什么，所以，为什么不花20秒钟来规划一下你的谈话内容呢?就在你的手机或便条上，记下两到三件最重要的事情。谈话时低头看一下你的笔记，以保证反馈都传达到位了。

一个NBA特许经营商在其职业和发展联盟中都有一个简单的赛后训话机制。球员们在比赛结束后进入更衣室，而教练们则进入一个相邻的房间。在那里，教练们先进行汇报，首先让他们说出他们想说但也许不应该说的话——例如，“你能相信史密斯吗?他真的了解防守吗?”然后主教练说:“好吧，我们在比赛中得到了什么信息?”所有的教练都会分享各自的想法，但他们会选择一个或两个大家都认为最值得传达的想法。然后，他们走到隔壁房间，在大约一分钟内向球员们集体传达他们的共同信息，大约一分钟，就这样。没有人拿着喇叭喊:“威尔逊教练，还有别的事情吗?”

如果一起思考，教练们几乎总是强调过程和心态。“我们在半场结束后不够专注，但我们在第四节的表现要好得多。你比对手们更想取胜，所以我们扭转了局面。”或者“我们今天做了一些小事，深入对手腹地救球，在罚球后对投手进行包抄，这些都是帮助我们赢球的好习惯。”这个过程让教练们互相检查，使传达的信息不那么私人——工作人员也参与其中——这也给了助理教练一个发声的机会。当然，这也确保了每个人都专注于主要的信息。

本书的另一个主题：我们经常错误地认为，口头表达的长短和表达主题的重要性是相关的。如果我们认为某件事情很重要，我们常常试图通过大量谈论这件事情来表明其重要性。同样，这种关联性是错误的。我们希望球员们能够很好地倾听我们，记住我们说的话，并按照我们说的去做，认识到我们说的话的重要性。这些目的不仅不一定是通过语言的长短来实现的，而且还经常与之相反。我说得越多，球员对我每句话的记忆就越少。我说得多，你就开始想：你已经告诉我们这个了，我听到了。我说得多了，你的注意力就会转移到其他事情上，比如开车回家的路上哪里可以吃到东西。

避免冗长的谈话，这一点很重要，因为教练们在赛后的很多谈话都是为了表达这场比赛中得到的教训是十分重要的。令人沮丧的平局等于漫长的谈话；输球等于时间更长的谈话。通常在这些情况下，我们说得越多，球员们的眼神就越发迷离。因此，这表明他们并不明白这场比赛带来的教训是多么重要。如果引出更多的谈话来加强这个想法，即这个比赛很重要，5分钟后，运动员们已经开始无视我们了。冗长的谈话就是一个注意力螺旋式下降的过程。

如果有很多话要说，那么可以考虑一下赛后谈话的替代方案。可以设置一个赛后问题：你从今天的比赛中获得了什么？但是提问并不是当下就立刻反问，让这些问题像令人窒息的毯子一样落在球员们的身上。为什么不说“请在明天早上把你对此场比赛的想法发给我”或者“请想出一点你在配合队友方面可以做得更好的事并发给我”或者“我给你们发了两句我们比赛原则文件中的两句话。你们能不能花一分钟时间告诉我，在哪个时刻你认为我们在这两件事上做得很好或者做得不好”。或者在星期二的练习以“我让你们都思考一下×动作或战术，现在让我听听你们的一些想法……”开始。

或者，也许你想更系统性地去做这件事。那么你可以让你的球员养成记比赛日记的习惯，他们在每场比赛后都会进行简短的反思，而你可以偶尔收集和讨论这些比赛日记。或者就只是让他们自己记录、反思。亚亚·图雷在他的职业生涯中一直留着一个类似的笔记本，这个笔记本成为图雷和他比赛生活中的一部分。

视频回顾也可能会起到一定作用。特别是如果你想回顾比赛中的关键时刻，如12号的进球，没有人记得这个进球。在下一次训练时，展示一下她进球前几秒钟的视频比赛后要求队员们努力回忆她是如何在瞬间获得空位要奏效得多。

这里值得回顾一下之前章节里提到的令反馈有效的一些关键因素：当反馈接近前因时，当反馈只关注一两件事时，当反馈的接受者能看到我们正在谈论的东西时，当人们有机会立即使用反馈时，反馈的效果最好。在大多数情况下，这些令反馈更有效的因素在一场比赛后都不太容易实现。中场球员没有注意到12号的进球，那个时刻早就过去了。没有人真正记得那个瞬间——或者不能完全客观地记住。球员们也没有机会再去尝试用扫视，以确保看到12号的动作。而且球员们都在自己的情绪空间里。他们甚至可能不想去思考12号和她的进球，直到他们处理完其他事情。有鉴于此，一个好的法则是：赛后谈话时间越长，情况就越糟糕。至少在青年球员的阶段，我的建议是先稳定球员的情绪。提供一到两个见解供他们思考。抛出一个问题给他们，或者给他们一个主题，让他们在训练前思考，练习前反思，然后停止说话。赛后谈话最多时长3分钟。

中场训话是一个更为复杂的话题，尽管在中场休息时教练们提出了一些与赛后谈话相同的问题。但在中场休息时提出这些话题有更明显的潜在好处：下半场比赛中球员们有机会应用教练传达的指导，从而从实践中学到更多东西。当然，如果中场休息做得好的话，中场训话会给教练提高成功的机会。虽然我已经目睹过的中场训话比我见过的赛后谈话要少，但我观察过的或参与过的谈话表明，教练员在中场训话期间可能有更多的机会来调整他们的训话内容，以便最大限度地强化运动员们的理解，从而促进运动员的行为改变。

我曾经参加过一个高级教练员执照培训班，培训课程内容要求参加培训的教练根据比赛分析来练习中场训话。该课程的设计者在课程中添加了练习，这一点就值得称赞。教练们的练习不仅非常有启迪，而且极其有效。通过在一个相对平静和反思的环境中听到自己的训话，教练们迅速改善了自己的训话方式和内容。当别人练习时，教练们通过想象自己是运动员，体验到当教练不带喘息地提出了8个、10个甚至12个注意点时是什么感觉，他们因此学到了更多。知道“在没有时间处理的情况下，连珠炮似的说出8件、10件或12件‘我们需要做的事情'球员们是不可能记住的”是一回事，但亲身感受到就是另一回事儿了。

设置这样的练习非常有益。虽然中场训话充满了智慧和洞察力，但中场训话却是对球员们工作记忆的正面攻击，因此大多没有效果。教练们快速输出一系列下半场所需的调整和纠正——有时是8个、10个、12个，偶尔叠加有图表：大量无区别的信息呈现得太快，球员没办法以有意义的方式处理或反映。他们工作记忆肯定也是超负荷的。几乎没有机会进行优先排序或思考，更不用说讨论如何应用这些信息了。

基于这些训话，我的建议是大幅缩减你试图讨论话题的数量，并且慢慢地输出，讲完一个问题后给球员留一些思考的时间。如果可能的话，给运动员一些方法，让他们与每个概念进行互动，对概念进行一些记忆编码，并为下一个概念的理解释放出一些工作记忆的空间。或许在根据每位球员“最迫切的问题”给出反馈后可以给他们每人1分钟的思考时间？有条件的话视频录下你的反馈。或许可以让他们闭上眼睛1分钟，想象一下自己要执行的动作？让球员讨论“我们需要怎么做来实现这一目标”？你比我更了解你自己的中场设置。但千万不要只是拿着白板或战术板，笔耕不辍地写下每个位置的球员需要做的事情，而其他人只是听着。

之后还有激励运动员的事情，这通常是中场训话的主要目标。在这种情况下应该对球员说些什么来帮助球员们深入挖掘并找到他们内心的一个最佳状态，在这方面其实有比我更好的指导，但我确实认为观察一下球员们的表现是有帮助的，这是与“教学目标”不同的目标：帮助球员理解场上正在发生的事情，从中学习并调整自己的行为以获得更好的结果。我知道——这一点显而易见。但是，教练很容易在训话中把这两件事混着说。不同的目的需要不同的工具。当你在解释或讨论如何对叠瓦式跑动做出最佳反应时和你告诉球员要进一步调动情绪并与队友相互支持时，你的声音、肢体语言、说话的节奏都是不同的。所以要考虑的第一件事是有意识地将这些功能区分开。也许这意味着先进行教学。在教学过程中你想要球员们的记忆、专注度、稳定的注意力、理解和反思。你想让球员们说出他们的问题。你想让他们仔细聆听彼此。是否有什么办法可以让他们记录下这些？如何让他们深入反思这些问题？在这一刻，你可能表现得更沉着。你说话速度慢了下来。你确定了要传达内容的优先次序。你给球员时间来理解。你要求球员们思考执行过程中会面临哪些挑战。

然后有一个明显的转变。你现在要鼓励球员们了。“好的，来吧。我们这么做。”更夸张的身体语言、声音水平、音调都是可以的。也许你正在鼓励你的队员，也许你是在让他们平静下来。无论你选择哪种方式，在学习结束后，在一个明确的点上为球员们开始踢球做好心理准备。让这个点成为“重返赛场”常规程序中的一部分，这样球员就会意识到这一点，并能专注于做好心理准备。也许听起来像是这样一个过渡：

“好的，最后几秒钟让我们弄清楚各自的角色和责任。花几秒钟时间，闭上眼睛，想象我们是怎么防守他们的叠瓦式跑动，然后过渡到进攻。好的。现在让我们摆正心态，开始准备比赛吧！卡洛斯，来吧，让我们兴奋起来！”

为教练员准备的练习

斯图·辛格经常与教练员们一起工作，改变他们的行为。辛格通常会让教练们先看看自己的执教视频。“有时当教练们看到录像中的自己，他们会面红耳赤地说，‘这不是我想要的样子。那不是我’”。教练是一种表演的职业。只不过这个表演是在现场进行的，而我们在现场表演时做出的回应、行动通常是习惯的产物，这些回应也包括但不限于一些情绪化的回应，如对球员大喊大叫。这意味着，当你的情绪处于最激烈、最原始状态时你无法觉察到自己的心智，无法站在旁观者的位置上反思你的做法，或反思你的做法在比赛中对球员的影响，甚至在练习中对他们的影响。辛格观察到，事后你会在视频中清楚地看到这种高度情绪化的表达，而这是你当时在比赛现场无法做到的。

即使你试图强迫自己记得在比赛中改变这种情绪化的行为，也很难改变。你只有在平静的时刻练习改变你想改变的行为。如果你想做出不同的反应，你就必须建立一种新的习惯，在环境复杂或环境恶劣的情况下，你可以调用这种新的习惯。而练习是实现这一目标的方法。对我们来说，我们教授运动员时是这样，但练习也适用于我们。我们可以把它应用于自己的职业发展中去，而且不仅仅是为了修正负面反应。如果你想培养一项新的技能并能够在复杂的环境中实施该技能，你必须进行练习。对运动员如此，对教练员也是如此。想要改善那些中场训话吗？练习一下吧。想要给出更好的指示吗？练习，与同事一起练习，或通过拍摄自己，甚至可以通过编写剧本并对着镜子或对你的伙伴大声朗读来练习。想在球员表现评估中给出更好的反馈吗？也要练习。幸运的是，练习是你比较懂的东西。

俱乐部和组织

教练员练习的话题是本章最后一节一个很好的切入点，因为有一个特别的原因：一个人练习比较难，如果有一群同事和你一起练习就会好很多。最好的是如果你是一个俱乐部的一名成员，在这个俱乐部里，练习就是每个人用来不断提高自己的工具。

以上我试图讨论了一些在教练和运动员长期发展方面教练应考虑的问题。但是教练员并不是在真空的环境里工作，而是在俱乐部和组织内工作，在父母身边工作。要使教练员的教学产生最佳效果，这两个群体的决定和互动也是相当重要的。例如，教练可以相信培训课程很重要，但不可能仅靠自己建立一个培训课程。从整体上看，该培训课程协调了各年龄组和各团队的教学，需要一个俱乐部进行开发并很好地推进该课程。如果把俱乐部或球队视作一个企业，企业的客户是家长们。家长们在选择俱乐部方面的作用往往至少与参与课程的运动员一样重要。如果家长看不到，也不能理解，为运动员的长期利益做出决定将会更加困难。

考虑到这一点，在本章的最后，我会对这些关系给教练带来的一些问题进行简短的讨论。有太多的问题，我无法全部解决，也没办法完全解决这些问题。我将从中找出一些有代表性的问题，探讨它们与本书其他话题的相关性，希望这是有用的。

与父母统一战线

这本书是关于最大限度促进运动员的长期成长和发展的。具有讽刺意味的是，对教练员来说，运动员的父母本该是最有动力要求这样做的人，但在重视长期发展所需的日常行动方面，家长们和教练们往往不能保持一致。赛事中取得胜利确实是有益的，但一个好的教练知道有其他事情比胜利更为重要。如果球员们的父母是最大声喊着要赢得比赛的人，或为了赢球玩世不恭地打球，或者把赢球作为他们选择俱乐部的主要标准，你该怎么办？有时甚至威胁要把他们的孩子转移到一个“更好”的俱乐部——赛事中赢率更大的俱乐部。如果你做了那些优先考虑球员长期发展的事情呢？所有这些都给教练带来了巨大的压力，迫使他们做出不利于运动员发展的决定。正如一位教练所说：“俱乐部需要赢得比赛，以便向支付费用的球员父母推广。这个机制设计成以牺牲其他指标为代价，而把胜利作为最优先的指标。虽然没有人大声说出来，但每个人都十分清楚。”我已经从足够多的教练那里听到了类似的故事，知道这不仅仅是一个人的观点。但是我们该怎么做呢？

解决这个问题有两件事是十分必要的：用其他指标替代胜利这一指标和调整激励机制。人们关注胜利的一个原因是，胜利很容易被大家看到。如果我们想让人们关注除获胜之外的东西，我们必须向他们展示球员那些不被看到的成就是什么样的。如果想告诉人们不要看A，只有当你帮助他们看到B时，这点才有可能实现，而这项工作最好提前完成。让家长们从一开始就看到，让家长们觉得接受你的愿景是加入俱乐部的一部分原因。

“我总是花很多时间来向家长详细说明在培训中会看到什么以及为什么。”西班牙巴塞罗那TOVO足球学院的托德·比恩说，“我解释我们理想的足球运动员模范。那就是我们这里的每一次练习和每一场比赛都是为了把他们的孩子培养成一个具有强大认知、出众能力和坚强性格的球员。我还承诺，我们的每项活动和我们所有的交流都是为了实现这个目标。我们将以这个作为衡量标准，不管比赛是赢、输或平。当然，你需要在第一场比赛激烈进行之前就做到这一点，以便他们在这个协议上签字”。当人们知道你的方法并不是没有赢得比赛的借口，而从一开始就是计划的一部分，并且是基于对比赛的深刻了解，父母们才有可能会买账。

直到最近还在亚历山大足球协会担任技术总监的瑞安·里奇在培训父母这方面走得更远。他要求俱乐部里的球队收集一些关键性替代指标的数据，并将其与家长们分享。他们会告诉家长持球时间、传球次数和有传球距离的重要性，但不仅如此，他们会提供相关数据来说明这些指标，与家长分享结果，和他们共同讨论。家长们能更清楚地看到什么才是更重要的。他们甚至常常为知道要看什么而感到高兴——这表明他们了解比赛。并且之后他们经常和孩子们谈如何强化这些指标。以下是瑞安为家长们写的一篇博文的摘录，其中包括解释指标背后原因的一张词汇表。这篇文章的开头是一张表格，上面有最近一场比赛的数据，将亚历山大队和他们的对手进行了比较。

- 首次触球：在这场比赛中，我们的球员第一次触球的次数几乎是对方的两倍。此外，根据我们的比赛风格，我们的触球分布更加均匀。因为对方球队“踢长球”的策略使触球最终会落向他们的中后卫和前锋位置。由于我们的球员在球上应用技术和决策的练习至少是对手在比赛中的两倍，因此这些触球令我们的球员受益匪浅！
- 5次以上的传球次数：计算每支球队能够连续传球5次或以上的数据有助于确定球员是否正在学习比赛的战术。……如果一支球队没有任何5次以上的连续传球，或者只有几次连续的传球，他们就永远无法真正建立起控球权，也就无法在比赛中取得优势。他们从来没有真正建立起控球权，（而且）比赛只是随机的，如果球员们只是在他们自己的“一亩三分地”上运作，就没有任何有凝聚力的团队框架。

我们既然生活在一个数据和统计已经彻底改变了比赛各个层面的时代，为什么不利用这些统计数据来支持球员们的发展？这样的数据和统计资料能否也用于篮球、曲棍球和长曲棍球呢？我不明白为什么不能。

关于裁判员

说到喊话，让我们来谈谈裁判员。对裁判员大喊大叫是一种常见的自欺欺人的做法，这已经成为体育文化的一部分。这是个大问题。父母和教练都经常这样做。如果你对你所在地区的裁判员的质量感到沮丧，你可以问问自己，为什么有人会愿意在一开始就成为裁判员，即使他们不断遭受虐待。你又问，好的裁判都在哪里？可能是在家里吧！因为那些对比赛一知半解的人只能在家里不断地对他们喊话。在一些比赛中，双方都因为裁判明显偏袒另一方而忙着对裁判大喊大叫，我很惊讶这种情况下居然还有人能看到进球。

最困难的是，作为一个教练，你可能非常善于应对裁判员，但仍然有问题。你要注意的不仅仅是你自己的行为。同样地，家长配合不好也会有风险。家长对裁判员大喊大叫，直接在球员面前表现出恶劣的体育精神，从而让你的球队在裁判面前有了不好的声誉。这加大了你在比赛中与裁判员正常讨论的难度，因为裁判们已经处于防御状态了。但这还不是最糟糕的。

最糟糕的是家长们对裁判的大喊大叫会影响到你的运动员的发展。比赛结束后（有时在比赛中），运动员会思考：我做得好的地方哪部分可以做得更好？哪些情况我可以借鉴和改进？反思和谈论裁判员的表现是对这项工作的一种过多干扰。这样的行为占用了运动员的核心自学能力，取而代之的是对他们无法控制的人的表现的讨论，他们可能会拿这个人当借口而不去正视自己的问题和比赛结果。

在最近的一场比赛中，我决定统计所有家长对裁判的评论占他们谈话内容的百分比。我进行了一系列的10分钟抽样调查。总体来说，结果是约有50%的评论是对裁判或关于裁判的。难怪球员们要在车里谈论裁判。球员们认为谈论裁判的判罚对成年人来说是最重要的，最终甚至会在比赛中谈论裁判，在比赛后也谈论裁判——但这会分散球员的注意力，令他们无法反思自己的比赛，从而干扰了他们的学习。如果让我在家长会议上提一个要求来确保我们统一奖惩态度，那就是“我们从不与裁判交谈，而且我们尽量少谈论他们。我们这样做是因为谈论裁判的判罚会使我们的球员无法学习和进步。而到最后，你知道你才可能是错的那一方。裁判是训练有素的专业人士，每周末判罚5场比赛；而你只是作为孩子的父母观赛，如果这两人中有一个有偏见，那就是你，因为你比他更有可能出错”。

你想过吗？你是在经营一所学校

如果一个教练或多或少是一个老师，一个俱乐部或多或少是一个学校，而一个俱乐部主管或多或少是一个校长，由于我经营过我的学校，我想分享一些学校经营方面的想法。

有几件关键的事情可以区分较好学校和较差学校。首先是关于我们如何开展工作的明确的共识——方法论。弱一点的学校往往像一个购物中心。每个老师（或教练）都像一个小商店一样经营着自己的教室（或团队）。他们都在同一个地方，有相同的品牌，但他们各自做自己的事情。而好一点的学校则采取了一种更加协调的方法。“你看到她是怎么做的吗？”波士顿最好学校之一的校长在我们结束观察离开教室时问我，“她回答那个学生问题的方式——就是我们这里的做法。”在那所学校里，老师们被期望使用同一种方式。这意味着学生们的学习更加具有连贯性，因为他们长期使用相同的词语和方法，并知道应该做什么。而且学生们感到自己是学校的一部分。在足球俱乐部中（或其他一些运动），俱乐部应该有一套完整的关于如何进行比赛和球员们如何学习的哲学。

如果是这样的话，那么知道雇佣何种类型的人才就很重要了。第一个人才选拔的标准是信念——选择那些相信你学校模式和方法的教练。第二是谦逊——他们是会成为你的俱乐部的一部分，还是将俱乐部视为为他们球队获得球员的一种手段呢？他们是否会渴望学习和分享，并以此使自己和他人变得更好？聘用一个只忠于自己的教练是行不通的，即使他有一批会像小鸭子一样跟随他来到俱乐部的球员。当他离开时，这群小鸭子也依旧会跟随着他。

你如何在招聘中找到拥有正确心态的人才呢？我推荐你试试以下的过程。

1. 给候选人介绍俱乐部的方法和理念，或邀请他们来观看俱乐部的团队训练。请他们回答，他们观察到了什么，他们觉得其中最有价值的部分是什么？他们到底是想了解你的工作，还是想向你解释他们的工作？

2. 让之前练习中表现良好的且有希望的候选人在你的俱乐部指导一节训练课程。

3. 训练课程结束后给候选人反馈。说："如果你是这个俱乐部的一员，我们的目标是投资于你，帮助你成为最好的教练，所以我们会给你反馈。我现在可以给你一些吗？好的！你的训练课程中有两件我很喜欢的事情，我希望你能多做。还有两件事我要求你反思或以不同的方式尝试。"仔细观察你说这句话的时候。候选人是否在做笔记？候选人是否提出任何问题？候选人对你试图让他或她变得更好有什么感觉？是充满防御，还是深受启发呢？

4. 邀请候选人回来再次进行辅导，落实你提供的反馈意见。"你愿意再次来主持训练课程吗？"如果候选人愿意，就说明他很谦虚。如果候选人有进步，如果他能听到反馈，观察课程视频，并迅速变得更好，你可能遇到一个十分值得雇拥的人，因为他们愿意变得更好，并使他们周围的人变得更好。雇拥这种类型的人会使你的俱乐部培养出一种成长型的文化，而这种文化将反哺于自身。如果候选人不愿意变得更好，那就不要雇拥他或她，无论这个候选人的训练课程有多么好。没有人能比团队更大。

如果我们的目标是在俱乐部的成年人中树立成长型思维模式，就需要有大量成长的机会。俱乐部必须通过培训教练使教练变得更好来使球员变得更好。定期开会研究教练的工作——通过观看视频，观察培训课程，讨论阅读材料。投资于人，不要为之道歉。毕竟你是在试图让教练们变得更好，这是对人的信念的最终表达。

- 致 谢 -

这本书是我为了更多地了解教练执教技术而进行的一次旅程的结晶，同时，它也确实是我几乎快100次出差旅行后的结果：去堪萨斯城和亚特兰大，去惠灵顿和爱丁堡。对于我的妻子丽莎来说，每一次我离开家都意味着她要独自做睡前准备，还要在3个不同的时间把3个孩子送到3个学校去。丽莎不可避免地还要处理一些其他事件，诸如热水器坏了或者车道上有一英尺半的雪等此类的事情。这意味着每次安排与教师会面的时间时要先看我的日程表，而不是她的。许多经常出差的人都会告诉你，当他们坐在机场离境大厅里，把家人留在身后的那种感觉有多么沉重。当然，当我身后的门关上时，我的妻子至少也感觉到了巨大的压力。所以在我要为这本书感谢的一长串人中，首先是我的妻子丽莎。

不可否认的是，我学到的很多东西都是在观察我自己孩子做体育活动时在体育场边积累的。我看着他们在有挑战性的环境和优秀教练指导的双重作用下成长、竞赛，没有什么比这更让我开心的了。也很少有事情比看到他们在比赛中所表现出的品格更让我感到自豪的了。孩子们的见解很多——边开车边谈的话肯定要谈很远的路程了，这也提醒了我，体育，无论结果如何，都给年轻人的生活提供了不菲的价值。

我的孩子们都有很多优秀的教练——这些教练之所以优秀是因为他们教导年轻人如何做到最好时倾注了无数感情、知识和对比赛的尊重。我对于说出一些人的名字有点犹豫，因为当我看到这篇文章印刷出来时，我很有可能意识到我遗漏了一些最值得感谢的人，但如果不感谢史蒂夫·科维诺、史蒂夫·弗里曼、加勒特·科布、菲尔·里奇韦、克里斯·克莱蒙斯和詹姆斯·比斯顿——他们作为运动员和普通人对我的孩子们的发展和成长的关注，那就是我的疏忽。

我的教练之路开始于美国足球协会的亚瑟·门德尔松先生的一个电话。那时我简直不敢相信自己的运气。从那时起，斯科特·弗勒德、戴夫·切斯勒、杰伊·霍夫曼、巴里·保韦尔斯、妮可·罗美津、威姆·凡·祖安和阿洛伊斯·温克尔（以及很多其他人）给了我很多与教练合作的机会。有些我做对了，有些我做错了。即使我的表现不够理想，他们对我表示充分信任，给予我信心让我坚持下去，正如好教练会做的一样。

接下来到了困难的部分：还有50名或100名其他教练，他们的工作和想法也在这本书上得到了大大小小的反映。有些教练在阅读手稿后和我分享他们的想法，有些人在研讨会上发表了评论，有些人以最直接的方式向我分享了自己的想法：我看着他们的执教过程。这些教练们太多了，由于空间有限，我只能列举其中几个贡献巨大不能被忽视的名字。首先是我的同事们，他们写了注释内容：感谢杰夫·阿尔伯特、詹姆斯·比斯顿、塞夫·伯纳德、莱斯利·加里摩尔、凯尔文·琼斯、戴夫·洛夫、马克·曼内拉、乔·马祖拉、丹·麦克法兰。此外，我与杰西·马希、托德·比恩、克里斯蒂安·莱弗斯、克里斯·阿普尔和格雷戈尔·汤森德之间的谈话对本书也有着显著的影响。然后是那些专门为我举办训练，让我训练后进行学习和讨论的教练们，感谢马特·劳瑞、凯尔文·琼斯、拉塞尔·佩恩、琪卡·图卢兹、史蒂夫·科维诺和詹姆斯·比斯顿。

在写作方面，亚历克斯·沙拉特在一个不是所有人都会认为有一半吸引力的项目上给予了我机会。然后，感谢奥利弗·卡维廖利愿意为这本书绘制插图，奥利弗的作品我已经欣赏很多年了，他自己有关教学和学习的文章也是一流的。（我觉得自己就像英超联赛的主教练签下了他最梦寐以求的转会合同。）在与他合作的过程中讨论和完善图片的经历是十分有趣的。马克·库姆斯自始至终都是一位亲切的、有洞察力的且十分灵活的编辑。他忍受了大量的足球小故事，才终于迎来一些棒球故事，我猜想这些故事对他来说真的很有意义。在编辑方面，乔纳森·伍尔加总是能够使我写的东西听起来更像我所拍摄的东西。最后，“代理人”这一头衔并不能真正体现出雷夫·萨加林对我所有项目的指导。这一次，感谢他给予我的支持和智慧，使这个项目能够从第一个字就成为现实，直到最后一个标点到位。